태쏘의
주식투자
바이블

태쏘의
주식투자 바이블

초판 1쇄 발행 2019년 4월 17일
초판 2쇄 발행 2021년 10월 15일

지 은 이 태쏘
펴 낸 이 민석현
디 자 인 도티디자인
주   소 서울특별시 광진구 광장동 아차산로 78길 75, 209호(광장동)
전   화 02-2279-0292 팩스 02-2201-0292
대 표 메 일 gaiashbook@naver.com

ⓒ태쏘 2019
ISBN 979-11-956734-7-6 (13320)

이 책은 저작권법에 따라 보호받는 저작물이므로 무단전재와 무단복제를 금지하며, 이 책 내용의
전부 또는 일부를 이용하려면 반드시 저작권자와 가이아의어깨의 서면 동의를 받아야 합니다.

*책값은 뒤표지에 있습니다.
*파본은 구매하신 서점에서 교환해 드립니다.

직장인과 전업투자자를 위한
실전주식투자 비법서

태쏘의
주식투자
바이블

이달의블로그

네이버 이달의 블로그
재테크 분야 선정

태쏘 지음

매매법의 기본원리에 관한
스윙, 중기 투자에 대한 방법론

머리말

 앞서 『태쏘의 데이트레이딩바이블1,2』를 출간했는데 이번에도 또 한 권의 책을 출간하게 되었습니다. 예상외로 태데바 시리즈 『태쏘의 데이트레이딩 바이블1,2』의 호응이 있었기에 가능한 일이었습니다. 그러나 이번 집필의 가장 큰 이유는 그간 책을 쓰면서 독자분들에게 진심으로 도움이 되는 내용을 담고자 노력했으나 미처 담지 못했던 내용이 있었고, 매매법에 대해서도 세부적으로 보완할 필요가 있어 보였기 때문입니다.

 이 책은 전편인 『태쏘의 데이트레이딩바이블1』의 내용을 전면 개정하였는데 우량주 매매법의 기본원리에 관한 내용은 동일하지만, 세부적인 대응방법에 관한 내용을 추가 기술하였습니다. 또한, 책 후반부에는 우량주 스윙, 중기 투자에 대한 방법론적인 내용을 새롭게 담았습니다.

 이 책을 처음 접하신 분 중, 주식 입문자분들은 이해하기에 다소 어려움이 있을 수 있습니다. 일반적으로 매매 경험이 있는 투자자분들의 수준에서 집필하였기 때문입니다. 따라서 최소한 한 번이라도 투자 경험을 해보고 난 후 책 읽기를 권장합니다.

 무릇 주식투자를 하는 데 있어 성공적인 장기흥행(long-run)을 하려면 자신만의 투자원칙과 안정적인 수익모델이 있어야 합니다. 게다가 투자를 과감히 해야 할 때인지, 비중을 줄여 투자할 때인지, 판단하는 직감도 필요합니다. 이러한 것들은 하루아침에 얻어지는 것이 아닌 수십, 수백, 수천 번 이상의 투자 매매를 통하여 얻어지는 경험적인 것들입니다. 부디 이 책을 통해 경험적인 것들을 얻기 위한 긴 시간을 조금이라도 단축하고 자신에게 맞는 투자원칙을 세우시길 간곡히 바랍니다.

아무런 기준과 원칙 없이 투자한 결과는 결국 탐욕과 공포로 자신을 잃게 됩니다. 자신의 투자원칙을 잃게 되는 순간 뭐가 뭔지 알 수 없게 됩니다. 원칙을 지키지 못하고 이리저리 흔들린다면 차라리 주식투자를 하지 않는 편이 좋습니다.

물론 서툰 투자원칙과 잘못된 수익모델은 여러 번 경험을 쌓으면서 서서히 다듬어지고 정리되기 마련입니다. 모난 돌이 동그란 돌로 다듬어질 때까지 시행착오와 고난은 필연적으로 겪게 되어있습니다. 그렇기에 큰돈을 투입해가며 투자, 매매하기보다는 소액으로 천천히 연습하고 공부해 자신만의 것으로 익혀야 하겠습니다.

이 책을 포함한 시중에 출간된 여러 주식 서적들은 100%의 성공방법을 알려주지 않습니다. 여러 부분 중의 단면만을 보여줄 뿐입니다. 따라서 "이것이 옳다.", "저것이 옳다." 갑론을박하는 자체가 의미가 없습니다. 관점의 차이일 뿐 모로 가도 성공적인 장기흥행(long-run)이 대부분 주식투자자의 목표이기 때문입니다. 그러므로 자신의 투자법에 이용할 점이 있으면 챙기고 버릴 부분은 버리면서 자신의 투자방법을 향상해야 합니다.

공짜로 얻어지는 것은 절대로 없습니다. 투입한 노력과 시간, 원칙을 지킨 것에 관한 결과를 극명하게 보여주는 곳이 주식시장입니다. 부단한 노력만이 장기적인 롱런을 가져와 줍니다. 각종 찌라시를 통해 투자하거나 남의 말만 듣고 투자를 하면 얼마 못 가게 되어 있습니다. 주식투자를 하나의 사업으로 생각하고 임하시기 바랍니다.

 서두에 말했듯이 이 책이 투자원칙을 세우는 데 도움이 되었으면 좋겠습니다. 아울러 막상 보고 나서 별 내용이 없다고 느껴지더리도 책 속에서 한 줄의 글귀, 깨닫는 무언가 있기를 바랍니다.

" 장애물을 만났다고 반드시 멈춰야 하는 것은 아니다. 벽에 부딪히면 돌아서서 포기하지 말라. 어떻게 벽에 오를지, 벽을 뚫고 나갈 수 있을지, 또는 돌아갈 방법은 없는지 생각하라(Obstacles don't have to stop you. If you run into a wall, don't turn around and give up. Figure out how to climb it, go through it, or work around it)."
– 마이클 조던

2019년 4월
태 쏘

차 례

머리말

Chapter 1 우량주 단타 매매법

1. 우량주 수급평단 매매법이란? · 13

2. 우량주 단타, 박스권 설정법 · 20
   1) 매매 적용 사례 · 25
      실전 차트 사례 – 효성중공업 / 와이솔 / F&F · · · · · · · · · · · 25
   2) 잘못 적용된 실패 사례 · 58
      실전 차트 사례 – 일진디스플 / 제노포커스 · · · · · · · · · · · · 58
   3) 주가의 추세와 장대양봉 · 74
      실전 차트 사례 – 금호석유 / 우리산업 · · · · · · · · · · · · · · · 77

3. 정리 · 94

Chapter 2 우량주 수급평단 매매법의 디테일

1. 추세와 주가 · 101
    실전 차트 사례 – 한진 / OCL / 카카오 / 롯데케미칼 / LG이노텍 / 현대미포조선 · · · · 103

2. 횡보구간의 박스권 패턴 · 109
    실전 차트 사례 – 우리산업 / 후성 / 상상인 / 비에이치 · · · · · · · · · 110

3. 캔들패턴 시나리오 · 140
  1) 하락형 핸들패션 시나리오 · 140
    예시 차트 사례 – 제노레이 / 지스마트글로벌 / 메디포스트 / 코스온 / 태광 / 유진기업 · · 142
  2) 상승형 캔들패션 시나리오 · 148
    예시 차트 사례 – 애경산업 / 두산인프라코어 / 한진 / 유진기업 / 다나와 · · · · · · 150

4. 박스권 대응방법 · 156
  1) 박스권 대응방법1 · 156
    예시 차트 사례 – OCL / 네오위즈 / 지어소프트 · · · · · · · · · · · 160
  2) 박스권 대응방법2 · 166
    예시 차트 사례 – 우리산업 / 두산인프라코어 / 와이엠씨 / 대우조선해양 /
    크리스탈 / 한화에어로스페이스 · · · · · · · · · · · · · · · · · · · 169
  3) 박스권 응용패턴 · 180
    예시 차트 사례 – 와이솔 / 후성 · · · · · · · · · · · · · · · · · · · 185

5. 정리 – 구간별 패턴과 대응 · 190

Chapter 3 비중 관리

1. 비중 관리 · 197
    1) 총 자본의 3% · 197
    2) 종목 투자금액 · 198
    3) 매수하는 방법 · 199

2. 종목 대응법 · 204
    예시 차트 사례 – 이수페타시스 / 금호석유 / 노루페인트 / 파트론 · · · · · · · 204

3. 정리 – 3%룰, 비중관리 매커니즘 · · · · · · · · · · · · · · · · · · 218

Chapter 4 우량주 스윙 중기 매매법

1. 어닝 서프라이즈 패턴 · 221
    예시 차트 사례 – 신세계인터내셔날 / 티에스이 / 위닉스 / 웅진 / 이지웰페어 / 씨티씨바이오 · 224

2. 매물영역과 매물저항 · 283
    예시 차트 사례 – 서울옥션 / 루트로닉 / 호텔신라 / 케이엠더블유 / KG케미칼 / 에이씨티 /
    화이브라더스코리아 /CJ프리시웨이 / KCC / 갑을메탈 / 코리아나 /
    위닉스 / 청담러닝 · 283

Chapter 1
우량주 단타 매매법

1. 우량주 수급평단 매매법이란?

 일반적으로 우량주는 중장기 투자의 대상이 되지만 전고점이나 신고가 또는 매물영역을 돌파한 지점을 잘 짚어낸다면 우량주로도 충분히 단기매매가 가능하며 안정적인 수익을 낼 수 있습니다.

※ 이 책에서 말하는 우량주의 대상은 일반 코스닥 테마주, 세력주와 달리 외국인과 기관의 수급이 유입되는 종목 중 시가 총액이 1조 원 이상인 대형 우량주부터 시가 총액이 1,000억 원 이상인 중소형 우량주(스몰캡)를 말합니다.

 코스닥 테마주, 세력주는 매매를 하게 될 때 주가의 움직임이 빨라 수익과 손실의 결과도 빠르게 나온다는 장점이 있습니다. 그러나 큰 폭의 등락이 발생하는 상황에 대응하지 못할 부득이한 경우, 수익실현을 하지 못하거나 오히려 큰 손실을 볼 수 있습니다. 그래서 장중 내내 HTS나 MTS를 계속 볼 수밖에 없습니다. 특히 주식시장을 계속 보고 있으니 급등락하는 종목이 나타나면 추격매매나 뇌동매매의 유혹에도 빠질 수 있다는 단점이 존재합니다.
 반면, 우량주는 코스닥 종목들과 달리 주가의 움직임이 비교적 느려 HTS, MTS를 계속 주시할 필요가 상대적으로 덜하며 손이 느리더라도 무리 없이 대응할 수 있습니다. 추격이나 뇌동매매의 유혹도 덜 받습니다. 코스닥 종목들보다 변동 폭이 크지 않고 움직임이 빠르지 않아 체감

상 답답할 수 있겠으나 안정적인 수익을 낼 수 있다는 장점이 있습니다. 외국인과 기관의 수급이 유입되는 우량주 종목들의 특성상, 온종일 원웨이(one-way) 흐름이 나타나기 때문입니다. 이러한 특징에 착안해 우량주 단기 매매법(우량주 수급평단)을 만들게 되었습니다.

 우량주 수급평단 매매법은 외국인과 기관의 대량 수급유입, 의미 있는 구간(전고점, 신고가, 매물영역)을 돌파한 장대양봉에서부터 시작합니다.

[그림1]

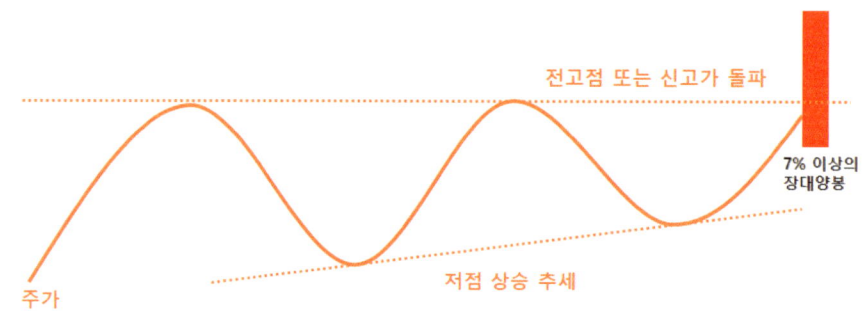

 위 그림을 보면 주가의 저점 상승추세가 유지되면서 전고점이나 신고가를 돌파한 7% 이상의 "장대양봉"이 정석 패턴이라고 할 수 있습니다. "저점 상승추세"란, 과거의 저점보다 현재의 저점이 높게 올라왔다는 뜻이 되는데 다르게 말하면 '대기 매수세'가 강해 이전의 저점까지 안 내려오는 경우를 뜻합니다. 즉, 이 종목을 바라보고 있는 투자자들은 주가가 내려가면 떨어질수록 더 사고 싶어 안달 난 상태라고 봐도 되겠습니다.
 그만큼 저점이 상승추세로 올라온 종목은 좋게 본다는 뜻이 됩니다. 실적이 기대되거나 재료가 있거나 등의 좋은 호재거리가 있으므로 주가가 내려오면 더 사고 싶은 욕구가 발동됩니다. 이렇게 "저점 상승추세"가 유지되는 와중에 "전고점 또는 신고가"를 돌파한다면 어떻게 의미를 부여할 수 있을까요? 먼저 "전고점 돌파"는 과거의 고점을 돌파했다는 것으로 다르게 말하자면 과거에 차익 매도세가 나와 주가가 고꾸라졌던 지점을 현재의 매수세가 고꾸라졌던 지점을 '장악'한 것이 됩니다. 예를 들자면 줄다리기를 할 때 힘을 조금씩 모으면서 비축하다가 어느 순간 줄을 확 잡아당긴 것으로 비유할 수 있겠습니다.

> 힘을 조금씩 모으면서 비축 → 어느 순간 줄을 확 잡아당김.
> 저점 상승추세 → 고점 돌파

 여기서 질문을 하겠습니다.
 힘을 조금씩 모으면서 비축하다가 줄을 확 잡아당긴 것과 힘을 모으지 않고 줄을 확 잡아당긴 것, 전자와 후자 중 어느 것이 당기는 힘이 강하며 지속적일까요? 순간적으로 확 당기는 힘은 후자가 강하지만 지속해서 당기는 힘이 남아있는 것은 전자라 할 수 있겠습니다.

 지속해서 당기는 힘이 남아있어야 반등을 해야 할 지점에서 반등이 잘 나오게 됩니다. 줄다리기할 때 "영"에서 줄을 당기고 "차"에서 쉽니다. 힘이 남아있으면 "차"에서 버팁니다. 그런데 힘을 비축하지 못한 채 급하게 줄을 당겨오면 "영"에서 순간적으로 확 당기지만 "차"에서 힘을 비축하지 못했기에 버티지 못합니다. 즉, 반등해야 할 지점에서 반등하지 않을 가능성이 있습니다. 오히려 상대방한테 끌려가게 됩니다.

 그래서 차트를 볼 때 짧게는 6개월, 길게는 1년 이상 저점을 상승시키면서 올라온 종목이 급하게 올라온 종목보다 상승 지속시간이 깁니다. 아무래도 우량주로 단기매매를 하려면 힘을 비축하고 전고점을 돌파한 종목이 적합하겠죠? 물론 예외사항도 존재합니다. 우량주의 시세를 조종할 수 있는 세력은 개인이 아닌 거대자본을 지닌 외국인들과 기관입니다. 힘을 비축하여 저점을 상승시키지 못하더라도 이들이 힘을 합세하여 강하게 줄을 당겨온다면 어떻게 되겠습니까? 마찬가지로 상승 지속시간이 길어지게 됩니다.

 "신고가 돌파"도 마찬가지 원리로 보면 되겠는데 "전고점 돌파"와 다른 점은 현재의 매수세가 과거에 차익 매도세가 나와 고꾸라졌던 모든 지점을 완전히 장악한 상태라 볼 수 있습니다. 이는 "전고점 돌파"보다 줄을 끌어당기는 힘이 지속되고 있다는 증거로 추가 상승의 가능성이 크다고 해석할 수 있습니다. 단, 조금씩 모으면서 비축한 힘이 소진될 경우엔 버티는 힘이 없으니 점차 상대방 쪽으로 끌려가게 됩니다. 다르게 말하면 저점 상승추세가 깨지게 되면 하락추세로 바뀌게 됩니다.

일반적으로 우량주 단기매매법에 적합한 차트의 형태는 [그림1]과 같은 유형이라 할 수 있겠습니다. 저점 상승추세를 유지하면서 전고점 또는 신고가를 돌파한 종목을 주의 깊게 보시길 바랍니다.

※ 예외적으로 외국인, 기관의 매수세가 단기간에 집중적으로 유입되는 경우엔 저점 상승추세와 상관없이 매매 대상에 포함됩니다.

[그림2]

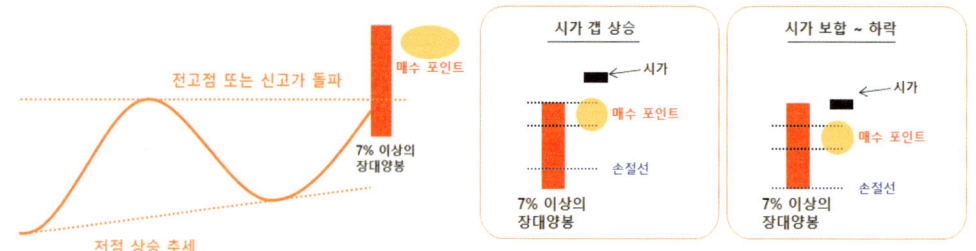

주가가 저점 상승추세를 유지하면서 전고점 또는 신고가를 7% 이상의 장대양봉으로 돌파한 종목이 발견된다면 그다음 날부터 매매합니다. [그림2]와 같이 장대양봉 다음 날, 시가의 위치에 따라 매수 포인트와 손절선이 달라집니다.

장대양봉 다음날 시가가 3~5% 정도 갭 상승을 할 경우, 매수 포인트는 '장대양봉의 종가~장대양봉의 3/4 지점'이 되겠고 손절선은 장대양봉의 1/4 지점을 이탈할 때입니다.

장대양봉 다음날 시가가 보합권 부근이나 갭 하락 할 경우, 매수 포인트는 '장대양봉의 3/4~장대양봉 2/4 지점'이고 손절선은 장대양봉의 시가를 이탈할 때입니다. 매도는 저점 대비 반등 폭 3% 이상일 때 분할로 수익실현 합니다. 이렇게 한 차례 매매 이후부터 본격적인 우량주 수급평단 박스권 매매가 시작됩니다.

[그림3]

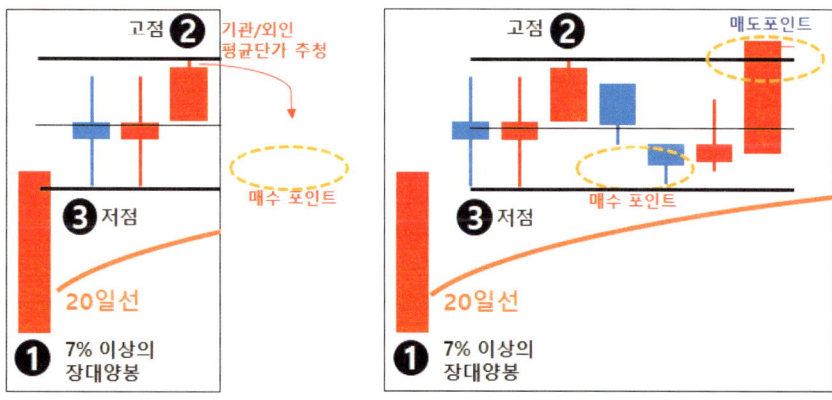

먼저 [그림3]의 좌측그림을 보면 ①7% 장대양봉이 발생하였고 ②작은 양봉이 발생했습니다. 이 이후부터 외국인과 기관의 평균단가를 추정해 매수 포인트를 잡는 것입니다. 각 증권사 HTS에는 외국인과 기관의 평균단가를 추정하는 기능이 있습니다. 이 기능을 사용해 ①장대양봉이 발생한 시점부터 ②의 고점까지 기간을 조회하면 ①부터 ②까지 상승한 기간의 평균단가가 나오게 됩니다. 이 평균단가가 매수 포인트로 활용됩니다.

한편, **장대양봉 이후 첫째 날부터 둘째 날까지의 '저점'과 '고점'이 박스권 하단과 상단으로 활용**됩니다. 이렇게 **활용된 박스권의 중-하단이 최적의 매수영역**이 되는데, 여기서부터 ①부터 ②까지 상승한 기간의 평균단가를 추적하면 박스권 중-하단 영역 안에서 상단권을 노릴 것인지 하단권을 노릴 것인지 정밀한 타점 매매가 가능하다는 것입니다.

정리하자면 [그림3]의 우측그림에서 ②의 '고점'과 ③의 '저점'을 기준으로 박스권을 만들고 이후 ①~② 기간의 평균단가를 추정해 박스권 중-하단 영역에서 매수 포인트를 잡는 것입니다. **매도는 반등 시 저점 대비 3% 이상에서부터 분할매도로 수익 실현**합니다.

이러한 원리로 매매가 진행되는데 일회성으로 매매가 끝나는 게 아니라 주가가 박스권에 계속 머물러 있으면 지속적으로 매매가 가능합니다(단, 20일선을 이탈하고 난 이후에는 매매를 종료합니다).

[그림4]

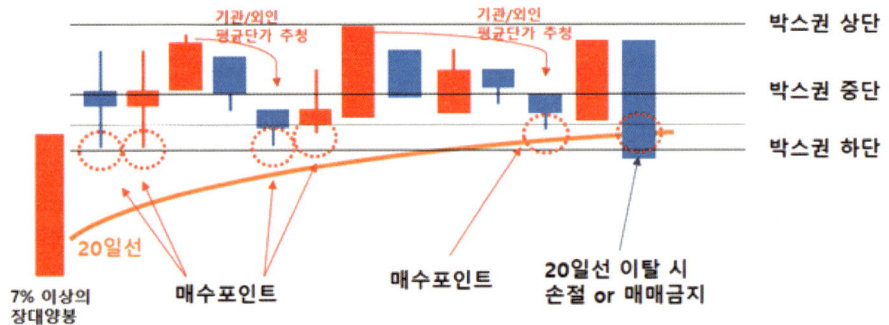

위 [그림4]처럼 주가가 박스권에 계속 머물러 있으면 지속적으로 매매가 가능합니다. 박스권 중하단(중단~하단)에서 총 매수 포인트는 6곳, 손절 구간은 1곳이 나옵니다. 박스권 중하단에서 매수 후, 박스권 중상단에서 매도를 하는 것입니다. 매우 간단하고 쉬운 매매법이죠. 간단한 만큼 위의 [그림4]와 같은 주가 흐름이 나올 수 있을 만한 종목을 찾아야 하고 찾더라도 예상외의 다른 주가 움직임을 보여줄 수 있으므로 세부적인 대응법이 있어야 합니다. 이 부분은 Chapter2에서 언급하겠습니다.

우량주에서 나오는 장대양봉은 일반 코스닥 종목들과 달리 단기간에 장대양봉의 시가를 이탈하기 어렵습니다. 외국인과 기관은 일회성으로 주식을 매입하지 않고 상당히 긴 시간을 가지고 매입하기 때문입니다. 대체로 거대자본을 지닌 외국인과 기관은 한 번에 일괄 매수하기보다는 펀드 수익률이나 포트폴리오를 고려해 프로그램으로 일정한 수량을 매입합니다.

웬만한 악재가 나오지 않는 이상 외국인과 기관은 장대양봉의 시가를 훼손하지 않고 지속적으로 주식을 매입해 시세를 내는 특징이 있습니다. 이러한 특징으로 주가가 장대양봉의 시가, 20일선이 깨지기 전까지 지속적인 매매가 가능합니다.

[그림5]

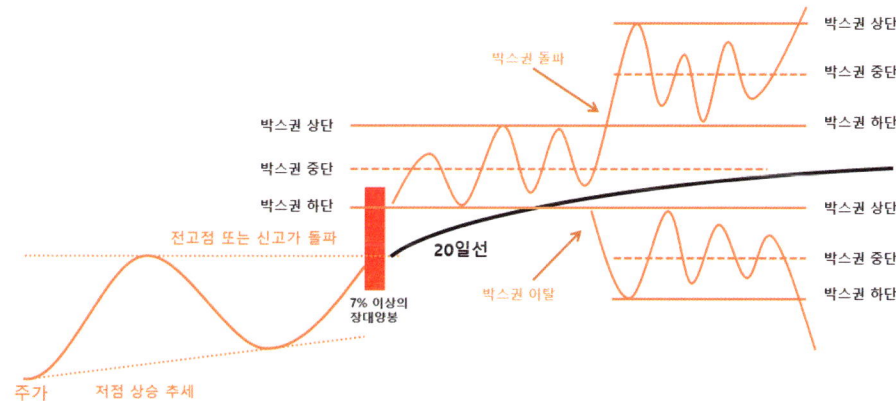

 대체로 우량주에서 7% 이상의 장대양봉이 발생하면 주가는 [그림5]와 같이 박스권 상단을 돌파해 레벨업(level-up)된 박스권을 만들어 시세를 내거나 20일선과 박스권 하단을 이탈해 레벨다운(level-down)된 박스권을 만들어 냅니다. 만약 레벨다운(level-down)된 박스권 상태에서 장대양봉의 시가를 이탈하면 이전의 저점까지 내려오게 되니 리스크 관리에 각별한 신경을 써야 합니다. 당연히 단기매매에도 적합하지 않겠죠.

 단기매매에 가장 적합한 구간은 '장대양봉 이후 만들어지는 박스권'과 '레벨업 된 박스권'입니다. 단기매매뿐 아니라 길게 보유를 해서 큰 수익률을 노려볼 수 있습니다.

 본격적으로 시세를 내는 종목은 박스권 상단을 돌파하나 그렇지 않은 종목은 박스권 하단을 이탈해 기간과 가격조정을 더 거치게 됩니다. 따라서 **우량주 수급평단 매매법에서 중요한 점은 장대양봉 발생 이후에 추가 상승이 나올 수 있는 자리인지, 아니면 추가 상승이 나오기 어려운 자리인지 분간을 해야 한다**는 것입니다.

2. 우량주 단타, 박스권 설정법

 우량주 수급평단 매매법은 외국인과 기관의 평균단가를 이용해 정밀한 자리에서 매수하는 것이지만 매매법의 기본 틀은 박스권 중하단 매수, 박스권 중상단 매도가 기본원칙입니다. 그런데 이 박스권이 고정되어 있으면 매매하기 편하지만, 주가가 박스권을 벗어난다는 것입니다. 우량주 수급평단 매매법은 주가가 박스권을 벗어 날 때마다 새로운 박스권으로 재설정하여야 합니다. 예시 패턴을 통해 박스권을 벗어나면 어떻게 설정하는지 알아보겠습니다.

[그림6]

 위 [그림6]에서 주가가 7% 장대양봉 후 이틀간 위아래 꼬리가 달린 캔들이 나오고, 셋째 날 긴 양봉이 나왔습니다. 장대양봉 이후 첫째 날과 둘째 날에 기준이 되는 '저점'과 '고점'이 형성된다고 했죠. 이 '저점'과 '고점'을 기준으로 박스권 하단과 상단이 만들어지는데, 셋째 날 긴 양봉이 나오면서 박스권 상단을 돌파했습니다. 박스권을 벗어났기 때문에 새롭게 박스권을 설정해야 합니다.

[그림7]

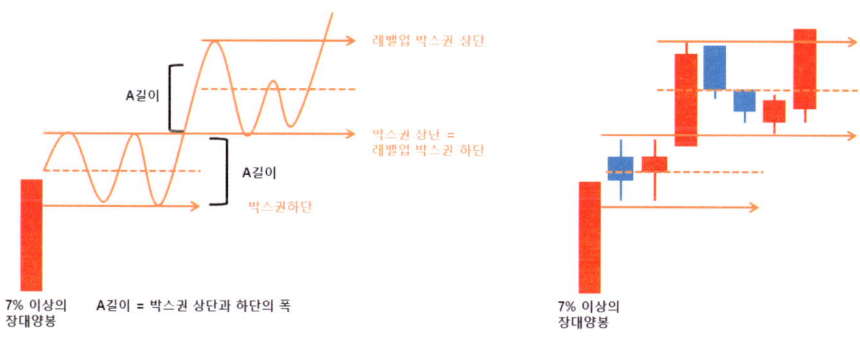

[그림7]은 새롭게 박스권을 설정한 것입니다. 박스권을 돌파할 때 첫째 날~둘째 날의 폭만큼 또는 그 이상 상승하면 박스권 상단이 레벨업 된 박스권 하단이 되고 레벨업 된 박스권 상단은 새로 경신된 '고가'가 됩니다. 위 좌측 그림처럼 첫째 날~둘째 날의 박스권 길이가 A라면, 박스권을 돌파할 때 A 길이만큼 또는 그 이상 상승해야 합니다. 그렇다면 매수할 구간은? 레벨업 된 박스권의 중단~레벨업 된 박스권 하단 사이가 됩니다.

[그림8]

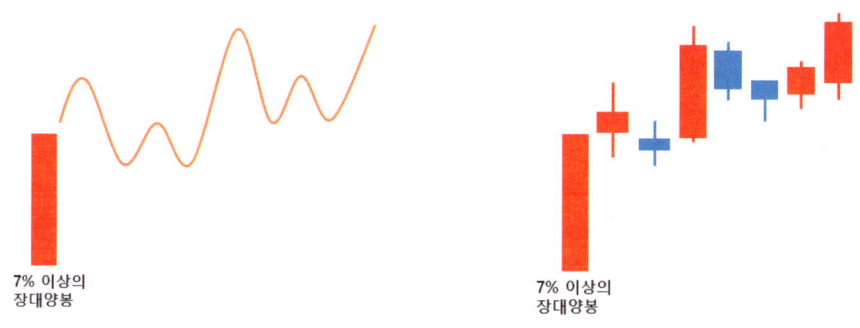

다른 패턴입니다. 주가가 [그림8]과 같이 움직인다고 가정해보겠습니다. 그런데 우측 그림을 보니 [그림6]과 비슷하지만, 엄연히 다른 점이 존재합니다. 어떤 점이 다를까요?

[그림9]

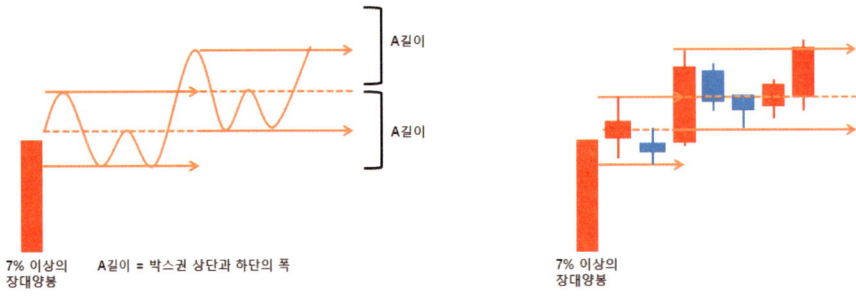

[그림7]과 다르게 박스권을 돌파할 때 주가가 박스권 폭만큼 상승하지 않았습니다. 박스권 돌파 시 A 길이만큼 또는 그 이상 상승을 하지 못한다면 레벨업 된 박스권 하단은 직전의 '고가'가 됩니다. 우측 그림을 보면 장대양봉 이후 둘째 날 음봉캔들의 '고가'가 레벨업 된 박스권의 하단이 됩니다. 박스권 돌파 시 힘이 세기가 직전 음봉캔들의 '저가'와 '고가' 폭 이상 장악했지만, A 길이만큼 또는 그 이상 장악하지 못했기 때문입니다. 레벨업 된 박스권 상단은 새롭게 경신된 '고가'가 되며 매수할 구간은 마찬가지로 레벨업 된 박스권의 중단~레밸업 된 박스권 하단 사이가 됩니다.

[그림10]

이번에는 주가의 흐름이 잔물결 치듯 움직입니다. 이 같은 유형은 어떻게 박스권을 설정할까요? 저점과 고점이 점진적으로 높아지고 있습니다.

[그림11]

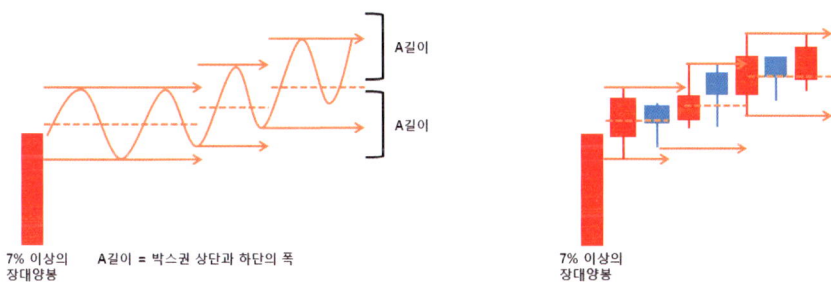

고점과 저점이 점진적으로 높아지는 경우엔 [그림11]과 같이 박스권도 점진적으로 높여야 합니다. 박스권 상단은 주가가 고점을 경신할 때마다 높이는 데 유의해야 할 점은 박스권 하단입니다. **'최소한 이틀간 저점이 상승하는 것을 확인' 하고 박스권 하단을 높여야 합니다.** 이틀 연속 저점이 상승한다는 것 자체가 적극적인 저가 매수세의 유입을 뜻합니다. 이 저가 매수세에 의해 세 번째 저점도 높아질 가능성이 큽니다.

조심해야 할 점은 우측의 그림과 같이 저점이 점진적으로 올라가고 있지만, 이 저점의 상승추세가 붕괴하는 순간 조정이 크게 나올 가능성도 염두에 두어야 합니다.

[그림12]

[그림12]는 이전의 주가 흐름과 완전히 다른 양상입니다. 장대양봉 이후 셋째 날에 긴 음봉이 발생하면서 박스권 하단을 이탈했습니다. 이후 주가는 장대양봉의 시가 부근까지 내려온 다음에야 반등이 나왔습니다. 이렇게 박스권을 이탈하고 재차 반등하는 유형은 박스권을 재설정하기보다는 직전의 지지점을 참고합니다.

[그림13]

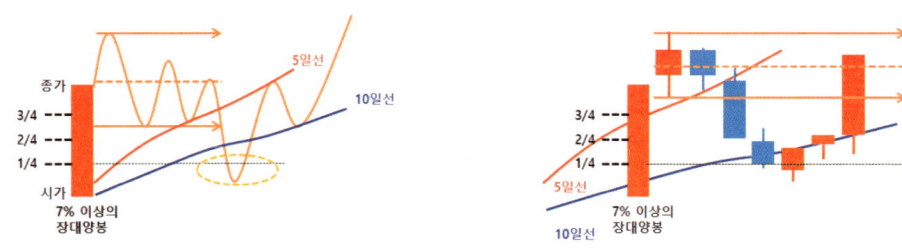

　박스권과 이동평균선을 적용해보겠습니다. [그림13]의 우측 그림에서 장대양봉 이후 셋째 날에 박스권 하단을 이탈할 때 5일선도 같이 이탈하게 됩니다. 그리고 주가는 10일선도 이탈한 채, 7% 이상의 장대양봉의 1/4 지점 부근까지 하락한 후 반등을 합니다. 대체로 위와 같은 패턴으로 움직이는 경우가 부지기수입니다.
즉, 주가가 박스권 하단과 5일선을 이탈하면 단기간 조정이 나오게 됩니다.

[그림14]

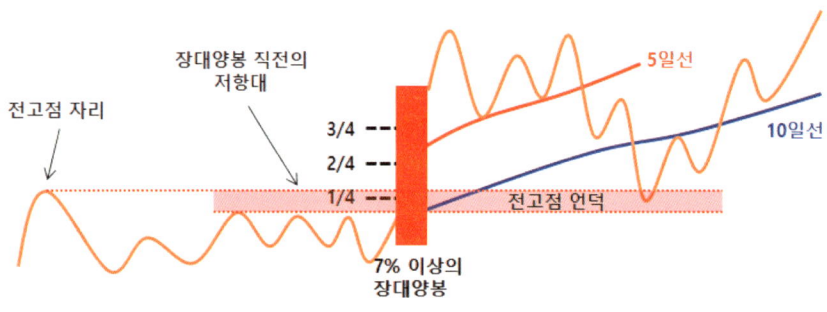

　각 차트마다 장대양봉이 나오기 이전의 흐름이 다르지만, 예시로 들면 [그림14]처럼 주가는 박스권 하단과 5일선을 이탈하면 전고점 언덕(장대양봉 직전의 지지점)에서 반등하게 됩니다. 전고점 언덕에서 반등에 성공하면 주가는 시세를 내려 올라가겠지만 반등에 실패하면 장대양봉의 시가를 이탈하게 됩니다.

　실제 매매를 하게 될 때, 박스권 하단과 5일선 이탈 시 손절로 대응을 하고 전고점 언덕에서 매수가 가능합니다. 웬만하면 장대양봉의 시가를 깨지 않기 때문에 전고점 언덕에서 반등 시세가 나오게 됩니다. 하지만 전고점 언덕 또는 장대양봉의 시가를 이탈할 때에는 반드시 손절로 대응해야 합니다. 장대양봉의 시가를 이탈하면 이전의 저점까지 내려오기 때문입니다. 리스크 관리에 각별히 신경 써야 하겠습니다.

여기까지가 우량주 수급평단 매매법의 이론적인 내용이었습니다. 이 이론적인 내용을 적용해서 실세로 매매할 수 있는지 살펴보겠습니다.

1) 매매 적용 사례

※ 실전 차트 사례 - 효성중공업/와이솔/F&F

[그림15] 효성중공업 일봉차트

우량주 수급평단 매매법의 종목선정 조건은 전고점, 신고가 또는 매물영역을 돌파한 7% 이상의 장대양봉입니다. 위 차트에서는 전고점, 신고가를 돌파하기보다는 '매물영역'을 돌파했습니다. 매물영역이란 쉽게 말해 캔들의 윗꼬리와 아래꼬리가 많이 부딪친 영역이라고 이해하면 되겠습니다. 이 '매물영역'에 대한 자세한 설명은 chapter2에서 언급하겠습니다.

[그림16] 효성중공업 15분봉차트

15분봉차트입니다. 장대양봉 다음날 매매법은 시가의 위치에 따라 매수영역이 달라진다고 했습니다. 시가를 높게 띄운 채 시작하면 장대양봉의 종가~3/4 영역에서 매수, 시가가 보합권이나 하락 출발하면 장대양봉의 3/4~2/4 영역에서 매수합니다. 다음날 어떻게 흘렀는지 보겠습니다.

[그림17] 효성중공업 15분봉차트

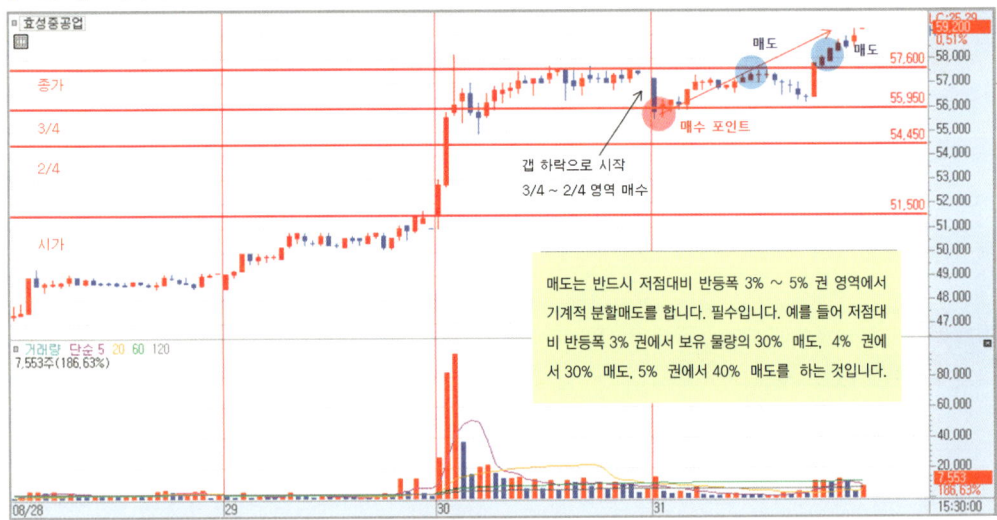

시가가 하락 출발을 했습니다. 주가가 매수 포인트(3/4~2/4 지점)에 오고 반등이 나왔죠. 매도는 저점 대비 반등폭 3% 권 이상에서 분할매도를 합니다. 종가를 보니 전일 장대양봉보다 오른 상태에서 마감했습니다. 여기서부터 평균단가를 조회해보겠습니다.

[그림18] 효성중공업 기관/외국인 수급추이

기관 또는 외국인의 평균단가는 키움증권 기준 [0258] 창을 통해 조회할 수 있습니다. 다른 증권사 HTS도 있는 기능이니 참조하시길 바랍니다. 기간은 장대양봉이 나온 시점부터 최고점까지 조회하면 되겠습니다. 조회를 해보니 이틀간 기관이 10만여 주 유입되었고 추정 평균가는 56,925원입니다.

[그림19] 효성중공업 15분봉차트

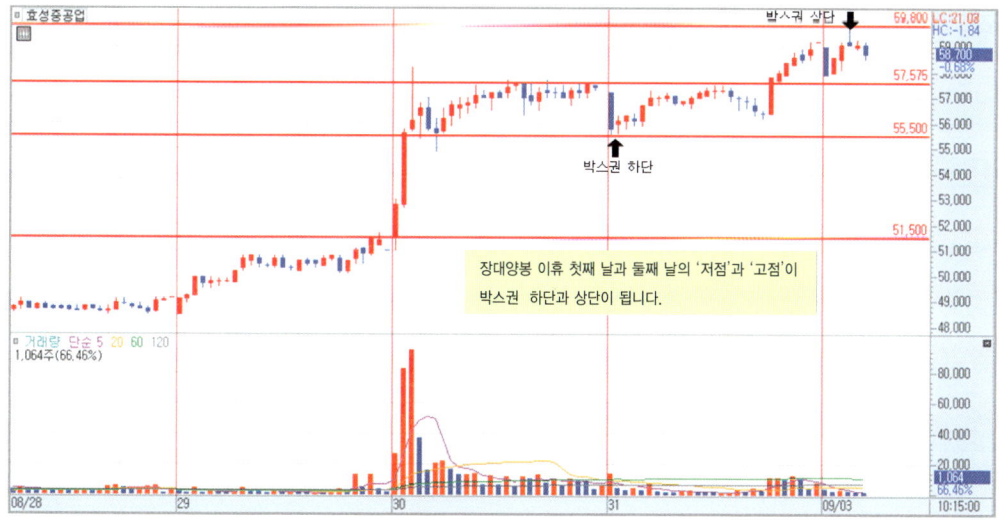

장대양봉 이후 첫째 날과 둘째 날이 기준이 되는 '저점'과 '고점'이 만들어진다고 했습니다. 위 차트에 나온 설명대로 박스권 하단은 첫째 날의 저점, 박스권 상단은 둘째 날의 고점이 됩니다.

[그림20] 효성중공업 15분봉차트

앞서 기관의 평균단가를 조회했죠? 56,925원을 차트에 표시했습니다. 모든 준비는 끝났습니다. 차트에 박스권과 평균단가를 표시했으니 이대로 매매를 하면 되겠습니다. 매수구간은 기관 평균단가 56,925원과 박스권 하단인 55,500원 사이입니다.

[그림21] 효성중공업 15분봉차트

3일 오전 주가는 기관 평균단가까지 내려온 모습입니다. 실제로 매매를 한다면 매수가 체결되었겠지요.

[그림22] 효성중공업 15분봉차트

 매도하는 방법은 당일 저점을 기준으로 저점대비 3% 반등 이후부터 분할매도로 차익실현을 합니다. 손절은 위 설명처럼 매수가 대비 -4% 권 이탈 시, 장대양봉의 2/4 지점 이탈 시 매도로 대응합니다.

[그림23] 효성중공업 15분봉차트

 9월 3일부터 9월 5일까지 세 번 정도 주가가 매수구간에 왔었습니다. 신기하게도 주가는 기관 평균단가와 박스권 하단 사이에서 반등이 나옵니다.

[그림24] 효성중공업 15분봉차트

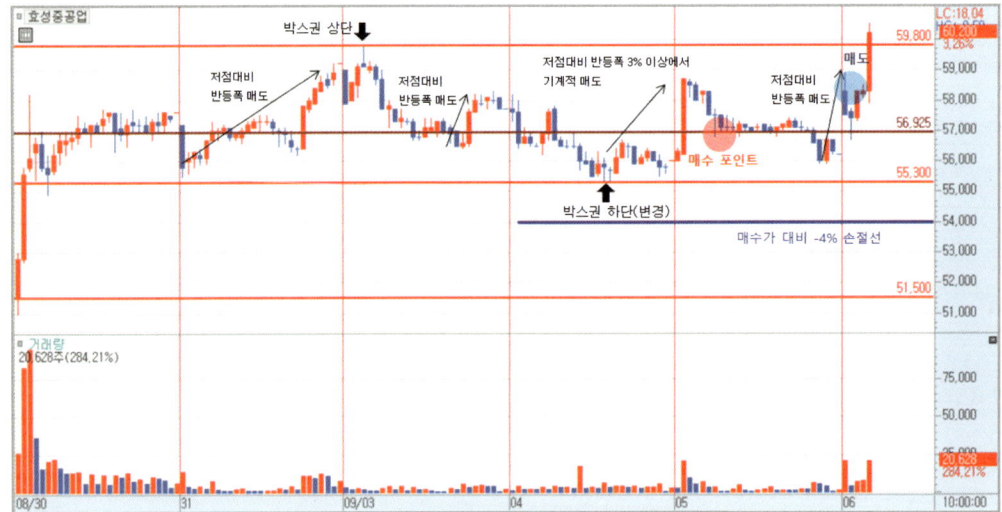

 이 매매법의 최대 장점은 여러 차례 매매가 가능하다는 것입니다. 반등이 나온 후, 주가는 매수구간에 또 내려왔습니다. 한 차례 더 매수가 가능하겠죠? 다음날 주가는 큰 폭으로 반등하면서 기존의 박스권 상단을 돌파했습니다.

[그림25] 효성중공업 일봉차트

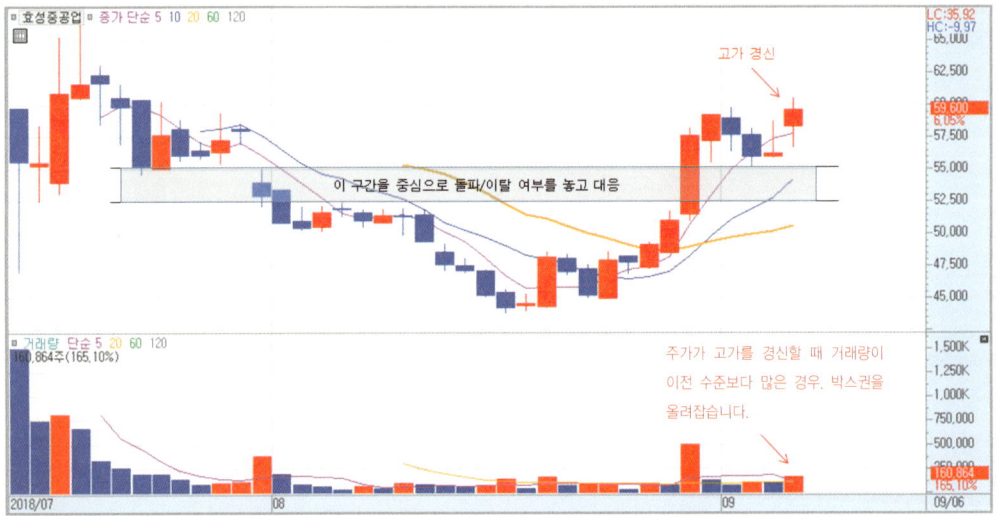

 일봉차트에서 주가가 매물영역 구간(52,500원~55,000원)을 딛고 고가를 경신했습니다. 이렇게 고가를 경신하는 유형은 추가 상승이 가능성이 크니 박스권을 올려 잡아 지속적으로 매매하는 편이 좋습니다.

[그림26] 효성중공업 기관/외국인 수급추이

고가를 경신할 때마다 주기적으로 평균단가를 조회해야 합니다. 조회를 해보니 기관이 누적 16만 주 정도 매수를 해왔습니다. 평균단가 가격은 57,278원입니다.
치트에 표시를 해보겠습니다.

[그림27] 효성중공업 15분봉차트

박스권을 새롭게 변경합니다. 기관 평균단가도 기존 56,925원에서 57,278원으로 변경합니다. 매수구간은 기관 평균단가 57,278원과 박스권 하단인 55,300원 사이가 되겠습니다.

[그림28] 효성중공업 15분봉차트

박스권을 변경하고 난 후, 이튿날 기관 평균단가에서 매매구간이 발생했습니다. 다음날에도 매매구간이 발생하는지 보겠습니다.

[그림29] 효성중공업 15분봉차트

아쉽게 주가는 매수구간에 오지 않고 오히려 박스권을 돌파한 강한 흐름이 나왔습니다. 박스권을 돌파했으니 박스권을 다시 변경해야 하고 평균단가도 재조회해야 합니다.

[그림30] 효성중공업 일봉차트

위 차트 설명처럼 고점과 지점을 높이면서 거래량이 실린 장대양봉이 발생했습니다. 대체로 10일선 부근에서 장대양봉이 발생하게 되면 추가 상승의 가능성이 큽니다.

[그림31] 효성중공업 기관/외국인 수급추이

평균단가를 조회해보니 이번엔 기관이 17.5만 주, 평균단가는 57,750원으로 조회됩니다. 차트에 표시해보겠습니다.

[그림32] 효성중공업 15분봉차트

박스권을 새로 변경했습니다. 그런데 박스권을 위 차트처럼 올려 잡으면 박스권의 폭이 커져 주가가 매수구간에 오지 않을 수 있습니다. 또한, 매수구간에 올 때까지 적지 않은 시간이 걸릴 수 있겠죠.

[그림33] 효성중공업 15분봉차트

그래서 앞서 배운 page 18의 [그림9]처럼 박스권을 올려 잡아야 합니다. 돌파하기 직전의 '고가'가 박스권 하단이 됩니다. 그런데 그렇게 박스권을 바꾸면 기관 평균단가가 박스권 하단 아래에 위치하게 됩니다. 위와같이 기관 또는 외국인의 평균단가가 박스권 하단 아래에 위치하게 되면 매수구간으로 활용하기보다는 손절구간으로 활용하거나 단순 참조만 하시길 바랍니다.

[그림34] 효성중공업 15분봉차트

또는 위 설명처럼 분 차트에서 의미 있는 저항구간을 기준으로 박스권을 변경해도 괜찮습니다. 차트를 보면 의미 있는 저항구간이 10일의 '고가' 부근에 형성된 것을 확인할 수 있습니다. 주가가 이 '저항구간'을 뚫게 되면 '지지구간'으로 바뀌게 되니 이 '지지구간'을 박스권 하단으로 활용할 수 있겠습니다.

[그림35] 효성중공업 15분봉차트

과연 박스권 중하단~하단인 60,300원과 59,400원에서 반등이 나왔습니다. 그리고 주가는 재차 박스권을 또 돌파했네요. 이번에도 의미 있는 저항구간을 기준으로 박스권을 변경해보겠습니다.

[그림36] 효성중공업 15분봉차트

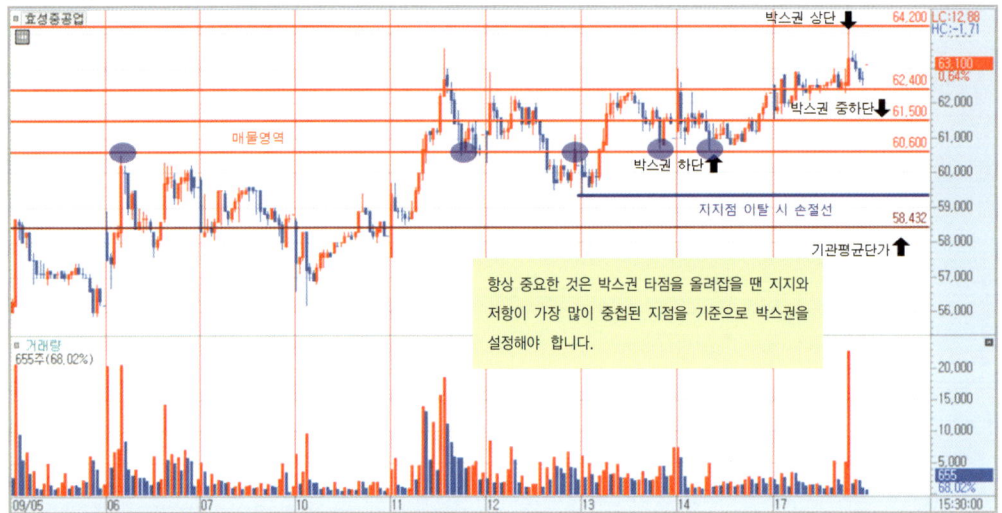

 위 차트에서 캔들의 윗꼬리 또는 아래꼬리가 많이 부딪친 자리(파란색 원)를 박스권 하단으로 활용하면 매수구간은 대략 박스권 중하단인 61,500원과 60,600원 사이가 되고 손절선은 반등이 나왔던 저점이 됩니다.

[그림37] 효성중공업 15분봉차트

차트를 보니 신기하게도 박스권 중하 단(61,500원~60,000원)에서 한 차례 반등 이후 박스권 하단을 이탈했습니다. 손절은 직전의 지지점을 이탈하면 매도로 대응하면 되겠습니다.

[그림38] 효성중공업 15분봉차트

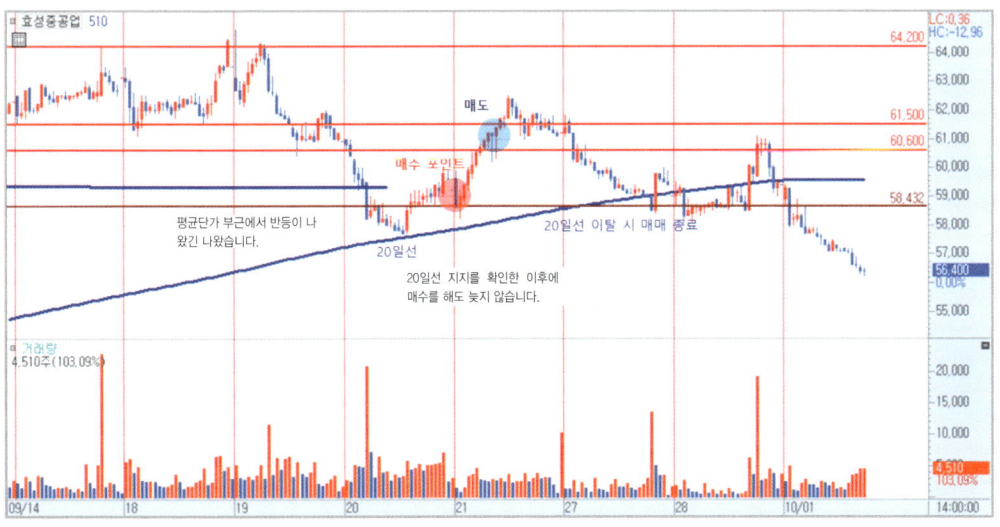

주가는 기관 평균단가와 20일선에서 반등이 나왔는데(15분 봉상 20일선이 대략 510분봉 정도 됩니다) **주가가 20일선에 근접해 있을 때는 20일선의 지지를 확인하고 반등이 시작될 때 매수해야 합니다.** 자칫 20일선에서 지지를 받지 못하고 급락하는 때도 있기 때문입니다.

[그림39] 효성중공업 일봉차트

주가는 7월의 고점인 65,000원 부근을 넘어서지 못하고 시세를 반락하고 맙니다.

　우량주 수급평단 매매는 주가가 20일선을 이탈하면 매매를 종료한다고 했습니다. 차트를 보니 20일선을 이탈하자 급락이 발생했습니다. 게다가 주가는 이미 직전 7월의 고점인 65,000원을 터치한 상태였습니다.

[그림40] 효성중공업 일봉차트

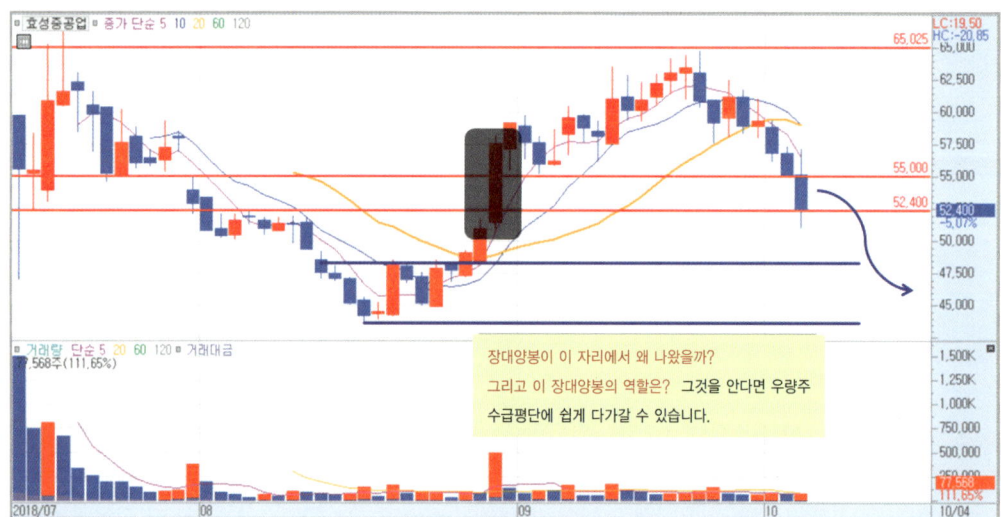

장대양봉이 이 자리에서 왜 나왔을까? 그리고 이 장대양봉의 역할은? 그것을 안다면 우량주 수급평단에 쉽게 다가갈 수 있습니다.

　장대양봉 이후 주가가 상승할지? 상승한다면 어디까지 올라갈지? 지지가 나올 구간은 어디인지? 일봉과 분봉의 차트를 참고해 자유자재로 박스권을 설정할 줄 알아야 합니다. 특히 책 **초반부에 소개된 박스권 매뉴얼을 따라 하기보다는 캔들이 많이 맞부딪친 지점을 기준으로 박스권을 설**

정해야 반등확률이 더 높습니다.

[그림41] 와이솔 일봉차트

위 종목은 저점 상승추세를 유지하면서 전고점이나 신고가 또는 매물영역을 돌파한 차트가 아닙니다.

[그림42] 와이솔 일봉차트

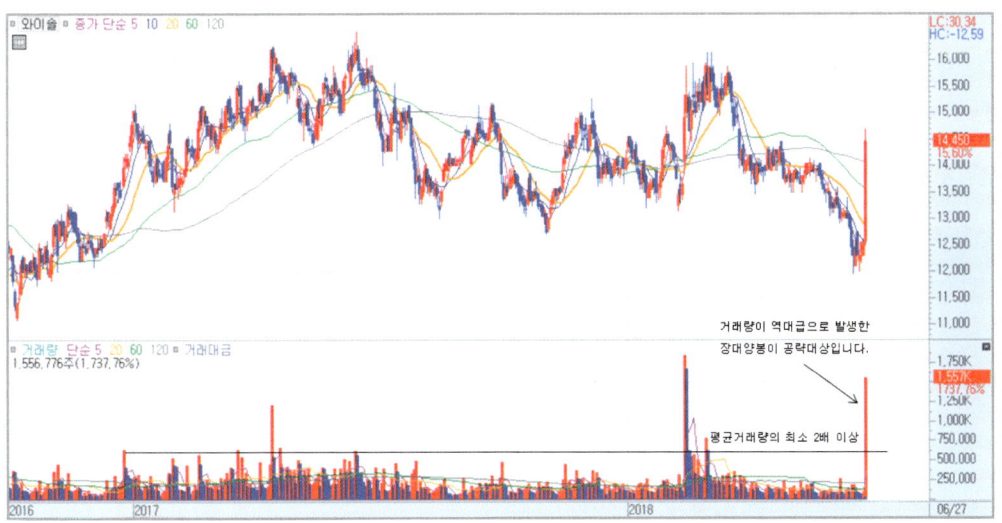

그런데도 최근 1~2년 사이에 거래량이 역대급으로 발생했습니다. 우량주 매매법 대상에 포함될까요?

[그림43] 와이솔 일봉차트

 앞서 저점 상승추세를 유지하여 상승하는 것 외에도 외국인, 기관의 매수세가 단기간에 집중적으로 유입되는 경우엔 저점 상승추세와 상관없이 매매 대상에 포함된다고 하였습니다. 바로 이 경우를 뜻합니다.

[그림44] 와이솔 종목별투자자

 장대양봉이 발생한 6월 27일 기관의 대량 매수와 외국인의 매수가 눈에 띕니다. 평소에 기관의 수급이 많아봤자 억 단위였지만 최초로 하루에 44억 원어치를 기관투자자들이 사들였습니다. 이같이 외인, 기관의 수급유입이 별로 없다가 평소 수급의 10배 이상 정도의 대량 순매수를 보였다면 이들의 수급이 집중적으로 유입돼 단기간 시세를 낼 가능성이 매우 큽니다.

[그림45] 와이솔 15분봉

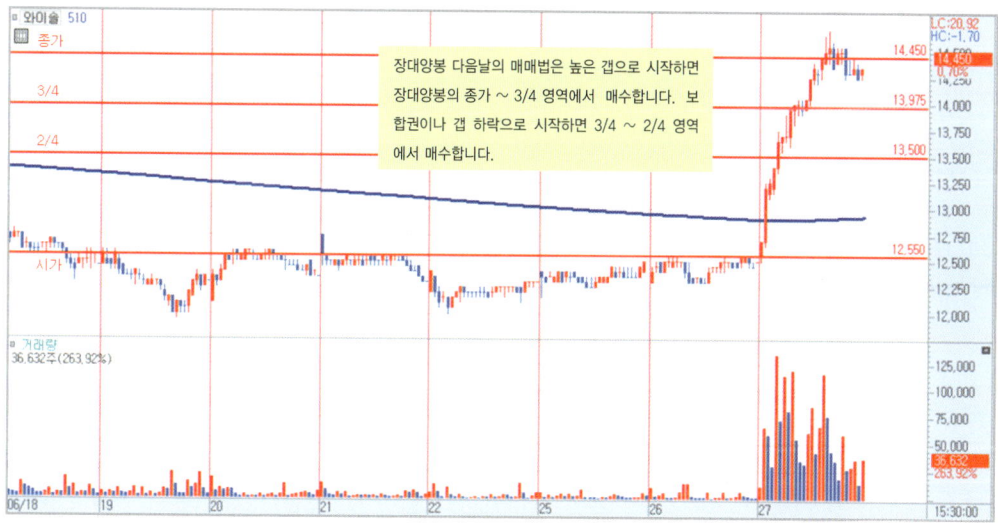

매매를 해보도록 하겠습니다. 장대양봉이 발생한 다음 날은 시가의 위치에 따라 매수구간이 달라진다고 했습니다. 다음날 어떻게 주가가 흘렀는지 보겠습니다.

[그림46] 와이솔 15분봉

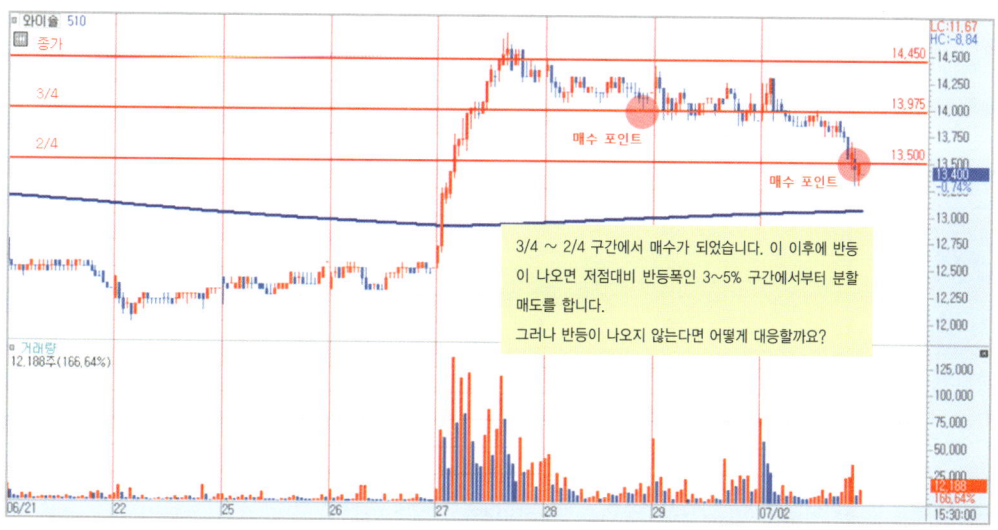

계획대로 주가는 장대양봉의 3/4와 2/4 영역에서 매수가 되었습니다. 그런데 주가는 장대양봉 이후 첫째 날과 둘째 날 박스권을 이탈해 버렸습니다. page 19의 [그림12]의 모습과 유사합니다.

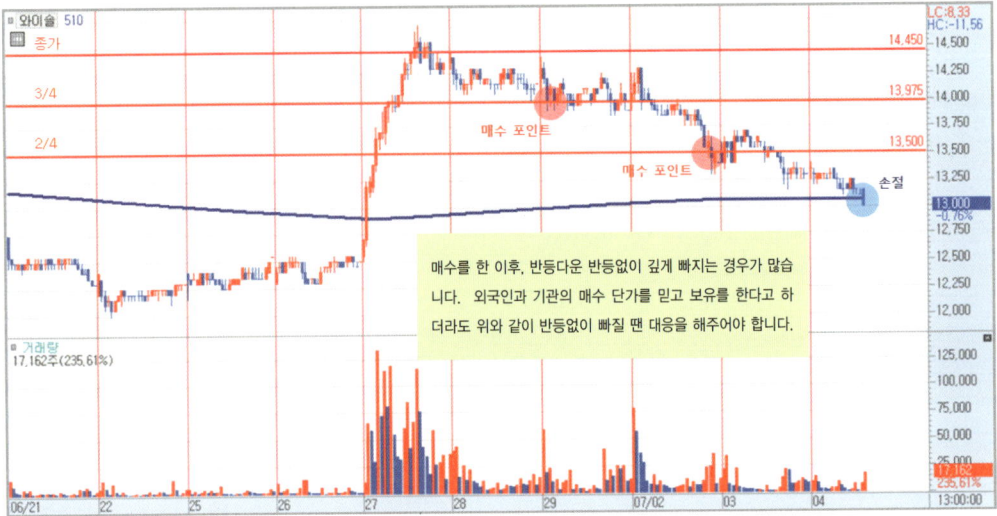

[그림47] 와이솔 15분봉

매수가 된 다음 날 주가는 반등없이 하락합니다. 손절은 장대양봉의 1/4 이탈 또는 20일선 이탈 시 매도로 대응하는데 와이솔의 주가는 반등없이 20일선을 이탈했습니다. 원칙대로 손절매도로 대응을 했다고 가정해보겠습니다.

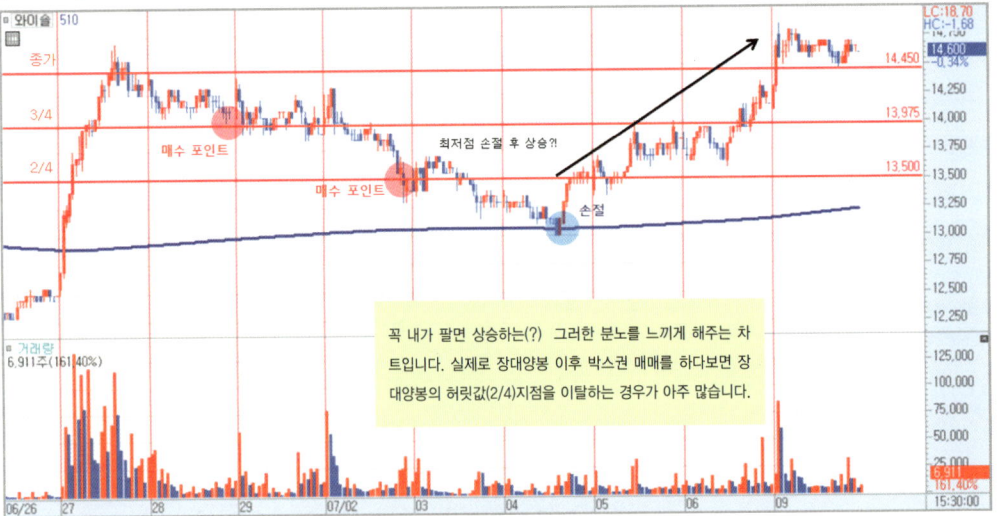

[그림48] 와이솔 15분봉

20일선을 살짝 이탈하고 주가는 급반등했습니다. 오히려 손절한 지점이 최저점이었습니다. 손절 지점이 최저점이라는 것은 대응에 문제가 있다는 것이죠. 어디서부터 잘못되었는지 차트를 다시 한번 보겠습니다.

[그림49] 와이솔 15분봉

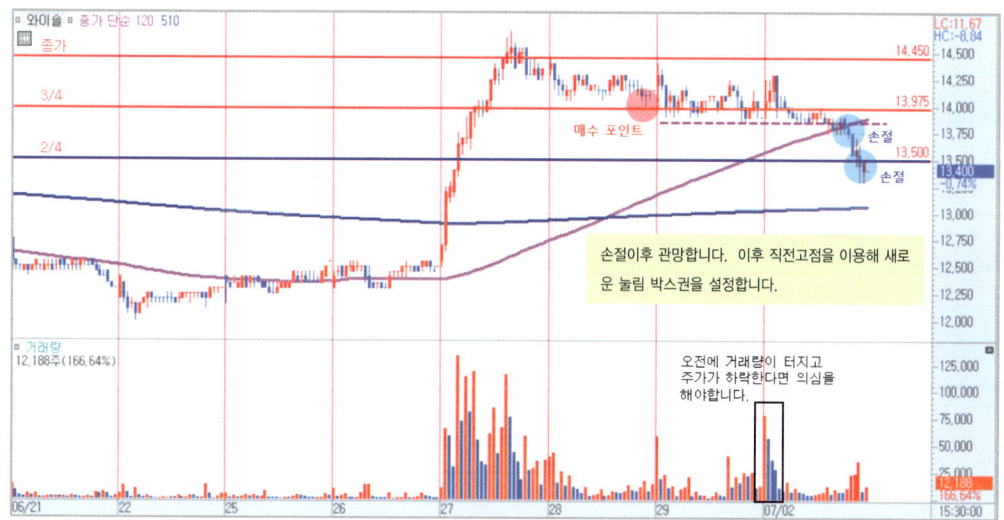

위 차트에서 120분 선을 추가했습니다(15분봉차트에서 120분선은 일봉차트 상 5일선에 해당합니다). 주가는 장대양봉 이후 셋째 날에 박스권 하단과 5일선을 이탈했습니다. page20 [그림14]에서 박스권 하단과 5일선을 이탈하면 조정이 나오니 손절 매도로 대응해야 한다고 했습니다. 그렇다면 이 이론에 따라 손절했다고 가정해보겠습니다.

[그림50] 와이솔 일봉차트

박스권 하단과 5일선을 이탈하면 장대양봉이 나오기 직전의 지지점에서 반등한다고 했습니다. 위 차트에선 직전의 지지점이나 전고점이 보이지 않습니다. 대신 **매물영역(캔들의 윗꼬리와 아래**

꼬리가 맞물린 구간)이 지지점으로 활용될 수 있습니다.

[그림51] 와이솔 일봉차트

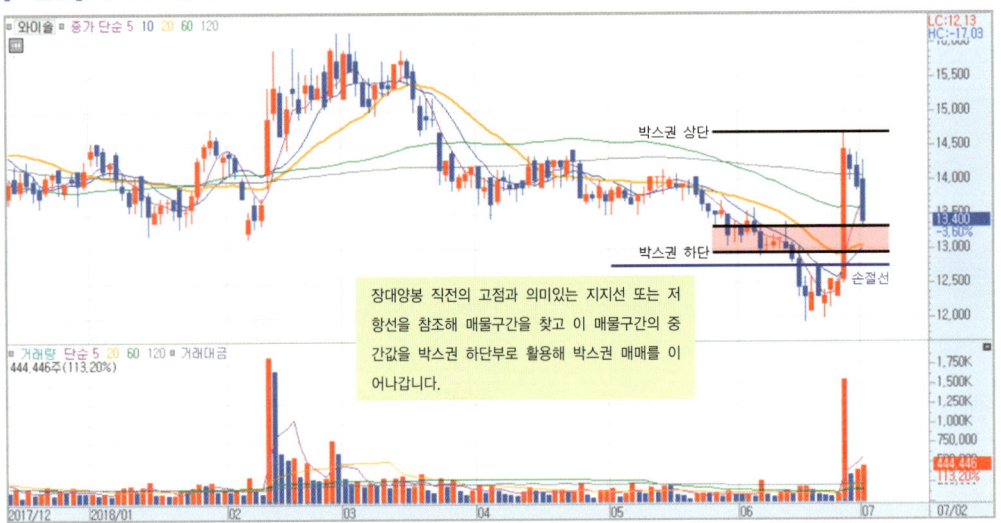

앞서 매물영역을 지지점이라 여기고 매수가 가능하다고 했습니다. 또는 위 차트에 나온 설명처럼 매물영역의 중간값을 박스권 하단으로 활용해 매매해도 괜찮습니다. **중요한 것은 장대양봉의 시가를 이탈하지 않는다면 직전의 지지점에서 반등을 한다는 것입니다.**

[그림52] 와이솔 15분봉

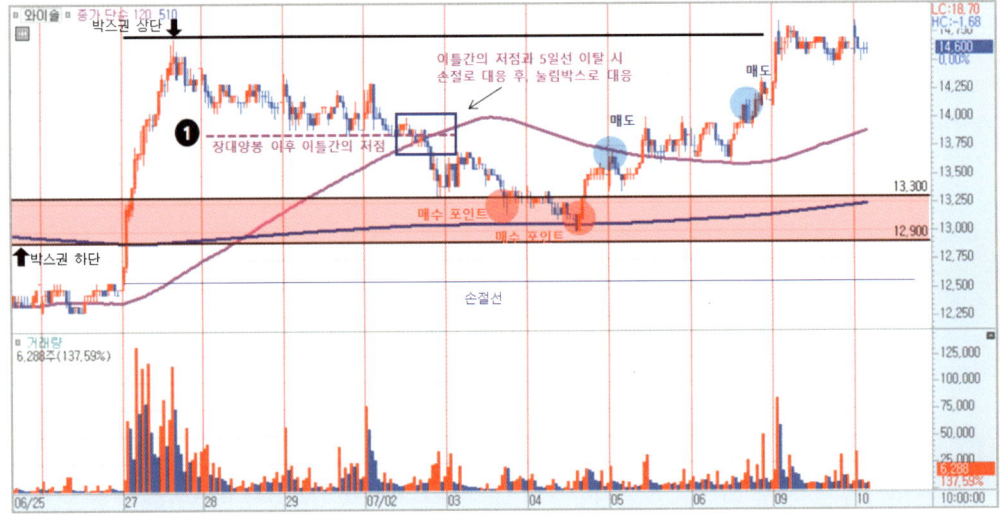

분 차트입니다. 주가가 ①이틀간의 저점(박스권 하단)과 120분선(5일선)선을 이탈하면 손절 매

도로 대응을 하고 매물영역 또는 직전의 지지점에서 매수가 가능하다고 했습니다. 7월 3일과 4일 주가는 매물영역(13,300원~12,900원 사이)에 도달한 후 큰 반등이 나왔습니다. 이렇게 대응을 하고 안 하고의 차이가 큽니다. **박스권 하단부와 5일선 이탈 시 손절 매도로 대응을 한다면 큰 손실을 볼 일이 전혀 없습니다.**

[그림53] 와이솔 일봉차트

일봉차트를 보면 장대양봉 이후 깊은 조정을 받고 단기간 급등 시세가 나왔습니다. 이처럼 기관이나 외국인이 대량으로 매수를 했어도 주가가 곧바로 상승하지 않고 오히려 개인투자자들의 손절 물량을 받고 상승하기도 합니다.

장대양봉이 어느 위치에 나오는지? 주가가 어떻게 흘러갈지? 등에 대해 예측을 하면서도 예상과 다르게 움직이면 즉각적인 대응을 해야 합니다. 그래야 손절해도 큰 타격을 입지 않습니다.

[그림54] F&F 일봉차트

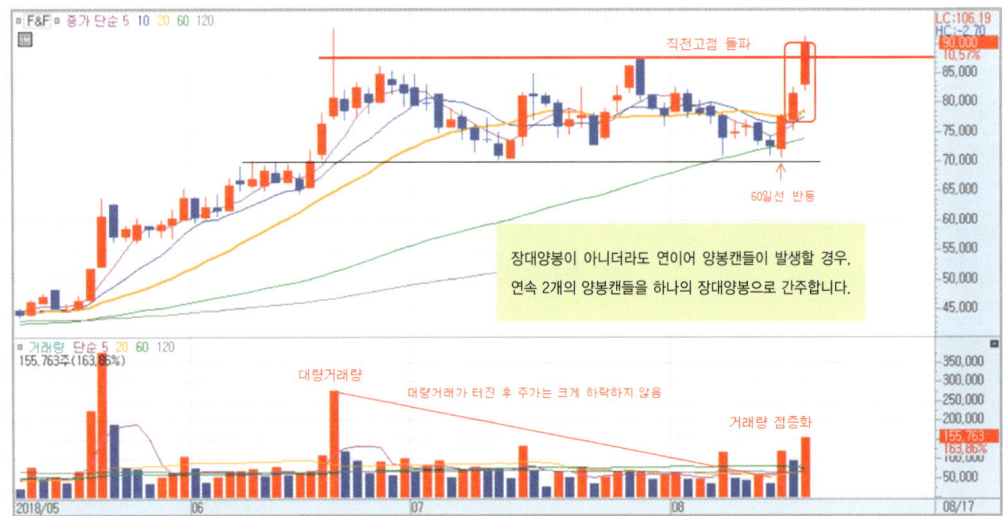

위 차트는 신고가 돌파 패턴입니다. 직전의 고점을 신고가로 돌파했으나 7% 이상의 장대양봉으로 돌파하지 않았습니다. 이럴 때는 연이어 발생한 양봉 캔들을 장대양봉으로 간주해도 상관없습니다.

[그림55] F&F 15분봉차트

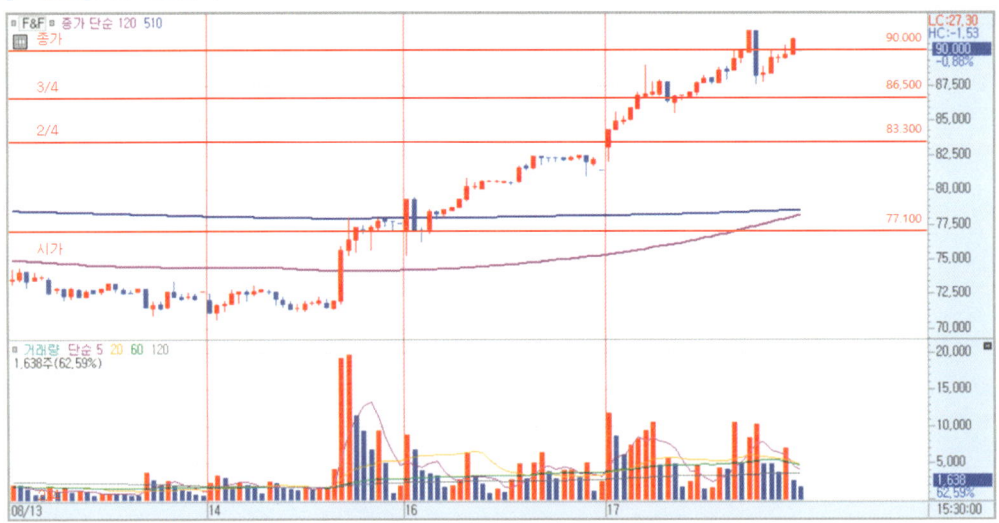

16일의 '시가'와 17일의 '종가'가 장대양봉의 '시가'와 '종가'로 간주한다면 종가 90,000원, 3/4구간은 86,500원, 2/4구간은 83,300원으로 매수구간이 설정됩니다.

[그림56] F&F 15분봉차트

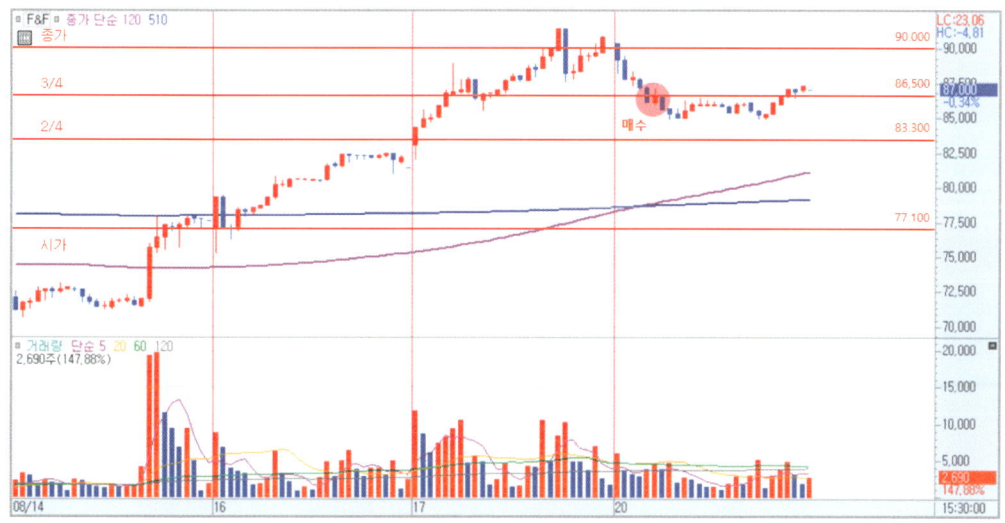

　시가가 보합권 부근으로 시작했기 때문에 장대양봉의 3/4~2/4 영역이 매수구간입니다. 위 차트를 보면 주가가 매수구간에 왔습니다.

[그림57] F&F 15분봉차트

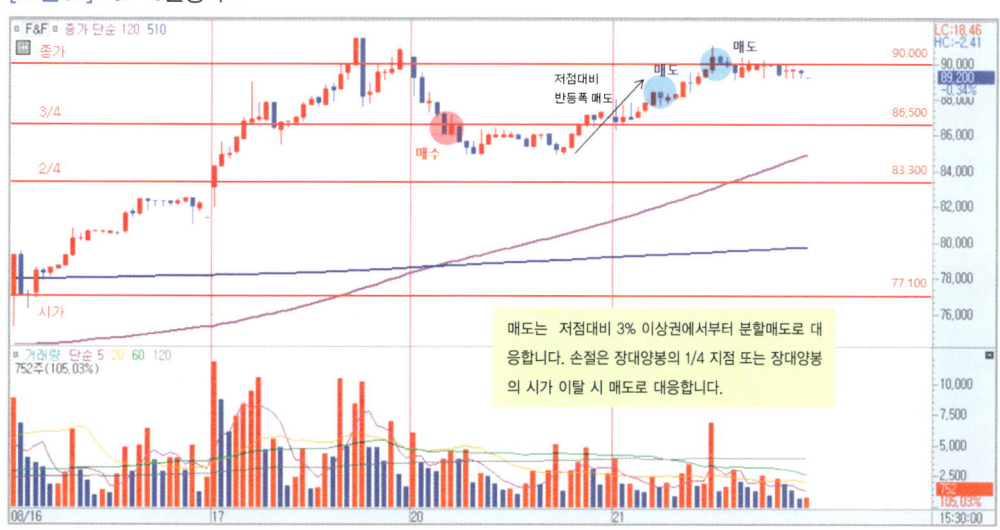

　매수구간에서 반등이 나왔습니다. 반드시 매도는 저점 대비 3% 반등폭 이상에서 분할매도로 차익실현을 합니다.

[그림58] F&F 기관/외국인 수급추이

외국인이 3거래일간 순매수를 했습니다. 평균단가는 85,254원으로 집계됩니다. 약 4거래일 동안 기간누적 수량이 7만 주 가량 됩니다.

[그림59] F&F 15분봉차트

외국인의 평균단가인 85,254원을 매수 포인트로 활용합니다. 매수구간은 외국인 평균단가인 85,254원과 박스권 하단인 84,900원 사이가 되겠습니다. 또는 박스권 중하단부터 박스권 하단까지 매수해도 좋습니다.

[그림60] F&F 15분봉차트

주가는 다음날부터 박스권 중하단과 외국인 평균단가 부근까지 내려왔습니다. 그런데 22일 날 주가는 5일선(15분봉 상 120분선)을 이탈했습니다. 손절해야 하지 않을까요? 5일선은 이탈했어도 박스권 하단을 최종적으로 이탈하지 않았습니다. 주가가 5일선과 박스권 하단 둘 다 이탈할 때에만 손절로 대응합니다.

[그림61] F&F 15분봉차트

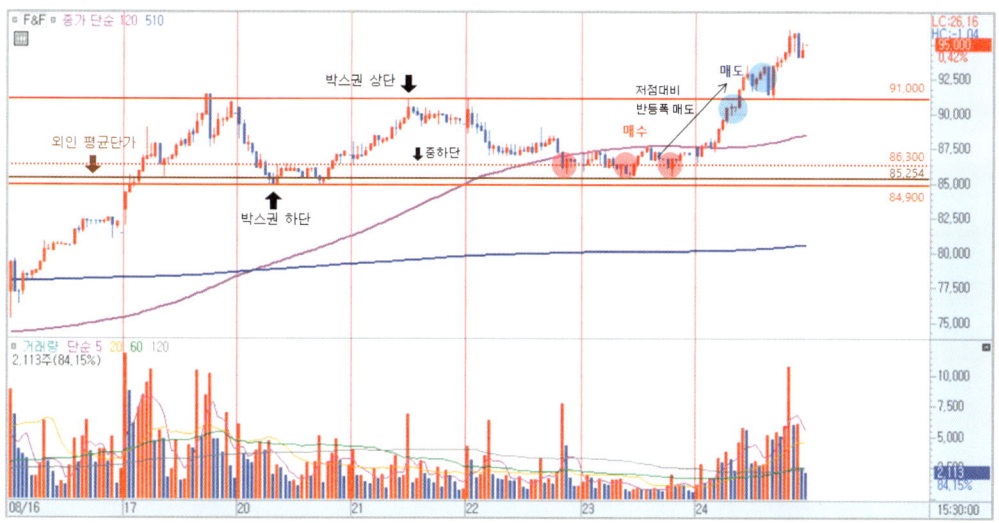

주가가 박스권 하단에 머무른 시간이 길어질수록 반등도 크게 나오는 경향이 있습니다. 그렇게 된다면 저점 대비 3% 반등폭 이상부터 매도하되 일부는 길게 보유하여 수익률을 극대화

할 수 있습니다.

[그림62] F&F 기관/외국인 수급 추이

고가를 경신함에 따라 평균단가를 재조회합니다. 처음에는 외국인이 많이 매수했었지만, 지금은 기관이 외국인보다 많이 매수한 상태입니다. 기간누적 매수 수량이 많은 기관의 평균단가를 참조합니다.

[그림63] F&F 15분봉차트

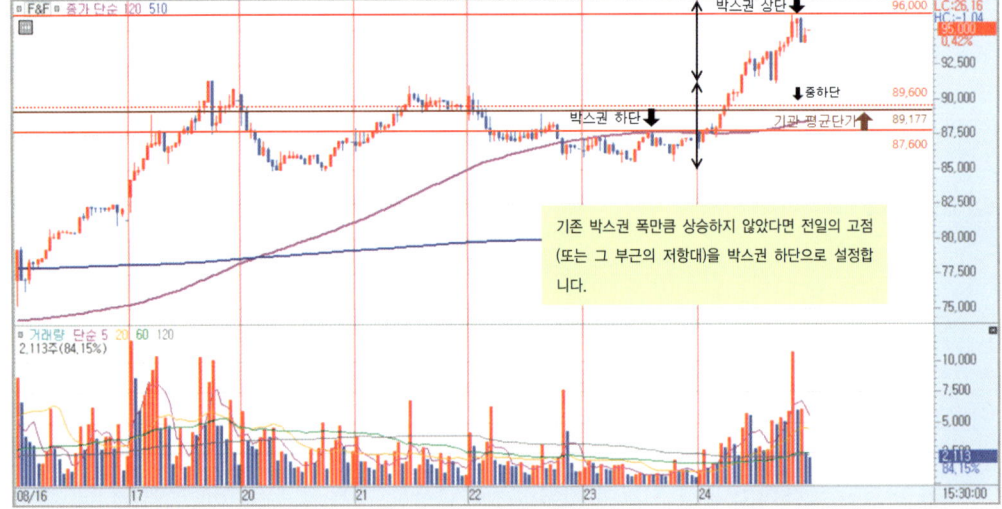

24일 기존 박스권을 돌파했습니다. 기존 박스권 폭 만큼 또는 그 이상 상승하면 17일의 '고가'

가 레벨업 된 박스권 하단이 되겠지만 위 차트에선 아직 기존 박스권 폭만큼 또는 그 이상 상승하지 못했습니다. 일단은 23일의 '고가'가 새로운 박스권 하단이 됩니다.

[그림64] F&F 15분봉차트

박스권을 설정하고 보니 다음날 주가는 매수구간에 오지 않고 오히려 박스권 상단을 돌파했습니다. 이렇게 되면 박스권을 또다시 설정해야 합니다.

[그림65] F&F 기관/외국인 수급추이

이번에는 기관, 외국인의 기간누적 매수 수량이 6만여 주로 거의 비슷합니다. 기간누적 매수량이 동일할 때는 두 개의 평균단가를 모두 매수에 활용할 수 있습니다.

[그림66] F&F 15분봉차트

 기존 박스권 폭 이상 상승을 했기 때문에 17일의 '고가'가 레벨업 된 박스권 하단이 되고 레벨업 된 박스권 상단은 27일 날의 '고가'가 됩니다. 매수영역은 기관 평균단가가 박스권 하단 아래에 위치해 있으니, 중하단과 하단에서 매수합니다.

[그림67] F&F 15분봉차트

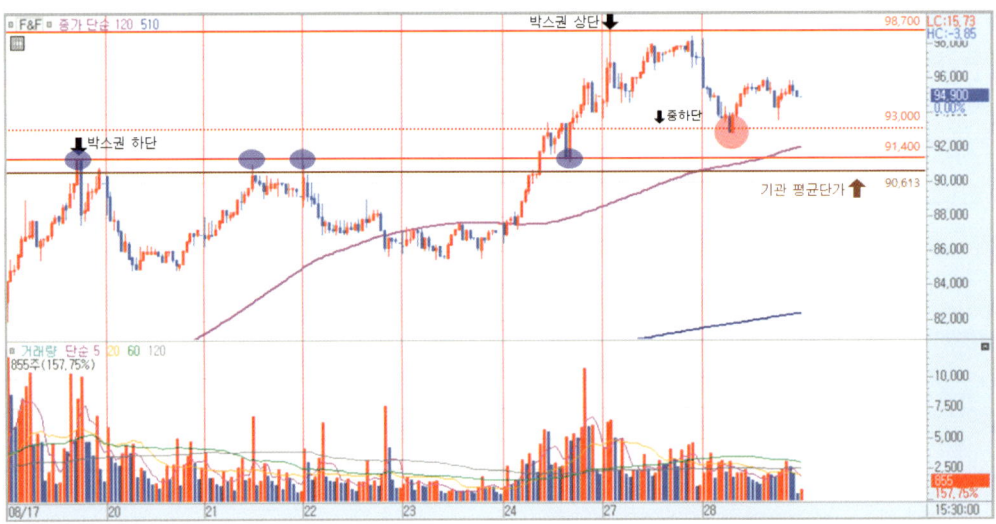

 박스권을 설정한 후 다음날 주가는 박스권 중하단 부근까지 내려왔습니다. 반등이 소폭 나온 상태인데 추가적인 상승으로도 이어지는지 보겠습니다.

[그림68] F&F 15분봉차트

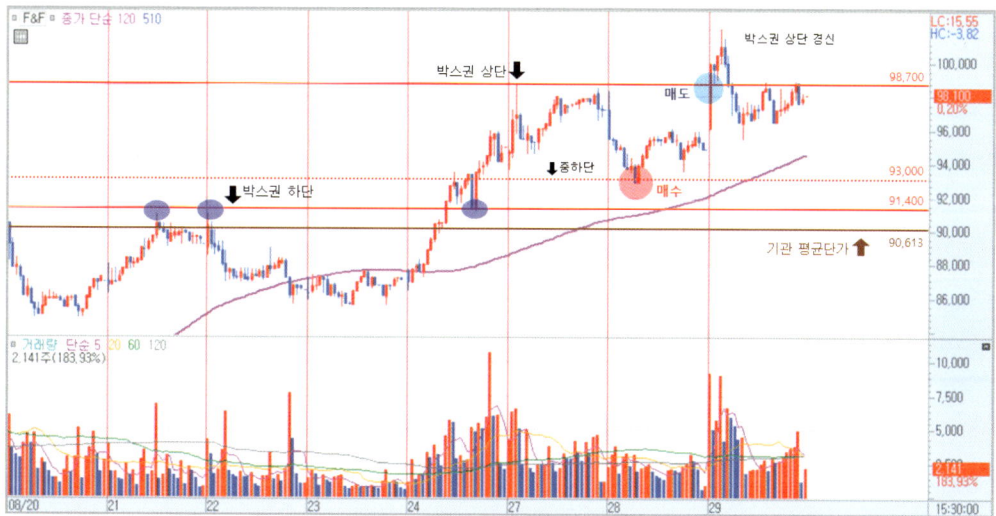

　신기하게도 29일 주가는 오전에 박스권 상단을 돌파하며 크게 상승했습니다. 박스권 상단을 경신했으니 박스권을 재조정하겠습니다.

[그림69] F&F 기관/외국인 수급추이

　기관이 집중적으로 매수하고 있습니다. 약 7.6만 주로 외국인 기간누적 매수량보다 많습니다. 이쯤에서 주가가 평균단가보다 많이 오른 상태이기 때문에 평균단가를 매수 포인트로 활용하기보다는 손절선으로 활용하거나 참고만 합니다.

[그림70] F&F 15분봉차트

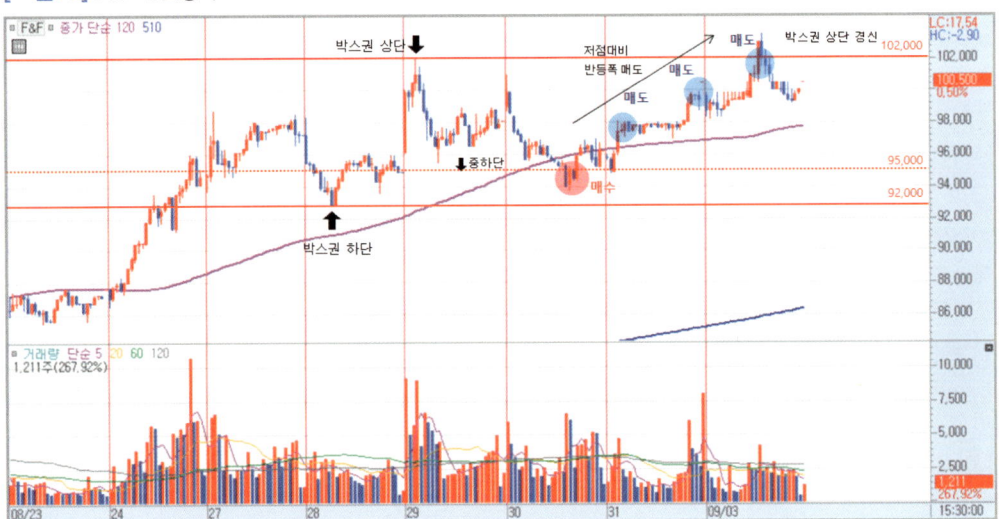

　새로 적용된 박스권 중하단과 하단 영역에서 큰 반등이 나왔습니다. 28일 날 '저가'가 박스권 하단이 됩니다. 28일 날 '고가'가 박스권 하단이 되지 않는 이유는 주가가 27~28일의 폭 만큼 또는 그 이상 상승하지 못했기 때문입니다. 최소한 103,000원 이상 상승 마감을 해야 28일의 '고가'가 박스권 하단이 됩니다.

[그림71] 실전 차트 사례 – F&F 15분봉차트

　고점을 계속 경신하는 **신고가의 경우, 조심해야 할 점은 주가가 저점을 높인 추세를 이탈하게 될 때입니다.** 상승추세의 저점이 무너졌기에 주가는 당분간 상승보다는 하락 → 반등 → 하락 패턴으

로 움직이게 됩니다. 다시 말해서 하락추세로 전환되었다고 판단하고 그 즉시 매매를 종료하거나 매매를 하더라도 짧은 단기반등을 노리고 보수적으로 접근해야 합니다.

[그림72] F&F 15분봉차트

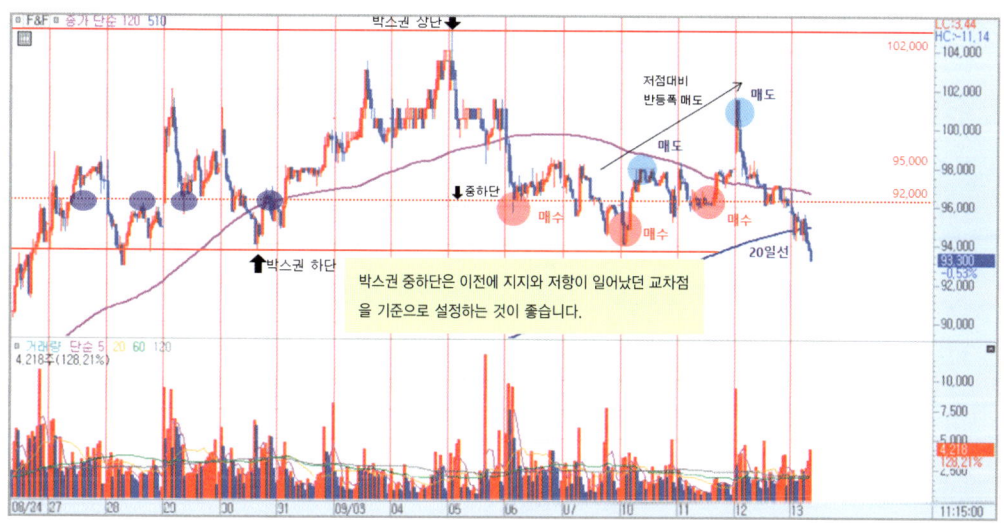

분 차트에서 의미 있는 저항 구간을 기준으로 박스권을 변경하면 박스권 중하단과 하단에서 반등이 나오긴 나옵니다. 이후 주가가 20일선을 이탈하게 되면 완전히 매매를 종료해야 합니다.

[그림73] F&F 일봉차트

추세를 이탈하기 전까지 신고가 종목의 특징상 올라가고자 하는 성질이 강합니다. 따라서 종

목선정을 할 때는 신고가 종목을 최우선 순위에 두고 그다음으로는 전고점과 매물영역을 돌파한 순으로 매매를 하는 것이 좋습니다.

[그림74] F&F 일봉차트

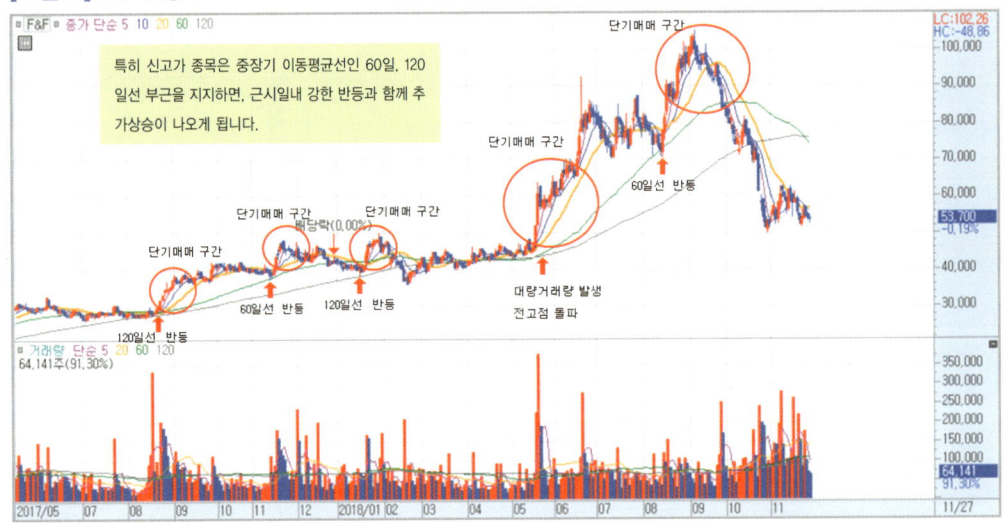

52주 신고가를 달성한 종목은 대개 60일선, 120일선에서 반등이 나오게 되는데 반등에 성공하면 추가적인 시세를 내게 되는 경우가 아주 많습니다. 단기매매와 스윙매매에 적합한 구간이라 할 수 있습니다.

지금까지 우량주 수급평단 매매법을 적용한 예시 사례 종목을 둘러봤습니다. 그러나 실전에서는 위의 예시종목처럼 주가가 흐르지는 않죠. 언제 어디서든 돌발변수가 등장해 예상과 다른 움직임을 보여줄 때도 종종 있기 때문입니다. 중요한 것은 우량주 수급평단의 매매법을 잘못 이해하면 매매하는 족족 실패하게 된다는 것입니다. 다음 장에는 우량주 수급평단을 잘못 적용한 실패 사례에 대해서 알아보겠습니다.

※ 분봉차트에 이동평균선 계산법

하루 정규시장 6시간 30분 = 390분

5분봉 차트

390÷5 = 78
◆ 하루 정규시장 5분봉차트의 캔들은 총 78개의 캔들로 구성됨.

5분봉 차트의 5일선 390분선
(78 × 5 = 390)

5분봉 차트의 10일선 780분선
(78 × 10 = 780)

5분봉 차트의 20일선 1560분선
(78 × 20 = 1560)

10분봉 차트

10분봉 차트의 5일선 195분선
10분봉 차트의 10일선 390분선
10분봉 차트의 20일선 780분선

15분봉 차트

15분봉 차트의 5일선 130분선
15분봉 차트의 10일선 260분선
15분봉 차트의 20일선 520분선

*필자의 경우, 15분봉에서 5일선과 20일선을 빠르게 대응하기 위해 10분씩 차감했습니다. 15분봉으로 보지 않고 3분봉, 5분봉, 10분봉 차트로 봐도 상관없습니다.

2) 잘못 적용한 실패 사례

※ 실전 차트 사례 - 일진디스플/제노포커스

[그림75] 일진디스플 일봉차트

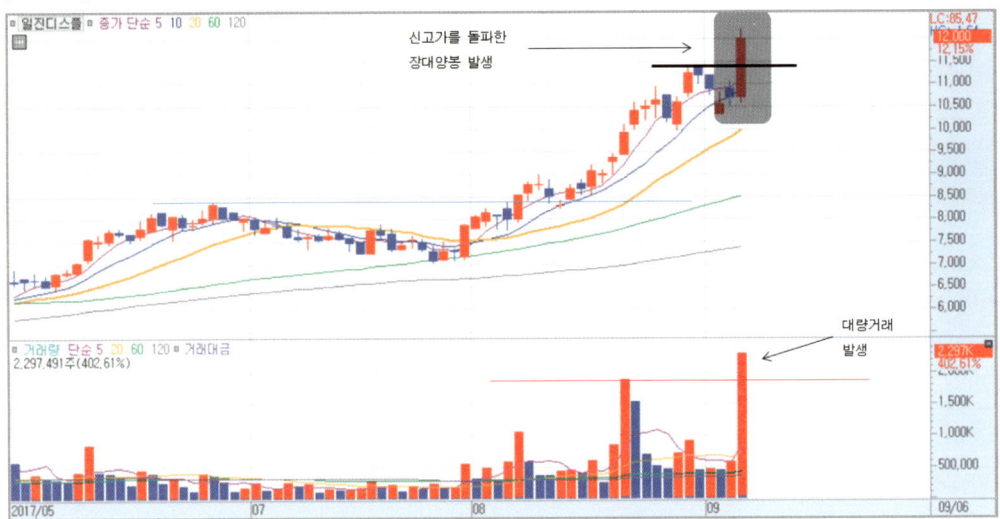

 우량주 수급평단 매매법에서 중점을 두어야 할 것은 장대양봉의 위치입니다. 장대양봉이 발생한 이후 주가가 상승하는지, 또는 시세를 내지 못하고 하락하든지 둘 중의 하나입니다.

[그림76] 일진디스플 일봉차트

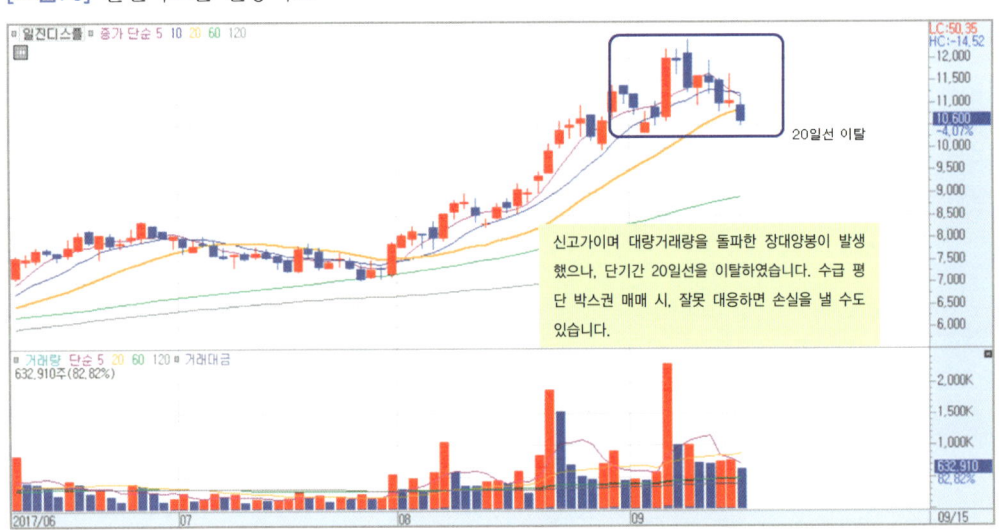

장대양봉 이후 주가는 얼마 안 가 장대양봉의 시가와 20일선을 이탈했습니다. 이렇게 장대양봉으로 신고가를 경신한 종목이라도 위와 같이 시세를 내지 못한 채 하락할 수 있습니다. 왜 일까요?

[그림77] 일진디스플 종목별 투자자

[0796] 투자자별 매매동향 - 종목별투자자

일진디스플 2018/10/26 단위:백만원,천주

기간 18/09/26 - 18/10/26

일자	현재가	전일비	거래량	개인	외국인	기관계	금융투자	보험	투신	기타금융	은행	연기금등	사모펀드	국가	기타법인	내외국인
누적순매수				+144	+86	-185	-15	-8	-89	-11	-28	+23	-58		-35	+11
17/09/18	11,150 ▲	550	652,019	-632	+284	+347			+40			-9	+316		+3	-2
17/09/15	10,600 ▼	450	632,910	-828	+772	+94							+94		-17	-21
17/09/14	11,050 ▲	50	764,209	+429	-533	+436			+469			-32			-334	+1
17/09/13	11,000 ▼	450	745,180	-8	-453	+315	-1		+66			+218	+32		+2	+144
17/09/12	11,450 ▼	150	717,053	+949	-1,347	+452			+398			+28	+25		-53	
17/09/11	11,600 ▲	250	730,395	-226	+436	-211	-4		-20				-187		+1	
17/09/08	11,350 ▼	600	1,007,088	+2,566	-2,586	+1	-1				+1				+21	-1
17/09/07	11,950 ▼	50	1,005,693	+100	-1,247	+1,104	+3		+19				+276	+806	+59	-16
17/09/06	12,000 ▲	1,300	2,297,491	-4,906	+4,497	+359	-172		+268		-6	+602	-334		+29	+22
17/09/05	10,700 ▲	150	570,656	+157	-260	+99	-242		-45				+387		+8	-4
17/09/04	10,550 ▼	350	449,807	-496	+477	+35			+35						-11	-5
17/09/01	10,900 ▼	300	466,976	-402	+502	+4					+4				-109	+5
17/08/31	11,200 ▼	50	444,545	+592	-57	-649			-57	-48	+1	+28	-409	-164	+112	+2
17/08/30	11,250 ▲	650	902,197	-1,459	-715	+1,887	+988		+997			-98			+289	-1
17/08/29	10,600 ▲	350	702,728	-577	+862	-257			-15				-242		-4	-24
17/08/28	10,250 ▼	400	470,212	-398	+447	-5	+10				+2		-17		-39	-5
17/08/25	10,650 ▲	150	516,548	-515	+626	-132	+11		-118				-25		+22	
17/08/24	10,500 ▲	100	698,516	-835	+1,311	-468			-144				-324		+1	-9
17/08/23	10,400 ▲	480	1,537,192	-1,535	+1,524	+22	+21				+1				-38	+28
17/08/22	9,920 ▲	550	1,878,039	-1,765	+1,399	+326	+20		-30			+336			+42	-1

당시 장대양봉이 발생한 날인 9월 6일 외국인이 약 45억 원 대량 매수를 한 상태였습니다. 그런데 다음날부터 외국인이 하루 만에 10억 원 넘게 매도를 합니다. 외국인이 매도한 시점부터 주가는 곤두박질을 쳤는데 수급을 보더라도 8월 24일 이전부터 외국인이 하루에 10억 원가량 사들여 주가를 끌어 올린 것을 확인할 수 있습니다. 차익실현에 대한 욕구가 큰 상황이죠. 이처럼 수급을 체크했을 때 대량 매수 이후 대량의 매도가 연이어 나오는 경우 조심해야 합니다. 주가 고점의 신호로 해석할 수 있습니다.

[그림78] 일진디스플 일봉차트

수급에서도 주가 고점의 징후를 판단할 수 있고 다른 한편으론 차트에서도 발견할 수 있습니다. 차트를 넓게 봤을 때 장대양봉이 발생한 위치가 과거의 전고점 부근이라면 조심할 필요가 있습니다. 전고점이 강한 저항대로 작용하기 때문입니다.

[그림79] 일진디스플 일봉차트

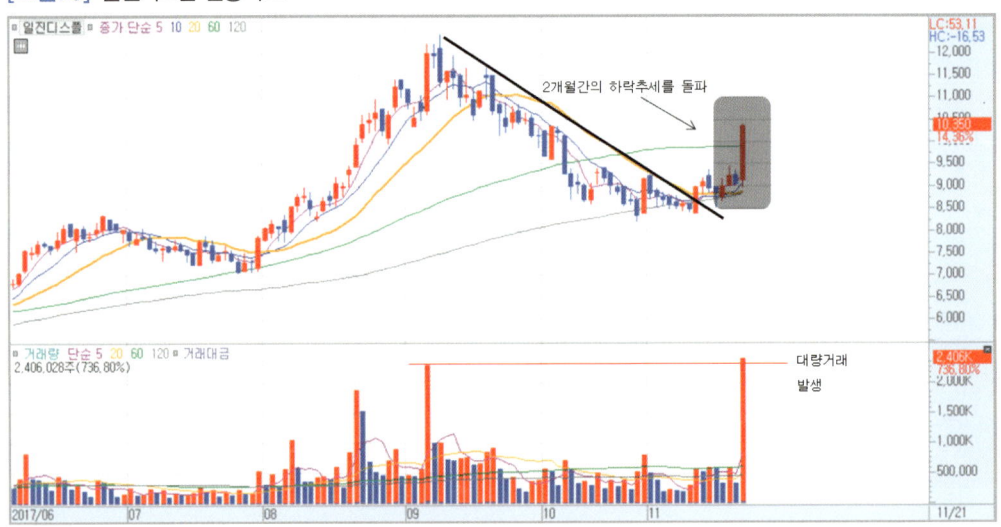

주가는 과거의 전고점을 넘지 못하고 120일선까지 하락했습니다. 이후 2개월간의 하락추세를 돌파한 장대양봉이 발생했는데 주가는 어떻게 움직였을까요?

[그림80] 일진디스플 일봉차트

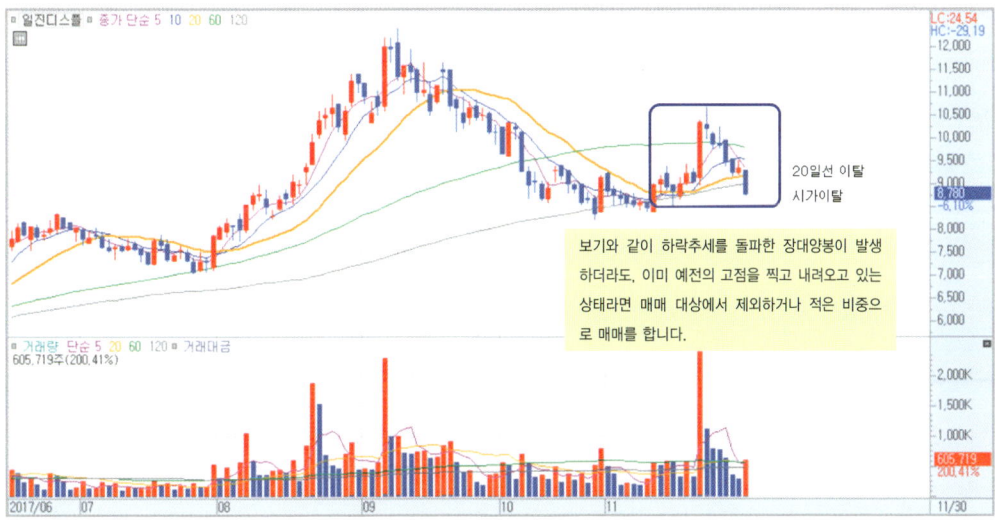

아쉽게도 상승을 하지 못하고 하락하고 맙니다. 이미 주가는 과거의 전고점 저항에 맞아 하락하던 중이었습니다. 게다가 하락한 기간만큼 횡보한 후 상승해야 매물의 압박이 덜한데 위 차트의 경우, 하락한 기간만큼 횡보를 한 구간이 짧은 상태에서 상승을 했습니다.

이렇게 되면 단기적으로 기술적 반등을 노린 투자자들의 차익실현 매도와 고점에서 물린 투자자들의 본전 매도로 인해 매물의 압박이 클 수밖에 없습니다.

[그림81] 일진디스플 종목별투자자

11월 21일이 장대양봉이 발생한 날입니다. 개인투자자들의 매도세가 대량으로 나왔죠. 그런데 이 당시의 수급도 지난 9월 6일과 비슷합니다. 외국인이 32억, 기관은 13억가량 대량 매수를 했지만 이후 외국인과 기관이 연이어 순매도하면서 주가를 끌어내렸습니다.

[그림82] 일진디스플 일봉차트

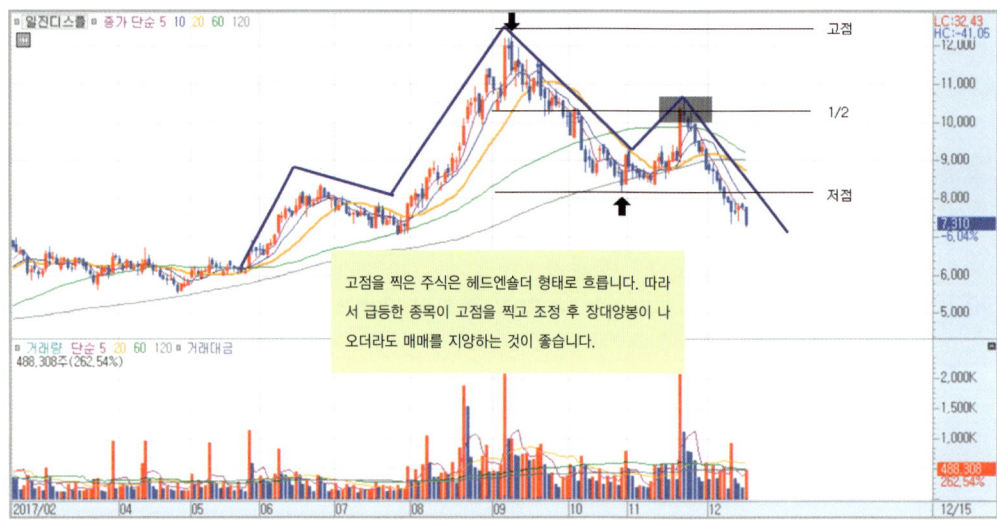

과거 전고점의 저항을 맞고 위와 같이 삼산(三山) 모양으로 봉우리를 찍고 내려오는 패턴이 형성될 수 있으니 매매를 하더라도 장대양봉의 시가를 이탈하게 되면 반드시 손절매로 대응해야 하겠습니다.

[그림83] 일진디스플 일봉차트

 과거 12,000원이었던 수가가 약 4,000원 수준으로 1/3 하락하고 나서 대량 거래량을 동반한 장대양봉이 발생했습니다. 과도한 가격조정을 거쳤고 이평선의 모양도 정배열로 바뀐 모습이라 이번에는 장대양봉 이후 주가가 상승할 가능성이 클 수 있겠습니다. 다음날 주가가 어떻게 움직였는지 보겠습니다.

[그림84] 일진디스플 일봉차트

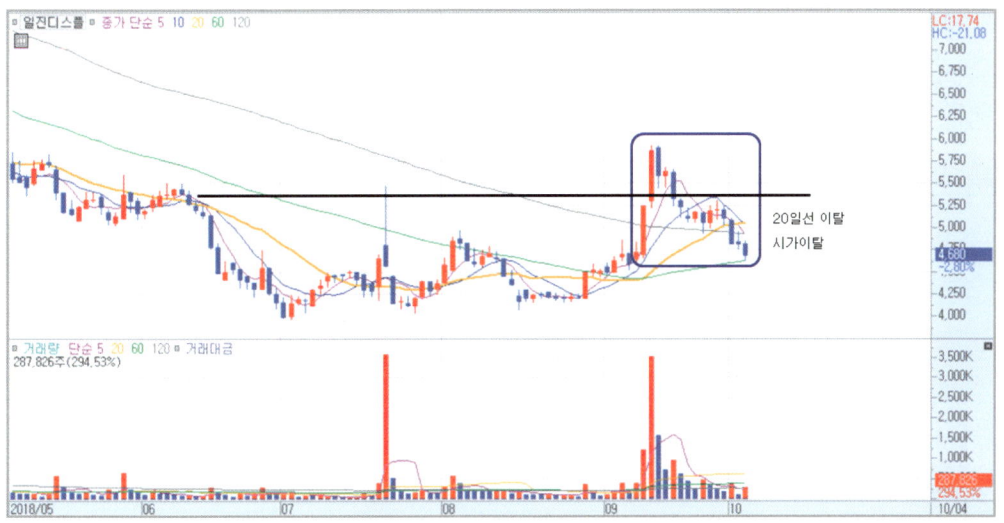

 그런데 얼마 가지 않아 주가는 20일선과 장대양봉의 시가를 이탈합니다. 만약 매매를 하게된다면 반드시 장대양봉의 시가 또는 20일선을 이탈 할 때 손절로 대응을 해야 합니다.

[그림85] 일진디스플 종목별투자자

장대양봉이 발생한 날이 9월 11일입니다. 기관이 약 28억 원 대량으로 매수를 했으나 그 이후부터 기관의 매수를 하지 않고 오히려 매도하고 있습니다. 게다가 외국인들도 계속 매도를 합니다. 개인투자자들한테 물량을 떠넘기는 모습이죠. 결국, 주가는 힘을 쓰지 못한 채 하락을 하게 됩니다.

[그림86] 일진디스플 일봉차트

결과론적인 얘기지만, 외국인 또는 기관의 대량 매수를 동반한 7% 이상의 장대양봉이 발생했음에도 불구하고 주가가 상승하지 못하고 하락하는 이유 중 하나는 숏커버링(공매도 후 환매수)을 하기 위해 들어온 수급일 가능성이 매우 큽니다. 그렇지 않고서야 거대자본을 지닌 외국인, 기관들이 대량의 순매수 이후 매도를 할 이유가 전혀 없습니다. 따라서 **수급을 체크할 때 외국인 또는 기관의 대량 매수가 유입되면 대차상환을 했는지 체크해야 합니다.** 개인투자자들한테 떠넘기기 위해 유입된 수급일 가능성이 농후합니다.

 두 번째 이유는 차트를 보더라도 긴 시간 동안의 하락추세를 이제 막 벗어난 상태입니다. 이 상태에서 반등하더라도 손실중인 투자자들의 본전 매도물량이 나와 주가 상승에 제약을 받을 수 있습니다. 하락한 기간만큼 주가의 횡보기간도 길어야 손실 중인 투자자들이 지쳐 나가떨어지게 됩니다. 그래야 주가가 본전에 오더라도 손실 중인 투자자들이 이미 손실을 보고 매도를 다 했기 때문에 상대적으로 본전 매도물량이 덜 나오게 됩니다. 주가 상승에 제약을 덜 받게 된다는 얘기죠.

 위 일진디스플 종목의 사례처럼 과거 전고점 부근에서 발생한 장대양봉, 저항을 맞고 하락하던 중에 발생한 장대양봉, 그리고 하락추세를 이제 막 벗어난 시점에서 발생한 장대양봉을 조심해야 합니다. 또한 외국인, 기관의 대량 매수가 유입되더라도 숏커버링, 즉 개인투자자들에게 떠넘길 수 있는 수급일 가능성이 있으니 대차상환을 했는지 체크해야 하겠습니다.

[그림87] 제노포커스 일봉차트

 일진디스플 종목처럼 이제 막 하락추세를 벗어난 시점에서 발생한 장대양봉을 조심해야 한다고 했습니다. 물론 위 설명에 나와 있듯이 직전의 지지점을 수복하는 장대양봉이 발생하면 단

기간 시세가 나올 수 있으나 그 이후부터는 손실권에서 본전에 도달한 투자자들의 본전 매도와 기술적 반등을 노린 투자자들의 차익매도 때문에 상승에 제약을 받을 수 있습니다.

[그림88] 제노포커스 종목별투자자

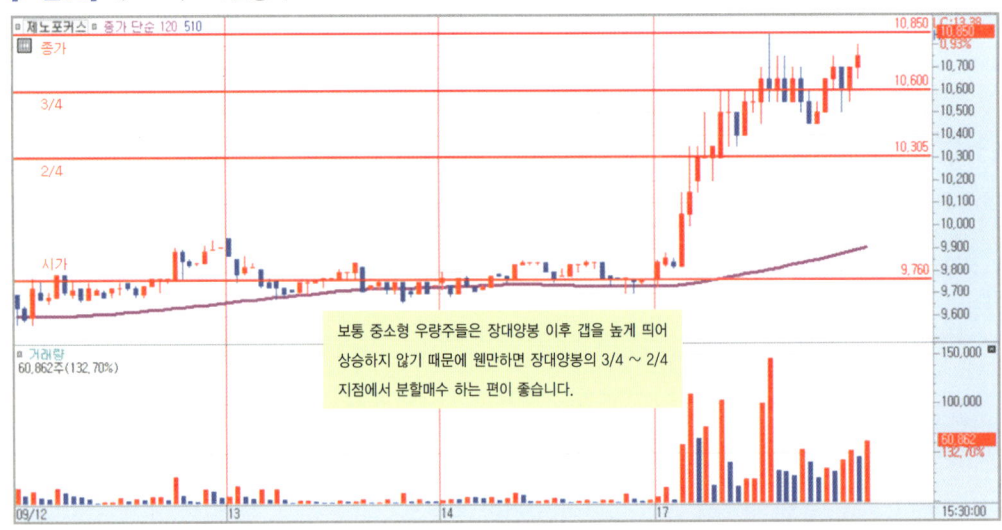

당시 9월 17일 장대양봉이 발생한 날 외국인이 7억 원가량 매수, 기관은 약 2억 원가량 매수했습니다. 대량의 매수는 아니지만 기관이 8월, 9월 내내 순매수를 했습니다. 일단 주포는 기관으로 판단됩니다.

[그림89] 제노포커스 15분봉차트

직전의 지지점을 수복한 장대양봉은 단기간 슈팅이 나온다고 했습니다. 15분봉 차트로 진행 과정을 자세히 살펴보겠습니다.

[그림90] 제노포커스 15분봉차트

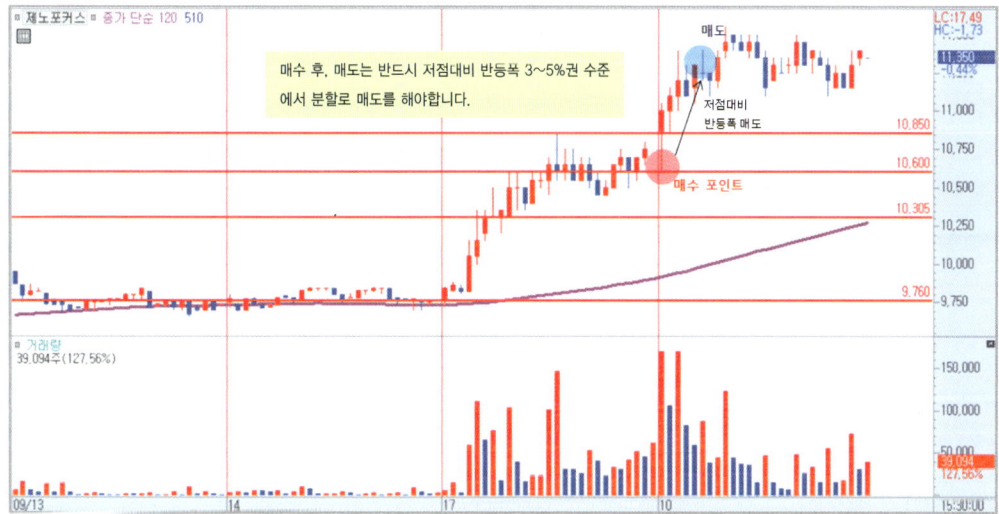

장대양봉이 나온 다음 날, 오전에 한 차례 매매구간이 발생했습니다. 매도는 반드시 저점 대비 3% 이상부터 분할매도로 차익실현 해야 하겠습니다.

[그림91] 제노포커스 15분봉차트

장대양봉 이후 첫째 날의 '저가'와 '고가'를 기준으로 박스권을 만들었지만 19일 주가는 매수구

간인 박스권 중하단과 하단인 10,850원~10,600원까지 내려오지 않고 오히려 '고가'가 경신되면서 상승 마감했습니다.

[그림92] 제노포커스 종목별 매매추이

기관이 3일간 매수를 했습니다. 기간누적으로 15만 주 매수를 하였고 평균단가는 11,191원입니다.

[그림93] 제노포커스 15분봉차트

'고가' 경신되었기 때문에 박스권을 재조정해야 하겠습니다. 어차피 **장대양봉 이후 첫째 날과 둘**

째 날에 기준이 되는 '저점'과 '고점'이 형성되는데, 이 '저점'과 '고점'을 기준으로 박스권이 만들어집니다. 매수영역은 위 차트에 표시된 대로 기관 평균단가와 박스권 하단 사이입니다. 다음날 주가가 매수영역에 오는 지 보겠습니다.

[그림94] 제노포커스 15분봉차트

다음날 주가는 매수구간에 오지 않고 거래량이 터지면서 상승을 했습니다. 당시, 장중에 주가가 박스권 길이만큼 상승했는데 장 마감까지 이 추세가 유지가 된다면 19일 날 박스권 상단이 레벨업 된 박스권 하단이 될 수도 있는 상황입니다.

[그림95] 제노포커스 15분봉차트

그런데 장 마감하기도 전에 미리 레벨업 된 박스권으로 설정해 매매하게 된다면 주가가 당일의 저가를 이탈할 때 반드시 손절로 대응해야 합니다.

[그림96] 제노포커스 일봉차트

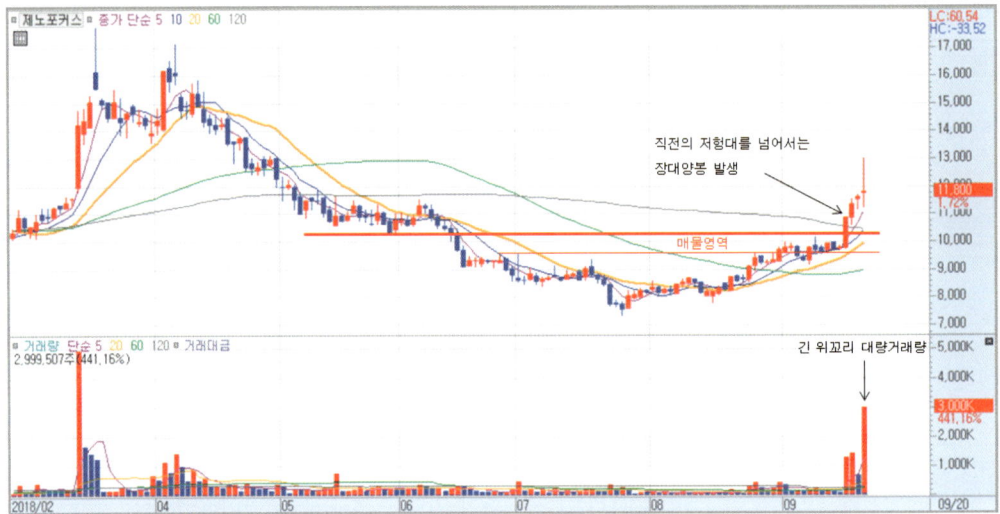

일봉차트로 잠시 돌아와 보겠습니다. 20일 날 윗꼬리를 달고 대량의 거래량이 발생했다는 것은 대량으로 매도가 쏟아져 나온 것으로 해석됩니다. 당시의 수급을 체크해보겠습니다.

[그림97] 제노포커스 종목별 매매추이

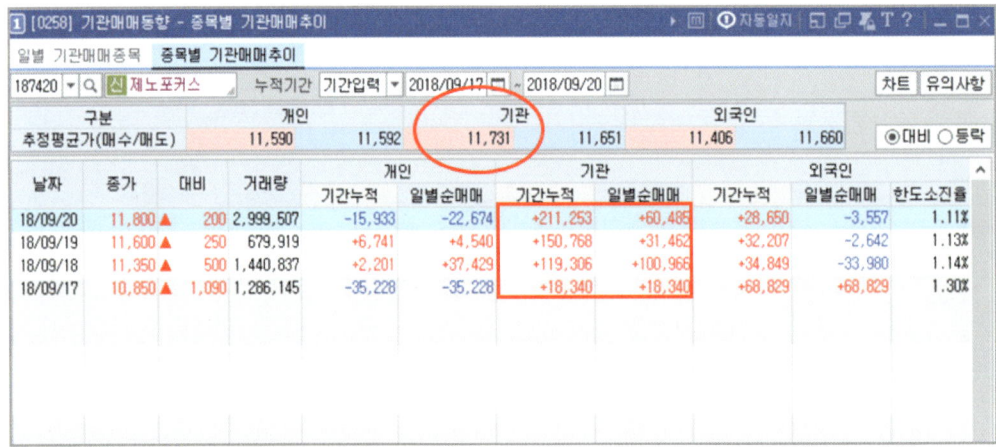

대량 거래량이 발생한 20일에 기관이 6만여 주 매수를 했군요. 누군가가 대량으로 매도를 한 흔적은 보이지 않습니다. 있어봤자 개인투자자들이 22,000 주 매도한 것밖에 없습니다.

[그림98] 제노포커스 15분봉차트

하지만 분 차트에서 수상한 점이 보입니다. 20일 오전부터 거래량이 터지면서 주가가 상승했지만 오후 들어서는 누군가가 대량으로 매도하여 주가를 끌어내리고 있다는 것을 알아차려야 합니다. 특히 위 종목처럼 **우량주에서 평소보다 많은 거래량을 동반한 주가 하락은 당일과 다음날까지 영향을 미치기 때문에 주가가 매수영역에 오더라도 매수를 자제하고 관망**해야 합니다.

[그림99] 제노포커스 15분봉차트

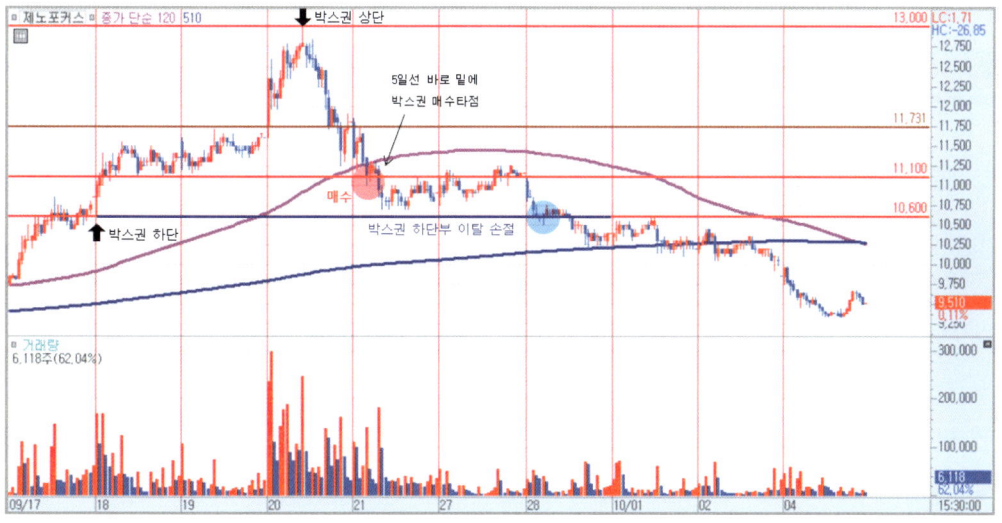

아니나 다를까. 21일 오전부터 거래량이 터지면서 하락을 했습니다. 박스권 중하단인 11,100원과 10,600원 사이에서 매수했었더라면 손절매를 할 수밖에 없었습니다.

또한, 단기 이평선인 5일선 바로 밑이 매수영역이라 자칫 5일선 이탈에 따른 단타투자자들의 투매 물량이 나올 수 있는 위치였습니다. **5일선, 10일선, 20일선 바로 밑이 매수영역이라면 상당히 위험한 자리라 할 수 있겠습니다.**

대중적으로 많이 쓰이는 이동평균선이 5일선, 10일선, 20일선입니다. 이 이동평균선은 투자자들의 암묵적인 약속의 신호로 쓰이기도 하는데 주가가 5일선을 돌파한다든지 5일선을 지지한다든지, 5일선을 이탈한다든지, 이같이 주가는 5일선을 기준으로 움직임이 그 어느 때보다도 활발하게 나타납니다. 쉽게 말해 주가의 방향성이 정해진다는 것입니다

따라서 위 차트에서 박스권 매수영역인 5일선 바로 밑인 11,100원보다는 박스권 하단인 10,600원 부근에 매수하는 편이 더 합리적일 수 있습니다.

[그림100] 제노포커스 15분봉차트

이번엔 박스권을 다르게 설정해보겠습니다. 분 차트에 의미 있는 저항 또는 지지 구간을 기준으로 박스권을 설정하겠습니다. 18일 날의 오후 **'저점'을 박스권 하단으로 설정하고 5일선과 박스권 하단 이탈 시 손절로 대응**하는 것입니다.

[그림101] 제노포커스 15분봉차트

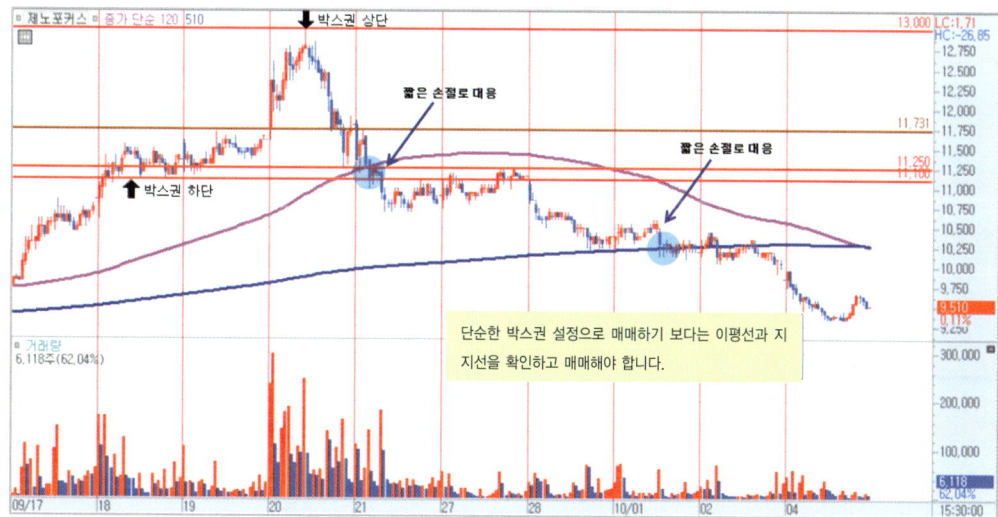

결과적으로 분 차트에 나타난 저항과 지지 구간을 기준으로 박스권을 설정하면 짧은 손절로 대응할 수 있습니다. 일봉캔들의 '저가'와 '고가'를 기준으로 박스권을 설정하는 것이 기본원칙 이지만 **상황에 따라 분 차트에 발견되는 의미 있는 저항 또는 지지 구간을 기준으로 박스권을 설정해 매매를 이어나가는 것이 손절의 폭도 짧고 확률적으로도 높은 성공률**을 보입니다.

[그림102] 제노포커스 일봉차트

아무튼, 긴 하락추세를 이제 막 벗어난 시점에서 장대양봉이 발생하면 단기간 슈팅이 나오나 그 이후에는 본전매도, 차익매도세에 의해 주가는 상승에 제약을 받게 됩니다. 평소보다 매도

세가 거세기 때문에 아무리 박스권 중하단과 하단에서 매수를 한다 하더라도 주가는 반등 없이 하락할 가능성이 매우 큽니다.

앞서 제노포커스 분봉차트를 통해 세부적인 주가 대응법까지 살짝 알아봤습니다만(대응법에 대한 부분은 chapter2에서 자세히 다룰 예정입니다), 결국 **우량주 수급평단 매매법에서 중요한 것은 장대양봉 발생 이후 주가가 상승할 가능성이 높은지, 파악하는 게 급선무**라 할 수 있겠습니다.

3) 주가의 추세와 장대양봉

그렇다면 장대양봉 발생 후 주가가 상승할 가능성이 큰지 판단하는 방법은 무엇일까요? 주가의 전체적인 추세를 보는 것입니다. 주가는 기본적으로 상승, 하락, 횡보로 움직입니다. 여기서 상승추세란 상승의 방향으로 일정하게 움직이고 하락추세란 하락의 방향으로 일정하게 움직이고 횡보추세란 횡보의 방향으로 일정하게 움직이는 것을 뜻하게 됩니다. 이러한 상승, 하락, 횡보추세 속에 장대양봉이 발생하면 주가는 어떻게 움직일까요?

[그림103] 주가의 추세

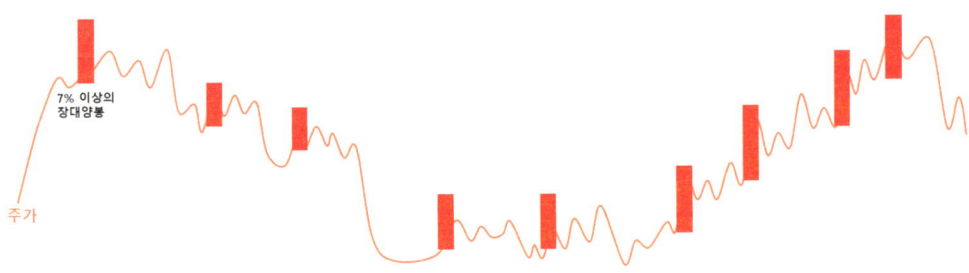

위 [그림103]을 보면 왼쪽부터 주가는 하락추세 → 횡보추세 → 상승추세의 움직임을 보이고 있습니다.
주목할 점은 하락추세에서 장대양봉이 2~3개 정도 발생한들 주가는 하락합니다. 횡보추세에서도 장대양봉이 2개 발생했음에도 주가는 횡보하죠. 그러나 상승추세에서는 장대양봉 발생

후에 주가는 상승합니다. 즉, 상승추세를 제외한 하락 또는 횡보추세에서 발생한 장대양봉은 상승의 가능성이 적다고 볼 수 있겠습니다.

[그림104] 주가의 추세

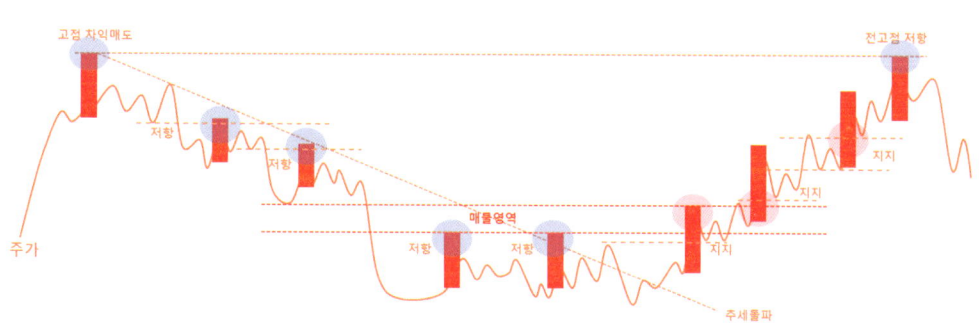

 하락추세에서 장대양봉이 발생해도 주가는 고점 차익매도와 직전의 저항이 매물로 작용해 쉽게 상승을 이어나가지 못합니다.
 횡보추세에서도 마찬가지입니다. 장대양봉이 발생해도 주식을 팔지 않고 긴 시간 동안 하락을 견뎌낸 보유자들의 평균단가, 즉 악성매물이 가장 많이 쌓여있는 "매물영역"을 뚫지 못하기 때문에 상승을 이어나가기가 상당히 어렵습니다.
 이후 오랜 시간이 흘러 주가가 추세를 돌파하고 매물영역을 장악하는 장대양봉이 발생합니다. 이때부터 상승추세가 시작되는데 악성매물을 소화한 상태라 상승을 하더라도 매도물량이 덜 나옵니다. 주가는 상대적으로 가벼워졌기에 큰 무리 없이 직전 고점의 지지를 받으면서 쉽게 상승을 하게 됩니다.

[그림105] 주가의 추세

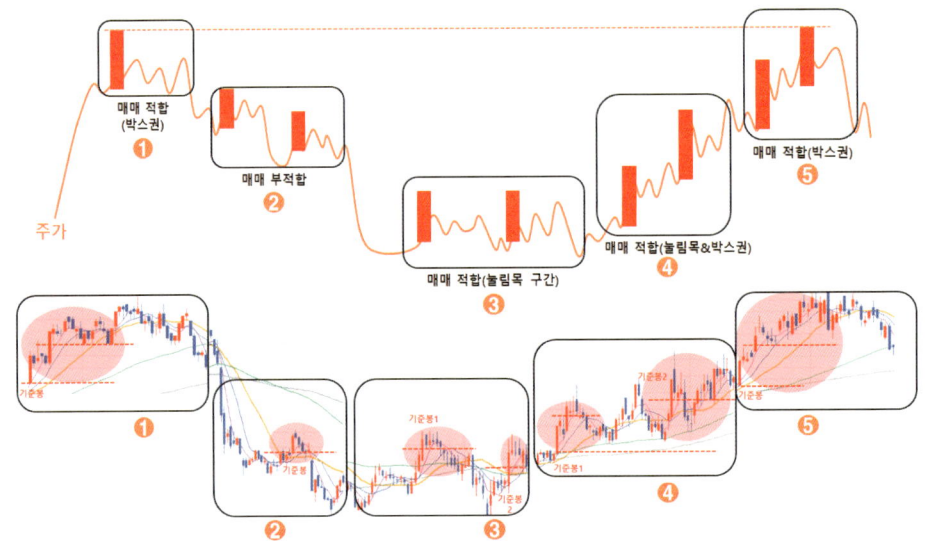

 실제 차트로 대입해보겠습니다.

①구간 : 주가는 26주 또는 52주 신고가를 달성한 상태입니다. 주가가 20일선을 이탈하기 전까지 단기 매매할 구간이 존재합니다. 주가의 상승 지속시간이 길기 때문에 단기 박스권의 흐름이 나타납니다.

②구간 : 주가가 본격적으로 하락하기 시작합니다. 이 시기에는 모든 이동평균선이 역배열로 전환됩니다. 이 구간에 장대양봉이 나오더라도 시세를 반납해 버리기 때문에 단기매매를 하기에 부적합한 구간이라 할 수 있습니다.

③구간 : 하락을 멈추고 주가가 본격적으로 바닥을 다지는 구간입니다. 이 시기에 장대양봉이 나오더라도 주가는 크게 상승을 하기 보다는 짧은 시세를 주고 반락하거나 매물영역을 뚫지 못하고 하락하게 됩니다. 이후 주가는 가격조정 또는 기간조정을 한 차례 더 겪게 됩니다. 단기 매매가 가능하나 상승 지속시간이 짧기 때문에 직전의 눌림목을 이용해 짧은 반등을 노리는 전략이 주요합니다.

④구간 : 주가는 ①의 고점과 ③구간까지의 이어진 하락추세를 돌파하고 매물영역을 장악한 상태입니다. 본격적인 상승추세의 초입으로 이 시기에 장대양봉이 발생하면 눌림목 이후의 반등 시세 또는 단기 박스권의 흐름이 나타납니다.

⑤구간 : 주가는 26주 또는 52주 신고가 상태로 접어들게 됩니다. ①구간처럼 20일선을 이탈하기 전까지 단기 매매할 구간이 존재하며 상승 지속시간이 길어 단기 박스권의 흐름이 나타납니다.

이렇게 정리할 수 있겠습니다. 그렇다면 우량주 수급평단 박스권 매매에 적합한 구간은 어느 구간일까요?

　최적의 매매구간은 신고가 구간인 ①,⑤구간이겠고, 그 다음으로 ④,③구간 순입니다. 적합하지 않은 구간은 ②구간입니다. 우량주 수급평단 박스권 매매법은 단기 박스권의 흐름이 나올 수 있는 구간에서 매매해야 합니다. 그 구간은 신고가 구간과 매물영역을 돌파한 상승 초입 구간입니다. 정말로 그러한지, 종목을 보겠습니다.

※ 실전 차트 사례 - 금호석유/우리산업

[그림106] 금호석유 일봉차트

주가를 보기 전에 이평선의 상태가 어떻습니까? 언제부터 역배열에서 정배열로 바뀌었지요? 바로 16년 2월경에 이평선들이 밀집되더니 4월경 이평선이 정배열 초입으로 바뀌었습니다. 최소한 이평선들이 정배열 된 상태에서 매매해야 물리더라도 빠져나올 구간은 줍니다.

이동평균선이 역배열인 상태에서 장대양봉이 발생하면 하락추세에 속해 있기 때문에 시세를 내더라도 짧은 시세를 내주고 반락하게 됩니다. 단기매매에 적합하지 않은 구간이죠. 위 차트를 보면 10월 초 장대양봉이 발생했어도 짧은 시세를 내주고 반락했습니다.

2월경 주가는 이평선이 밀집되고 얼마 안 가, 직전의 매물영역을 장대양봉으로 장악했습니다. 바로 위의 주요 매물영역도 돌파 목전에 있습니다. 과연 단기 박스권의 흐름이 나올까요?

[그림107] 금호석유 일봉차트

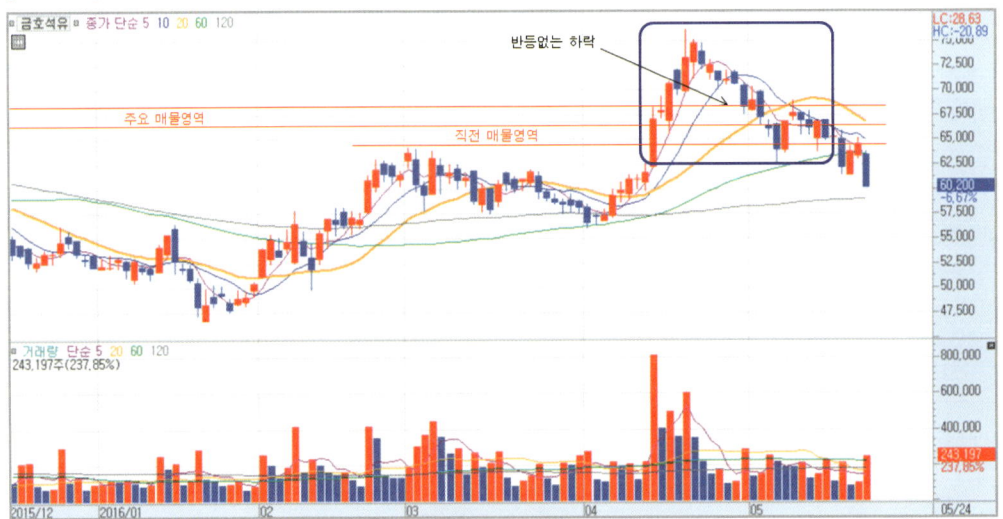

직전의 매물영역과 주요 매물영역을 돌파하면서 시세가 나오긴 나왔습니다. 그러나 상승 지속 시간이 좀 짧습니다. 어찌 된 일입니까? 분명 매물영역을 돌파하면 단기간 매매할 수 있는 자리가 나온다고 했습니다.

[그림108] 금호석유 일봉차트

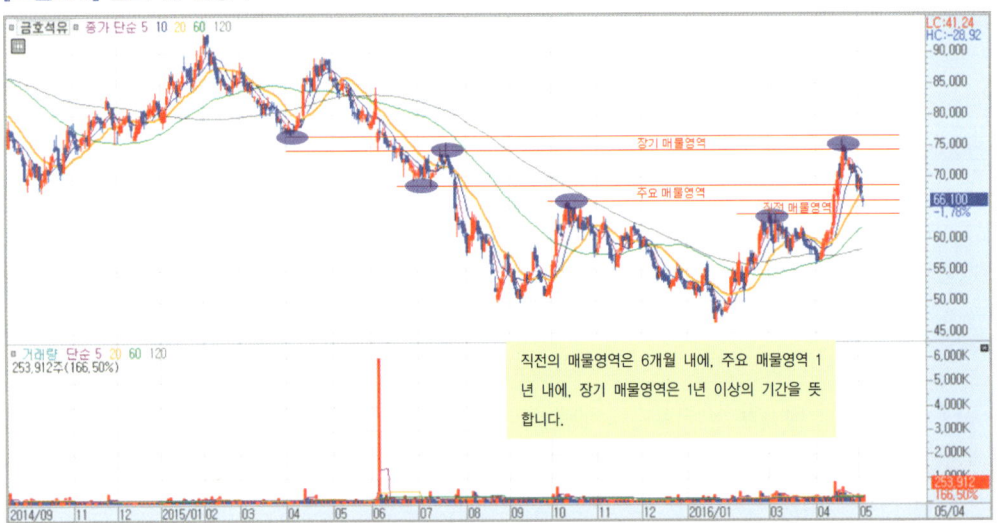

직전의 매물영역은 6개월 내에, 주요 매물영역 1년 내에, 장기 매물영역은 1년 이상의 기간을 뜻합니다.

차트를 넓게 보니 장기 매물영역에 저항을 받는 자리였습니다. 그러므로 주가는 이 구간까지 도달하기 위해 단기간 시세가 발생하였고(매물 소화), 이 장기 매물영역 돌파에 실패하자 반등 없이 흐르게 된 것입니다.

[그림109] 금호석유 종목별투자자

일자	현재가	전일비	거래량	개인	외국인	기관계	금융투자	보험	투신	기타금융	은행	연기금등	사모펀드	국가	기타법인	내외국인
기간 16/04/14 ~ 16/05/31			누적순매수	-53,099	+78,065	-23,016	-2,510	-2,782	-10,562	+265	+386	-6,115	-7,470	+5,772	-1,758	-192
16/04/29	68,300 ▼	2,400	289,366	+3,646	+3,820	-7,556	-133	-284	-3,428			-1,576	-2,469	+333	+91	+1
16/04/28	70,700 ▼	400	104,019	+972	+794	-1,885	-163	-678	-808		-35	-34	-142	-24	+109	+9
16/04/27	71,100 ▲	100	94,385	+221	+2,189	-2,401	+169	+70	-1,139			-1,241	-259			-10
16/04/26	71,000 ▲	1,600	173,963	-1,081	+4,941	-3,792	+134	-181	-1,051	-8	-35	-765	-1,809	-76	-61	-7
16/04/25	72,600 ▲	100	144,429	-1,228	+1,988	-542	-59	-667	+102		-172	+749	+140	-635	-217	-1
16/04/22	72,700 ▼	2,100	216,810	+1,356	+147	-1,275	+852	+560	-2,195	+61	-128	+756	-2,996	+1,815	-208	-20
16/04/21	74,800 ▲	1,500	350,814	-3,416	+3,071	+436	+502	-1,928	+37	+617	-101	+1,916	-639	+33	-67	-24
16/04/20	73,300 ▲	3,200	601,667	-9,505	+11,994	-2,154	-1,409	+209	-262	+200	-83	-866	-2,167	+2,224	-333	-3
16/04/19	70,100 ▼	600	355,801	-7,959	+4,450	+3,568	-864	+1,449	-851	+96	+36	+2,335	+1,314	+72	-52	-8
16/04/18	70,700 ▲	2,800	496,587	-12,164	+13,897	-299	-1,034	+210	-317	+257	+34	+928	-163	-214	-1,360	-73
16/04/15	67,900 ▲	800	406,125	-3,365	+5,649	-1,555	+376	-1,482	+861		+153	-24	-1,385	-54	-725	-4
16/04/14	67,100 ▲	5,400	814,341	-18,498	+9,288	+8,443	+2,800	+949	+383	+53	-82	+1,525	+1,430	+1,385	+837	-70
16/04/13	61,700 ▲	700	216,548	-856	-1,908	+2,159	+841	+588	+414		-120	+302	+135		+617	-11
16/04/11	61,000	0	115,293	-1,170	-561	+1,706	-21	+102	+823			+810	+7	-15	+27	-2
16/04/08	61,000 ▲	1,100	202,513	-2,081	-100	+2,326	-666	+111	+897	+23	+30	+1,887	-52	+96	-145	
16/04/07	59,900 ▲	600	193,535	-1,728	-270	+2,072	-1,683	+121	+317	+126	+121	+2,349	+217	+506	-81	+7
16/04/06	59,300 ▲	2,000	216,202	-1,172	-1,982	+3,190	-581	+282	+584		+117	+757	+1,689	+142	-41	+5
16/04/05	57,300 ▲	100	106,496	-377	-526	+952	-306	+354	-967			+1,224	+357	+289	-43	-6
16/04/04	57,200 ▲	600	114,441	+582	-906	+345	-603	+281	-497			+1,020	+52	+91	-19	-2
16/04/01	56,500 ▼	1,600	277,480	+4,227	+2,002	-6,240	-987	-162	-846	-203		-3,394	-1,121	+473	+3	+8

당시 장대양봉이 발생한 날이 4월 14일이었습니다. 외국인과 기관이 매수하였으나 그 다음 날부터 외국인만 지속해서 순매수를 보여 왔습니다. 특징적인 것은 주가가 장기 매물영역 돌파를 실패한 날인 4월 22일 이후 기관인 투신과 연기금, 사모펀드가 대량 매도한 것을 확인할 수 있습니다.

[그림110] 금호석유 일봉차트

이후 주가는 장대양봉의 시가를 이탈하고 지지부진하다가 8월 말 직전 매물영역을 돌파한 장대양봉이 발생했습니다. 이 장대양봉은 지난 4월의 고점을 돌파하지 못한 상태입니다. 시세가 나올까요?

[그림111] 금호석유 일봉차트

시세가 나오지 못했습니다. 직전 매물영역까지 하락한 이후 짧은 반등에 성공했을 뿐, 주가는 장대양봉의 시가를 이탈하게 됩니다.

[그림112] 금호석유 일봉차트

그로부터 약 다섯 달 후, 주가는 4월의 고점을 확실하게 장악한 장대양봉이 나오게 됩니다. 위 차트에 그려지는 주요 매물영역뿐 아니라 과거의 장기 매물영역도 돌파했습니다.

[그림113] 금호석유 일봉차트

차트를 넓게 보면 지난 4월에 주가는 장기 매물영역 돌파에 실패했지만 이번에는 장기 매물영역을 돌파에 성공했습니다. 이번에는 정말로 단기간 박스권 흐름이 나올까요? 그리고 예상 저항 구간은 89,400원~93,000원 부근으로 추정되는데 과연 이 부근까지 올라오는시 보셨습니다.

[그림114] 금호석유 일봉차트

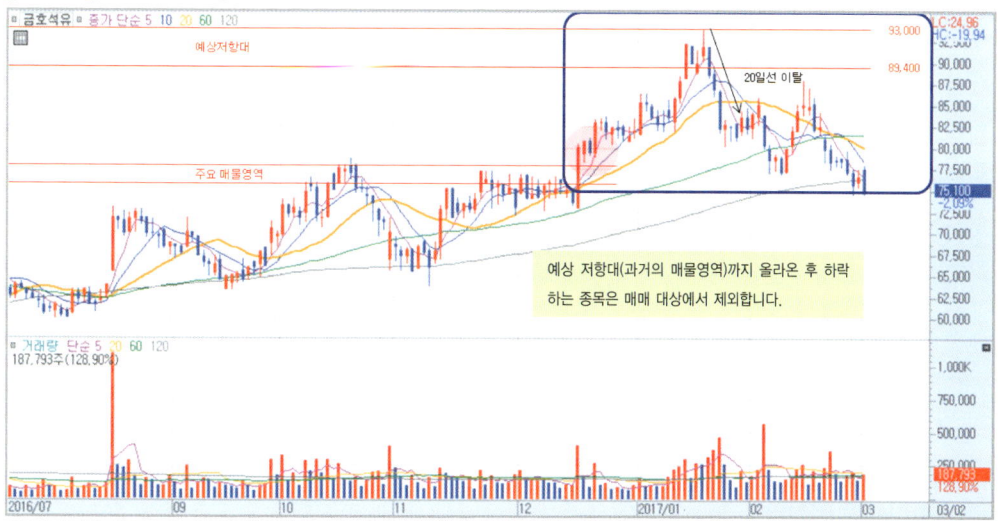

신기하게도 주가는 예상 저항대까지 상승했습니다. 이후 주가는 20일선을 이탈하자 약세로 흘렀습니다. 아무튼, 매물영역을 돌파하자 주가는 단기간 박스권 흐름이 발생했습니다. 상승 지속시간도 이전보다 길죠. 이처럼 주가가 장기 매물영역을 돌파하게 될 때가 최적의 매매구간이라 할 수 있겠습니다.

[그림115] 금호석유 종목별투자자

일자	현재가	전일비	거래량	개인	외국인	기관계	금융투자	보험	투신	기타금융	은행	연기금등	사모펀드	국가	기타법인	내외국인
기간 16/12/15 - 17/01/17			누적순매수	-32,238	+35,826	-168	-4,725	-1,438	-9,938	-756	+756	+20,566	-8,538	+3,905	-3,501	+81
17/01/06	82,800	0	93,921	-862	+2,541	-1,701	+333	-1,773	-85		+164	+506	-611	-235		+21
17/01/05	82,800	▼ 800	92,567	+973	+2,019	-2,940	-506	-363	-581		-2	+71	-1,465	-94	-61	+9
17/01/04	83,600	▼ 1,600	98,518	+1,028	-916	-128	+88	-540	-475	-64	-1	+249	+566	+49	+3	+13
17/01/03	85,200	▼ 200	97,812	+1,623	-720	-1,116	-337	+99	-500	-159	+35	+276	-603	+73	+204	+9
17/01/02	85,400	▲ 3,400	153,951	-3,236	+726	+2,427	+840	+1	+131	+1	+650	-195	-2	+1,001	+83	
16/12/29	82,000	▲ 500	103,377	-1,090	+1,825	-729	-1,138	-71	-560	+105		-681	-224	+1,840	-5	
16/12/28	81,500	▼ 100	66,170	-466	+967	-507	-1,586	+251	+179	+52	+183	+199	+170	+45	+5	+1
16/12/27	81,600	▼ 600	68,321	-977	+822	+84	+501	+95	-54	+20		-444	-193	+158	+72	
16/12/26	82,200	▼ 200	84,960	-1,240	+811	+246	+1,135	-256	-36		-47	-599	+96	-46	+189	-5
16/12/23	82,400	▲ 500	69,910	-656	+955	-261	+304	+468	-577			-853	+380	+17	-39	
16/12/22	81,900	▼ 1,100	121,817	+1,138	+911	-313	+49	-103	-362	-76		+940	-569	-192	-1,734	-3
16/12/21	83,000	0	101,517	-198	-1,032	+1,237	+206	+33	-679	+20		+1,452	+142	+63	-14	+7
16/12/20	83,000	▲ 3,500	268,354	-3,663	+601	+3,096	-2,144	+641	-868	+26	-45	+4,944	-739	+1,282	-21	-14
16/12/19	79,500	▼ 1,300	87,643	+944	-2,090	+1,122	+336	+150	-411		-23	+1,324	-289	+35	+11	+13
16/12/16	80,800	▲ 700	158,745	-485	-1,282	+1,748	+154	-220	+481		-74	+1,142	+144	+121	+10	+9
16/12/15	80,100	▲ 6,400	403,637	-12,963	+7,258	+6,491	-175	+764	+105		-58	+5,813	-35	+76	-785	-1
16/12/14	73,700	▼ 1,400	106,171	+1,217	+686	-1,878	-501	-99	-616	+15		-231	-554	+107	-25	
16/12/13	75,100	▼ 800	105,722	+1,925	-137	-1,784	-474	-84	-683		+21	-103	+46	-507	-4	
16/12/12	75,900	▲ 700	79,112	+13	+181	-170	+168	-47	+315			-245	-365	+3	-22	-1
16/12/09	75,200	▼ 800	117,159	+1,984	+735	-2,720	-941	-388	-993	+75		-564	+92			

당시의 수급을 보겠습니다. 장기 매물영역을 장악한 날이 12월 15일입니다. 이 시기를 기준으로 기관과 외국인이 매수와 매도를 주거니 받거니 하면서 주가를 끌어올렸습니다.

좋은 수급이란 위 수급처럼 외국인과 기관이 번갈아 가면서 매수와 매도를 하는 것입니다. 즉 한쪽에서 대량으로 매수를 하여 주가를 끌어올리면 다른 쪽에선 적당히 차익실현을 합니다. 이후 대량으로 순매수한 쪽이 차익실현을 위해 매도를 하여 주가를 끌어내리면 다른 쪽에선 이 매도물량을 받으면서 주가를 끌어올립니다. 이렇게 서로 주거니 받거니 하면서 주가를 점진적으로 끌어올리면 기관과 외국인의 평균단가는 서서히 올라가게 될 뿐만 아니라 상승 지속시간이 길어지게 됩니다. 이는 단기 박스권 매매에 굉장히 적합한 구간이라는 것을 뜻하게 됩니다.

그러나 다른 한쪽에서 매도물량을 받아주지 않는다면 어떻게 될까요? 주가의 상승 지속시간이 짧아집니다. 이외에도 외국인과 기관 모두 매수를 하여 주가를 끌어올렸는데 이들 중 누군가의 매도물량을 받아주는 매수세가 없으면 이 역시 단기간 짧은 시세에 그칠 뿐 상승 지속시간이 짧아지게 됩니다.

[그림116] 금호석유 일봉차트

시간이 흘러 약 10개월 후에 주요 매물영역을 돌파한 장대양봉이 발생했습니다. 이 다음날부터 주가는 상승했을까요?

[그림117] 금호석유 일봉차트

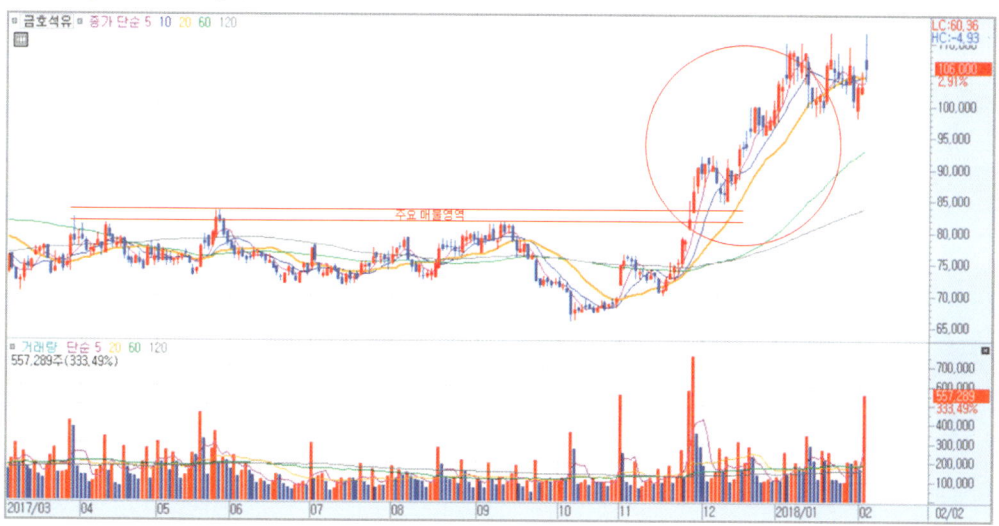

주요 매물영역을 돌파하자 주가는 급등했습니다. 이전에 돌파에 실패한 예상 저항 구간인 89,400원~93,000원도 가볍게 돌파하였고 주가는 100,000만 원 이상까지 상승하게 됩니다. 상승 지속시간이 길죠. 위의 동그라미 친 구간이 적극적인 단기 매매구간입니다.

[그림118] 금호석유 종목별투자자

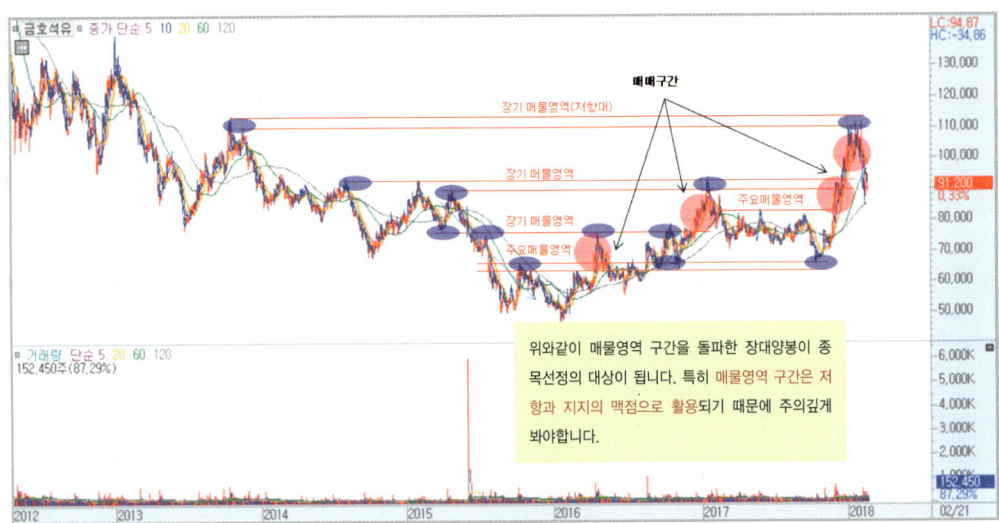

11월 28일이 주요 매물영역을 돌파한 날입니다. 기관이 매수하면 외국인은 적당히 차익매도를 하고 중간에 외국인이 매수하여 주가를 끌어올리면 기관은 적당히 매도합니다. 가장 이상적인 수급입니다.

[그림119] 금호석유 일봉차트

차트를 넓게 보면 어떻습니까? 정리를 해 보겠습니다.

매물영역을 돌파하면 단기간 시세가 발생하는데 단, '짧은 기간'의 매물영역보다는 '1년 정도' 또는 '그 이상의 기간'을 거친 매물영역을 돌파했을 때 시세가 발생할 확률이 높고 상승 지속시간도 길다는 것입니다. 위 차트에 표시된 빨간색 타원을 말합니다.

 그리고 저항으로 작용한 매물영역을 돌파하게 되면 차후 주가가 조정을 받을 때 저항으로 작용한 매물영역이 강력한 지지대로 바뀌게 됩니다. 이 구간 역시 주가 하락 시, 눌림목 매수 타점으로 활용될 수 있습니다.

[그림120] 우리산업 일봉차트

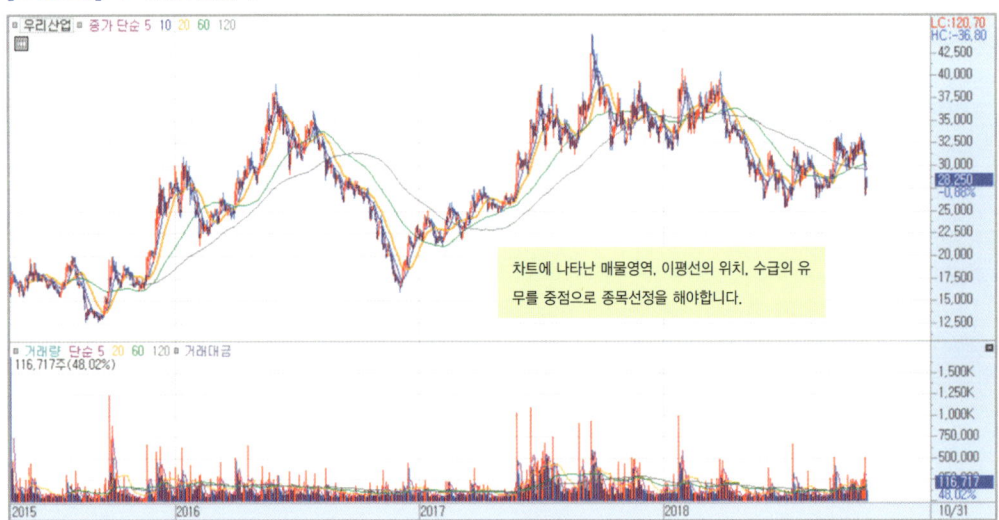

차트에 나타난 매물영역, 이평선의 위치, 수급의 유무를 중점으로 종목선정을 해야합니다.

우량주는 일반 코스닥의 테마주, 세력주보다 상승과 하락의 추세, 지지와 저항을 상대적으로 잘 지킵니다. 특히 과거의 지지와 저항, 추세는 현재와 미래의 주가에도 영향을 미치기 때문에 항상 차트를 넓게 보는 습관을 들여야 하겠습니다.

[그림121] 우리산업 일봉차트

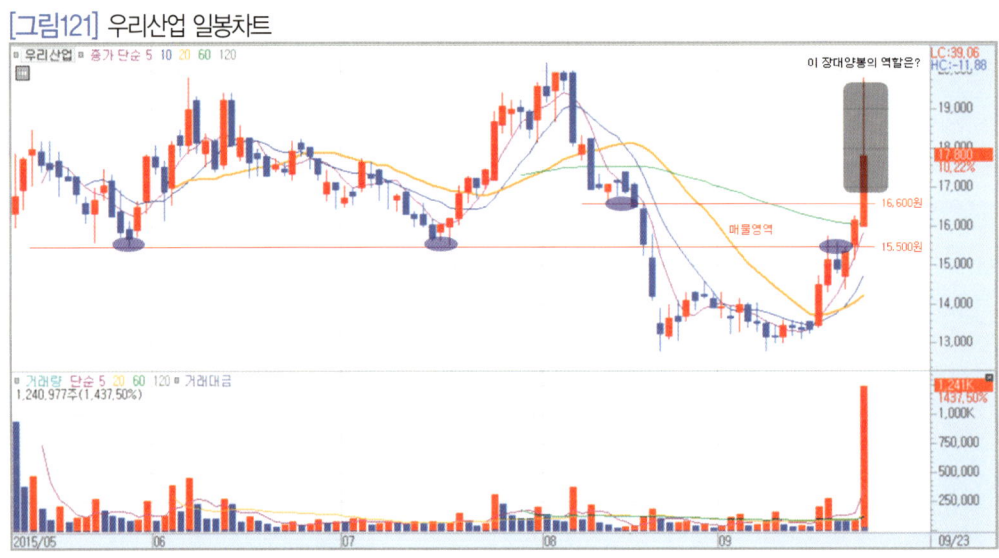

우리산업의 주가를 추적해보겠습니다. 5월서부터 7월까지 주가는 15,500원을 지지하면서 움직였으나 8월 중순 15,500원을 이탈했습니다. 9월에 접어들자 주가는 15,500원을 회복하고 곧이어 매물영역을 장악한 장대양봉이 발생했습니다.

[그림122] 우리산업 일봉차트

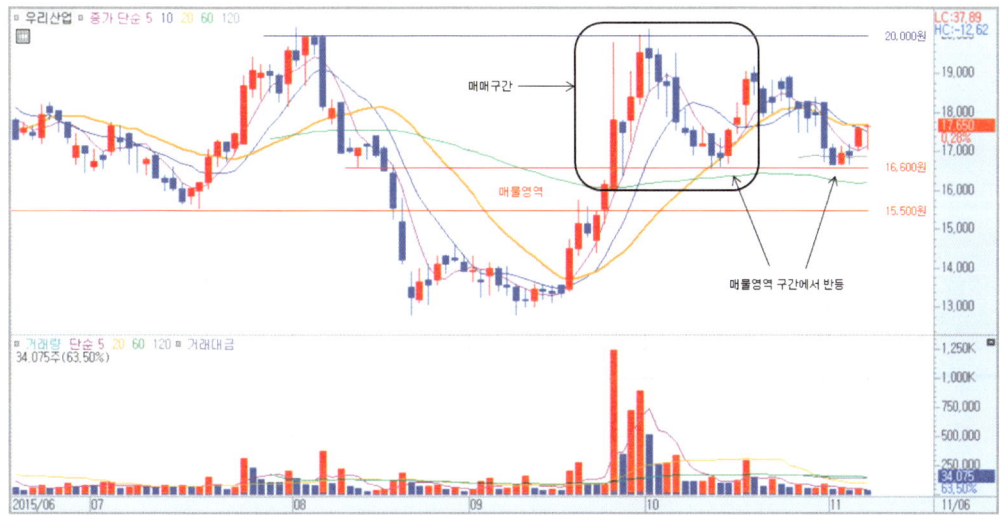

 주가는 단기간 상승했시만 20,000원을 넘기지 못하자 직전의 매물영역인 16,600원 부근까지 내려왔습니다. 이 매물영역에서 하락을 멈추고 반등이 나왔습니다. 이전에 저항으로 작용한 매물영역을 돌파하게 되면 차후 주가가 조정을 받을 때 저항으로 작용한 매물영역이 강력한 지지대로 바뀌게 된다고 했습니다. 위의 경우를 뜻합니다.

[그림123] 우리산업 일봉차트

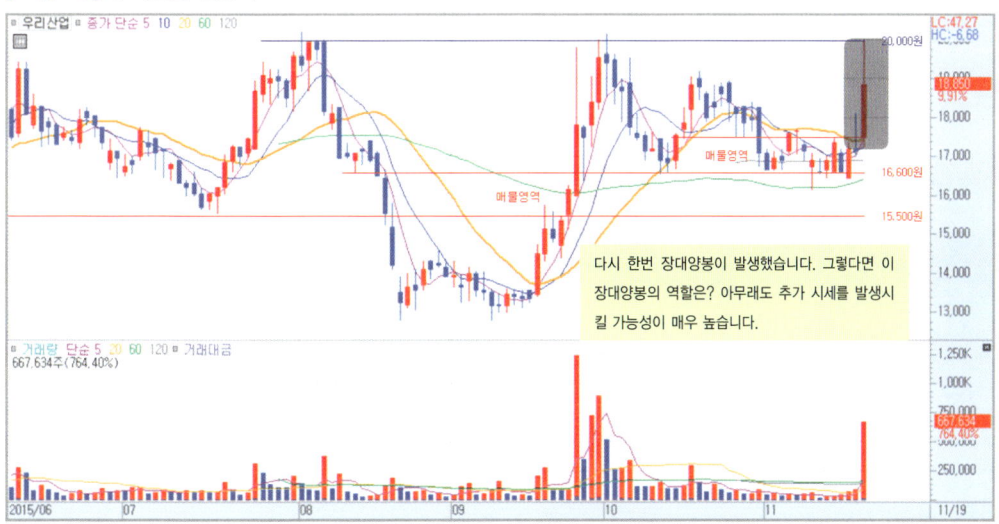

 11월 말, 주가는 매물영역의 지지를 받고 장대양봉이 발생했습니다. 직전의 20,000원의 고점을 넘어서지 못했지만, 이 다음날 주가가 20,000원의 고점을 뚫으면 주가는 단기 박스권의 흐

름이 나타납니다. 그러나 뚫지 못한다면 주가는 직전의 매물영역까지 다시 내려오게 됩니다. 다음날 어떻게 흐르는지 보겠습니다.

[그림124] 우리산업 일봉차트

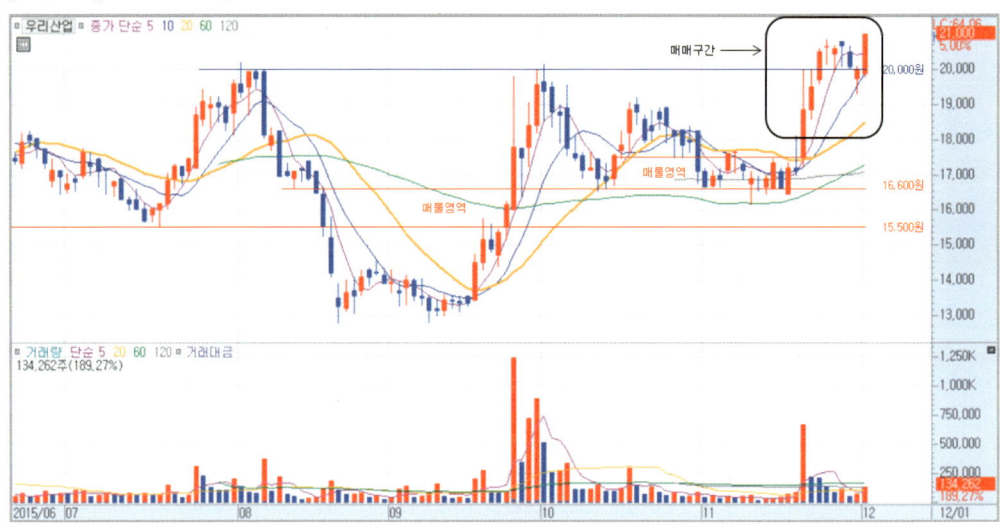

 이틀 후 주가는 20,000원의 저항을 뚫었습니다. 어쨌든 단기매매 하기에 매우 적합한 구간이 나왔습니다.

[그림125] 우리산업 일봉차트

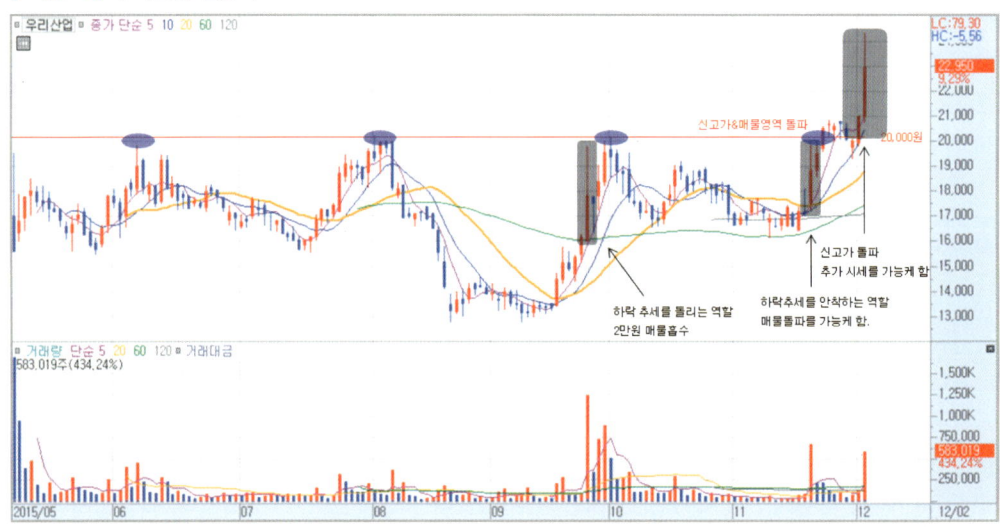

 12월 초 신고가를 경신하는 장대양봉이 새롭게 발생했습니다. 지금까지 나온 장대양봉을 분

석하자면 9월의 장대양봉은 하락추세를 멈추게 하는 동시에 매물영역과 20,000원의 악성 매물을 흡수하는 역할을 하고 11월 말의 장대양봉은 하락추세를 횡보추세로 안착시키며 20,000원 악성 매물을 또 한 차례 흡수하는 역할을 합니다. 이후 12월 초의 장대양봉은 모든 매물을 장악한 신고가 상태로 추가 시세를 내는 역할을 합니다.

[그림126] 우리산업 일봉차트

신고가 상태에서 발생한 장대양봉은 상승 지속시간이 길어 단기 박스권 흐름이 나타난다고 했습니다. page 72에서 [그림105]의 ⑤구간에 해당합니다. 신고가를 돌파한 상승 초입입니다. 위 차트에 박스친 구간이 매매구간으로 20일선을 이탈하기 전까지 지속해서 매매할 수 있습니다.

[그림127] 우리산업 일봉차트

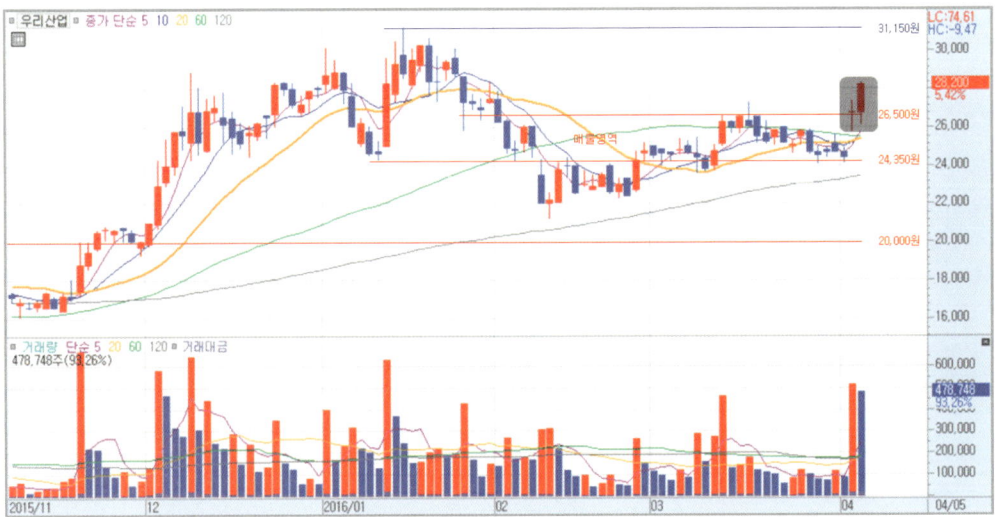

 주가는 31,150원까지 상승하고 가격조정과 기간조정을 거친 후 4월 직전 매물영역인 24,350원
~26,500원을 돌파했습니다. 장대양봉은 아니지만, 거래량이 평소보다 많습니다. 다음날 어떻
게 움직였는지 보겠습니다.

[그림128] 우리산업 일봉차트

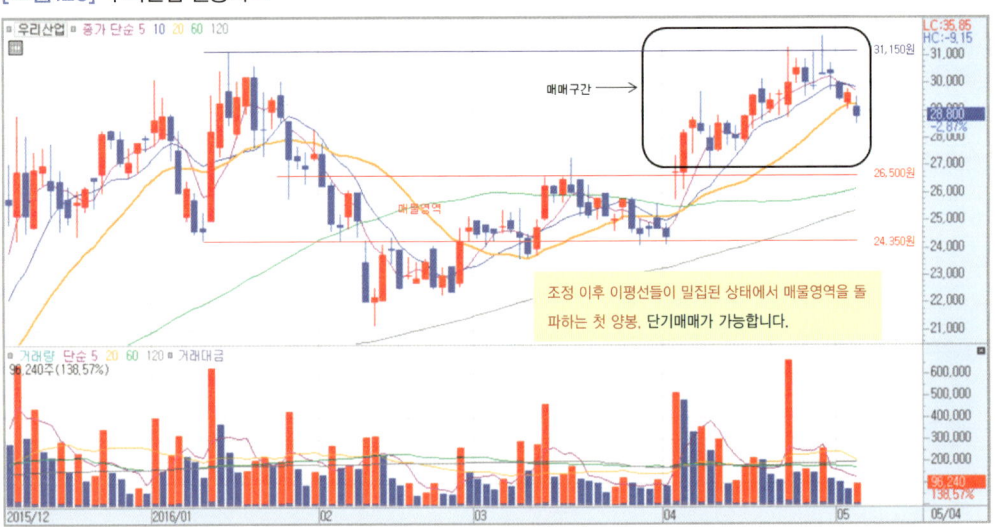

 직전의 매물영역을 넘어서자 주가는 31,150원 부근까지 상승했습니다. 이렇게 직전 매물을 장
악한다면 주가는 과거의 전고점까지 쉽게 올라갑니다. 반대로 직전 매물영역을 장악했지만, 상
승을 이어나가지 못한 채 하락하면 반드시 대응해야 하겠습니다.

[그림129] 우리산업 일봉차트

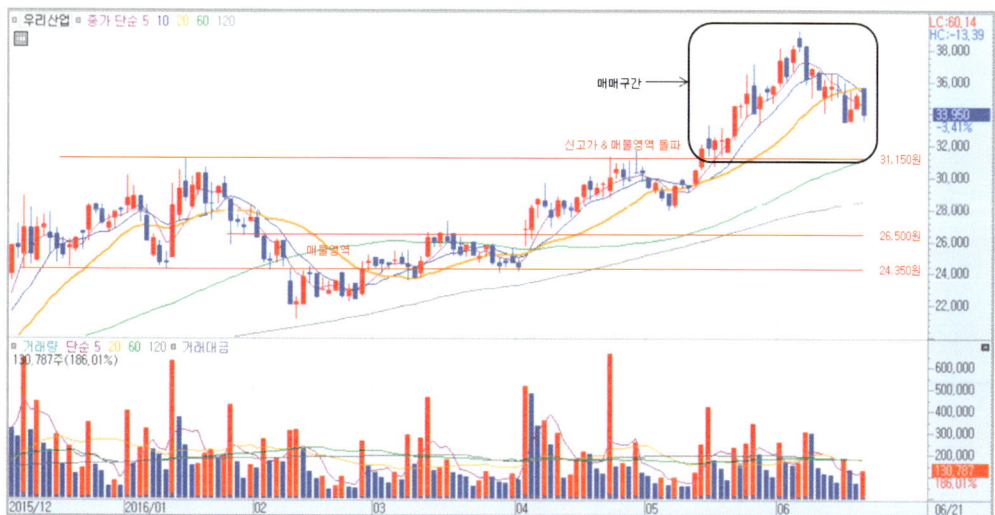

다시 한번 신고가를 경신했죠. 신고가 종목의 특징상 신고가 경신될 때마다 추가 시세가 나오게 됩니다. 20일선을 이탈하기 전까진 지속해서 단기매매가 가능합니다.

[그림130] 우리산업 일봉차트

2015년 8월부터 2016년 7월까지 주가는 상승 추세선을 타면서 움직였습니다. 하지만 8월부터 상승 추세선을 이탈하자 주가는 급락하게 됩니다. 하락이 꽤 깊게 나왔죠. 그런데 주가가 하락하는 과정에서 매물영역인 26,500원, 24,350원, 20,000원, 15,500원이 지지대로 작용한다는 것을 볼 수 있습니다. 신기하게도 주가가 매물영역에서 반등을 합니다. 마찬가지로 주가가 상승할 때에도 20,000원, 24,350원, 26,500원이 저항대로 작용 되는 것을 확인할 수 있습니다.

[그림131] 우리산업 일봉차트

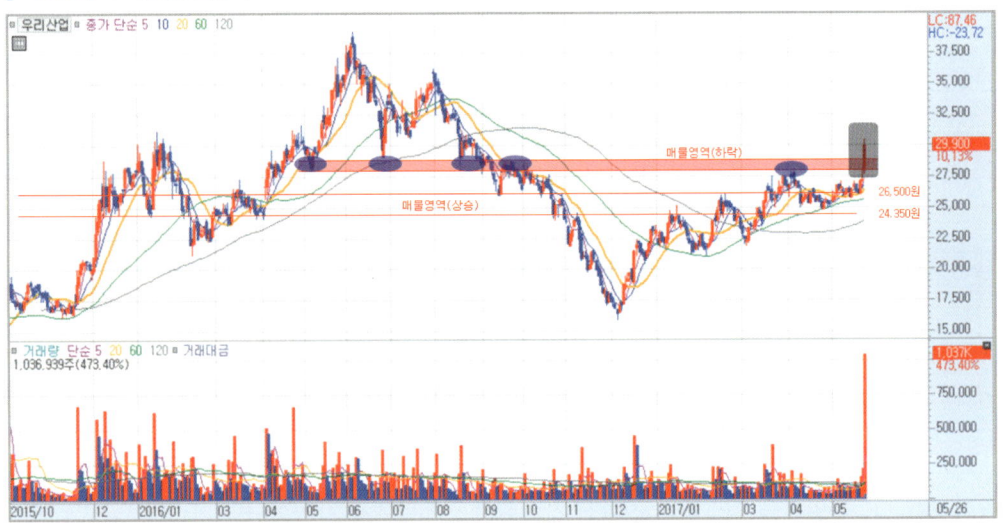

물론 과거의 매물영역이 지지와 저항으로 작용하나 **최근에 만들어진 매물영역에 가중치를 두어야 합니다.**

위 차트에서 2016년 5월부터 8월까지 파란색으로 동그라미 친 구간에서 반등이 여러 번 나왔습니다. 주가 상승 시 지지대로 작용했었죠. 그러나 추세를 이탈하자 이 파란색 동그라미 친 구간이 저항대로 바뀌게 되었습니다. 만약 이 파란색으로 동그라미 친 구간(매물영역)을 다시 돌파하게 되면 주가는 어떻게 움직일까요?

[그림132] 우리산업 일봉차트

 매물영역을 돌파하자 급등 시세가 나왔습니다. 이렇듯 저항이 되는 매물영역을 장악하면 주가는 단기간 시세가 나오게 됩니다. 상승 지속시간도 길어 단타 구간으로도 적합합니다. 단, 조심해야 할 점은 과거의 전고점을 돌파하지 못한 채 내려오게 되면 그 즉시 매매를 종료하는 편이 좋습니다(page 56의 [그림78]의 그림을 참조하시길 바랍니다).

 이렇듯 상장할 때부터 주가의 흐름을 추적하다 보니 우량주는 추세와 지지, 저항을 잘 지킨다는 것을 확인할 수 있었습니다.

정리하자면

> 주가 상승 시 저항으로 작용했던 매물영역은 주가 하락 시 지지로 작용하고,
> 주가 하락 시 지지로 작용했던 매물영역은 주가 상승 시 저항으로 작용합니다.

이렇게 정리할 수 있겠습니다.

3. 정리

[그림133] 우량주 수급평단 매매법의 종목선정 조건

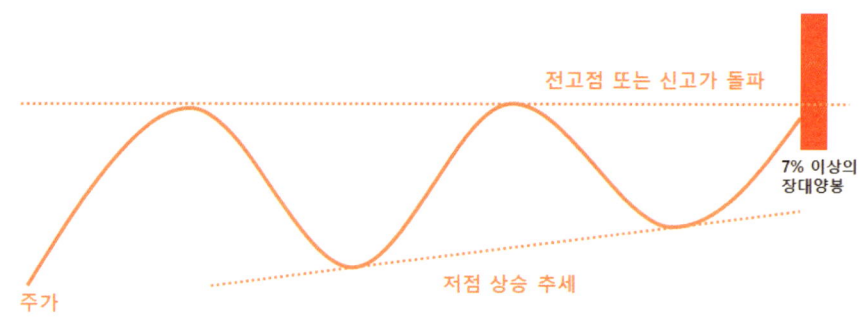

- 전고점 또는 신고가를 돌파한 7%이상의 장대양봉
- 최소 1년~6개월 이상 저점 상승추세가 형성
- 기관 및 외국인의 대량 수급유입

[그림134] 우량주 수급평단 매매 방법-1

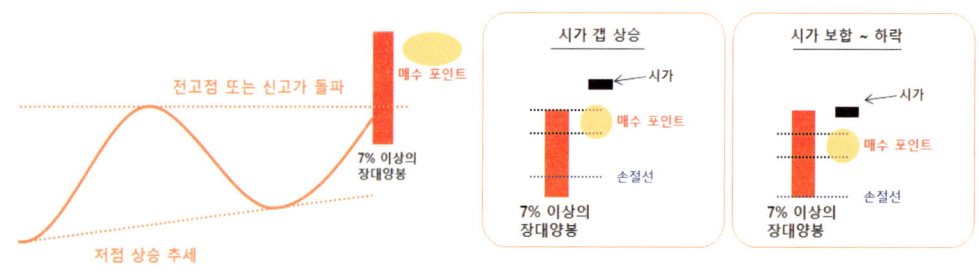

- 7% 장대양봉 다음날, 시가 위치에 따라 매수 포인트가 달라짐.
- 시가가 3~5% 이상 상승할 경우, 장대양봉의 종가 ~ 3/4 사이가 매수 포인트, 손절선은 장대봉의 1/4
- 시가가 보합권 또는 하락할 경우, 장대양봉의 2/4 ~ 3/4 사이가 매수 포인트, 손절선은 장대양봉의 시가

[그림135] 우량주 수급평단 매매 방법-2

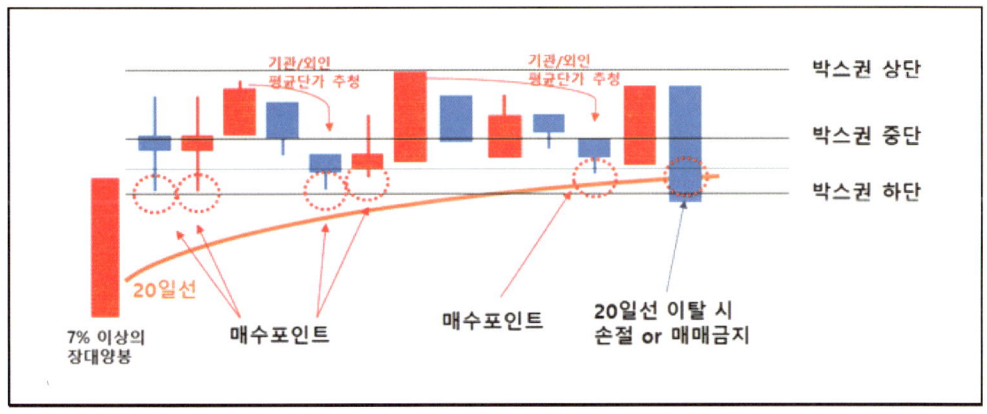

- 장대양봉 이후 첫째 날 ~ 둘째 날의 '고점'과 '저점'이 박스권 상단과 하단으로 활용됨.
- 기본적으로 매수는 박스권 중단~하단부에서 매수, 매도는 저점대비 3% 이상에서 분할매도
- 상승한 기간 동안 외국인과 기관의 평균단가를 추정하여 박스권 영역에서 정밀한 타점 매수
- 20일선 이탈 시 손절 및 매매종료

[그림136] 레벨업 박스권, 레벨다운 박스권

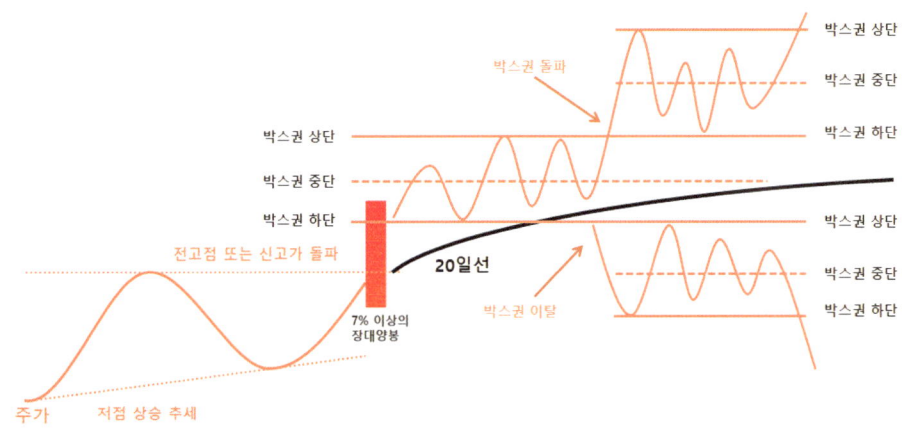

- 장대양봉 이후 박스권 상단을 돌파하면 레벨업 된 박스권으로 진행 → 상승추세 가속화
- 장대양봉 이후 박스권 하단을 돌파하면 레벨다운 된 박스권으로 진행 → 장대양봉 시가 이탈 시 하락추세로 전환될 가능성 큼.

[그림137] 박스권 유형-1

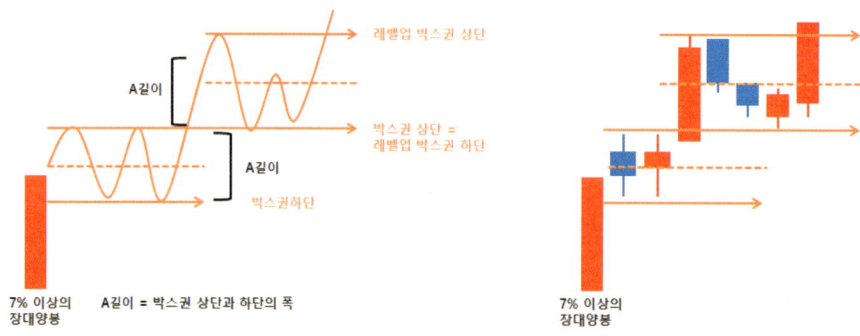

- 박스권 하단과 상단의 폭만큼 또는 그 이상 상승할 경우, 박스권 상단이 레벨업 된 박스권 하단이 됨.

[그림138] 박스권 유형-2

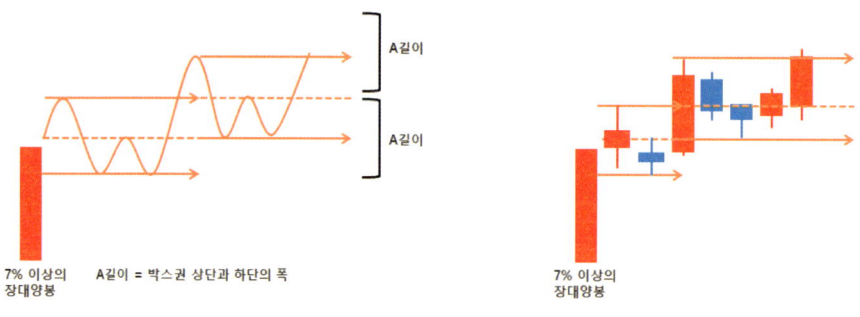

- 박스권 하단과 상단의 폭만큼 또는 그 이상 상승하지 못한 경우 돌파하기 직전의 고점이 레벨업 된 박스권 하단이 됨.

[그림139] 박스권 유형-3

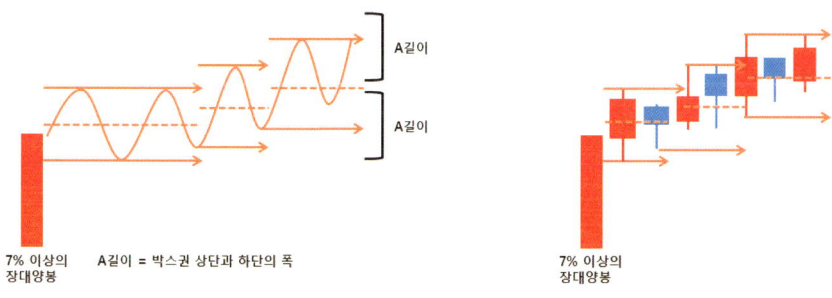

- 최소한 이틀간 저점이 상승하는 것을 확인하고 박스권 상단과 하단을 높여야 함.

[그림140] 박스권 유형-4

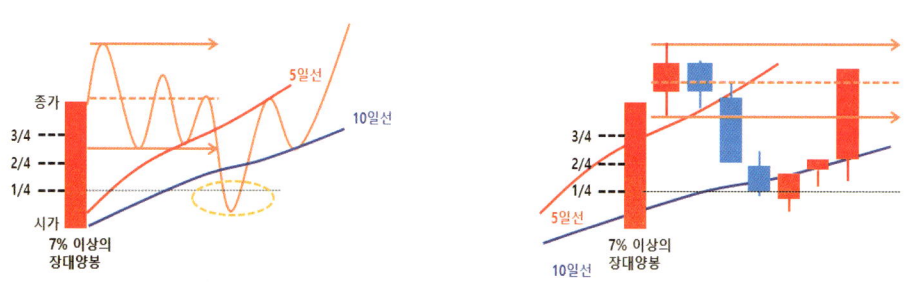

- 주가가 박스권 하단과 5일선을 이탈 → 10일선 부근 또는 장대양봉의 1/4 부근에서 반등시도

[그림141] 박스권 유형-5

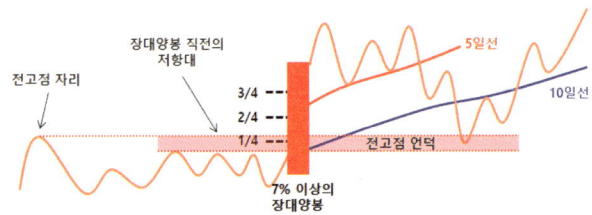

- 박스권 하단과 5일선 이탈 시 장대양봉 전고점 언덕(장대양봉 직전의 지지점)에서 반등시도
- 장대양봉 시가 이탈 시 손절대응

[그림142] 주가의 추세와 장대양봉

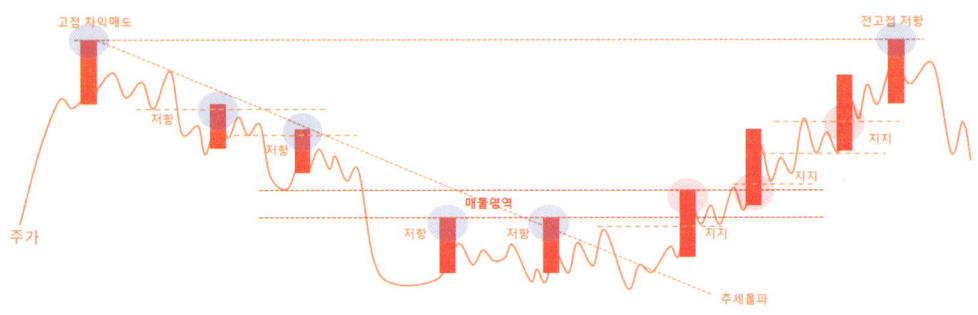

- 하락추세에서 발생한 장대양봉은 고점 차익매도와 직전 저항매물로 인해 상승을 이어나가지 못함.
- 횡보구간에서 발생한 장대양봉은 매물영역을 뚫지 못하기 때문에 상승을 이어나가지 못함.
- 상승구간에서 발생한 장대양봉은 매물영역을 소화한 상태라 쉽게 상승을 이어나감.

[그림143] 주가의 추세, 매매구간

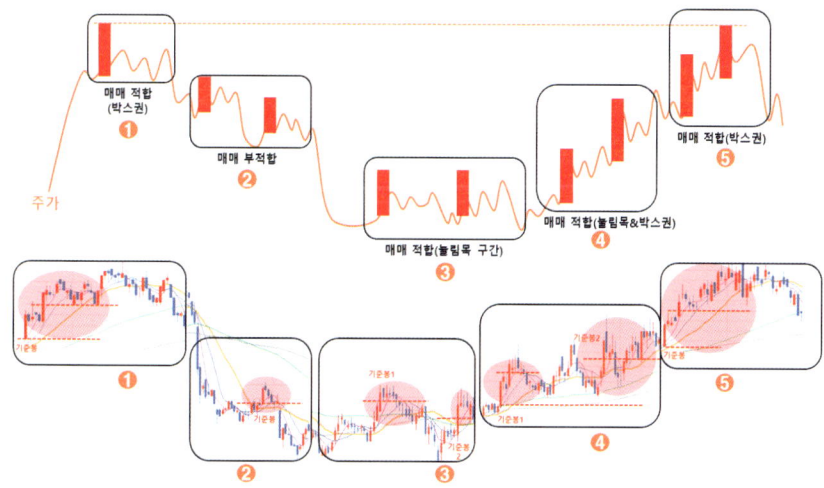

- ① 상승추세구간 : 매매적합 구간, 장대양봉 이후 상승지속 시간이 김. 단기 박스권 매매전략 유효
- ② 하락추세구간 : 매매부적합 구간, 장대양봉 이후 상승을 이어나가지 못하고 오히려 시세를 반납
- ③ 상승추세구간 : 매매적합 구간, 장대양봉 이후 상승지속 시간이 짧음. 눌림목을 이용한 매매전략 유효
- ④ 상승추세구간 : 매매적합 구간, 장대양봉 이후 상승지속 시간이 김. 눌림목, 단기 박스권 매매전략 유효
- ⑤ 상승추세구간 : 매매적합 구간, 장대양봉 이후 상승지속 시간이 김. 단기 박스권 매매전략 유효

Chapter 2
우량주 수급평단 매매법의 디테일

1. 추세와 주가

우량주 수급평단 박스권 매매법은 장대양봉 발생 이후 주가가 '단기간 상승'을 하고 '상승 지속시간'도 길어야 매매 성공확률이 높아진다고 했습니다. 하지만 실제 매매를 하게 될 때 장대양봉 이후 주가는 힘을 쓰지 못하고 내려오는 경우가 부지기수입니다. 실패확률이 더 높습니다. 왜 그럴까요?

[그림144] 상승추세

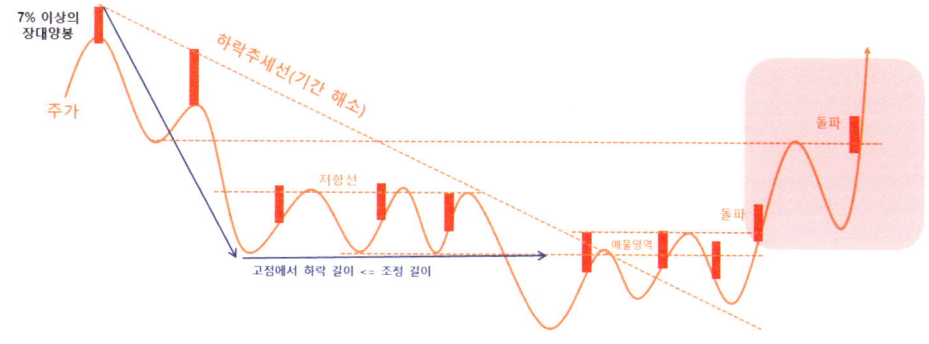

대체로 장대양봉은 상승추세보다 '횡보구간에서 많이 발생'되기 때문입니다. 위 예시 [그림144]를 보면 빨간색 박스로 표시된 영역이 본격적인 상승추세 구간입니다. 이 구간의 장대양봉은 2개 밖에 없죠.

[그림145] 하락추세

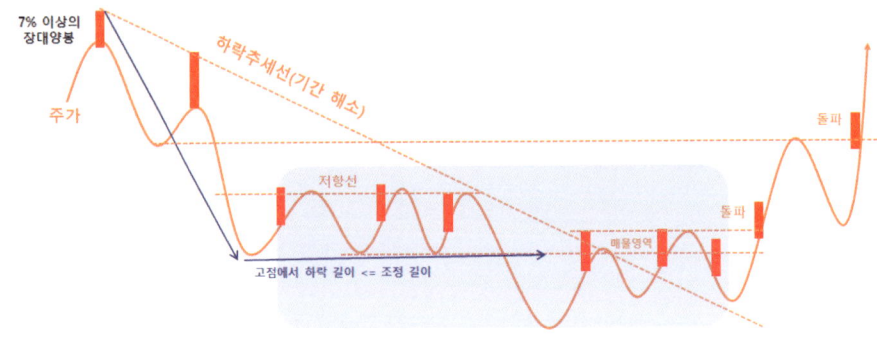

파란색 박스로 표시된 영역이 횡보구간입니다. 보시다시피 장대양봉은 횡보구간에 많이 발생합니다. 이 횡보구간을 상승추세로 착각하고 우량주 수급평단 박스권 매매를 하게 되니 당연히 매매 실패확률이 높아지게 됩니다. 그런데 왜? 횡보구간에서 장대양봉이 많이 발생할까요?

고점을 찍고 하락한 주식이 본격적으로 상승하려면 과거에 주가가 하락할 때 주식을 팔지 못한 보유자들의 매물을 해결해야 합니다. 만약 보유자들의 매물을 해결하지 못한다면 주가는 상승에 제약을 받게 됩니다. 누구든지 오랜 시간 동안 손실 난 상태로 주식을 보유하다가 어느 순간 장대양봉이 발생해 손실이 본전으로 회복된다면 본전심리가 발동돼 해당 주식을 처분하게 될 가능성이 매우 큽니다.

메이저 세력들은 이러한 본전심리를 이용해 여러 차례 장대양봉을 발생시키면서 손실에서 본전으로 회복된 보유자들의 매도물량을 받습니다. 주가가 상승해도 더 이상 본전매도가 나오지 않게 될 때 메이저 세력들은 본격적으로 주가를 끌어올리기 시작합니다. 그 첫 시점이 '하락추세선'과 '매물영영'을 돌파할 때입니다.

※ 실전 차트 사례 - 한진/OCL/카카오/롯데케미칼/LG이노텍/현대미포조선

[그림146] 한진 월봉차트

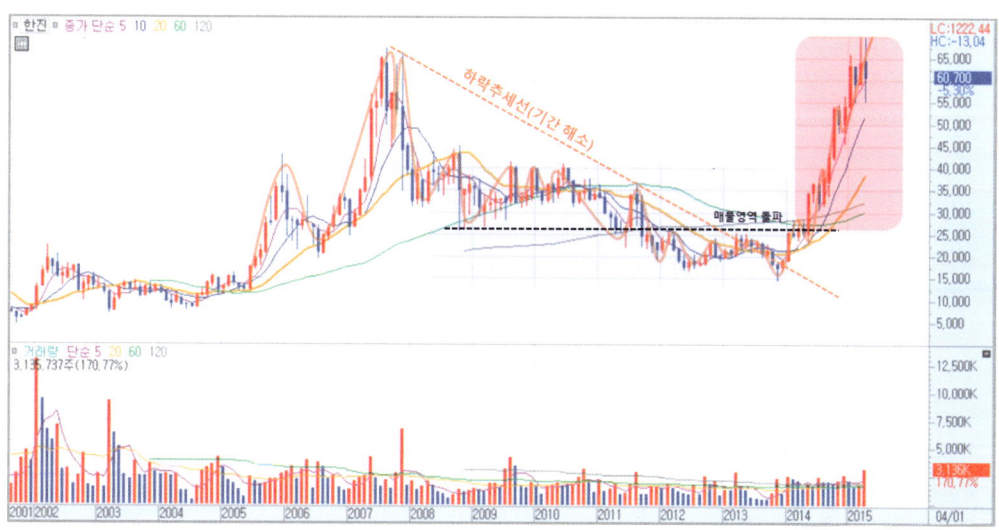

한진의 월봉차트입니다. 2007년, 주가는 고점을 찍고 장장 5~6년 동안 줄기지게 하락했습니다. 물론 주가는 2008년부터 하락을 멈추고 바닥을 다지면서 상승을 시도했으나 2011년에 저점을 붕괴시키고 추가하락을 합니다. 오랜 시간이 흐르고 2014년에 주가는 매물영역을 장대양봉으로 돌파하자 급등 시세가 나왔습니다.

주가가 매물영역과 하락추세선을 돌파하기 전까지 5~6년의 오랜 시간 동안 지지부진했지만 상승추세가 시작되는 순간 주가는 약 1~2년 만에 2007년의 고점까지 이른 시간 동안 상승했습니다.

 만약 상승추세 구간을 인지하지 못한 상태에서 매매하게 되면 상대적으로 기간이 짧은 상승추세 구간보다 기간이 긴 횡보구간에서 매매를 하게 되므로 실패할 확률이 높습니다. 약 5~6년의 횡보구간에서 얼마나 많은 장대양봉이 나오겠습니까?

[그림147] OCI 주봉차트

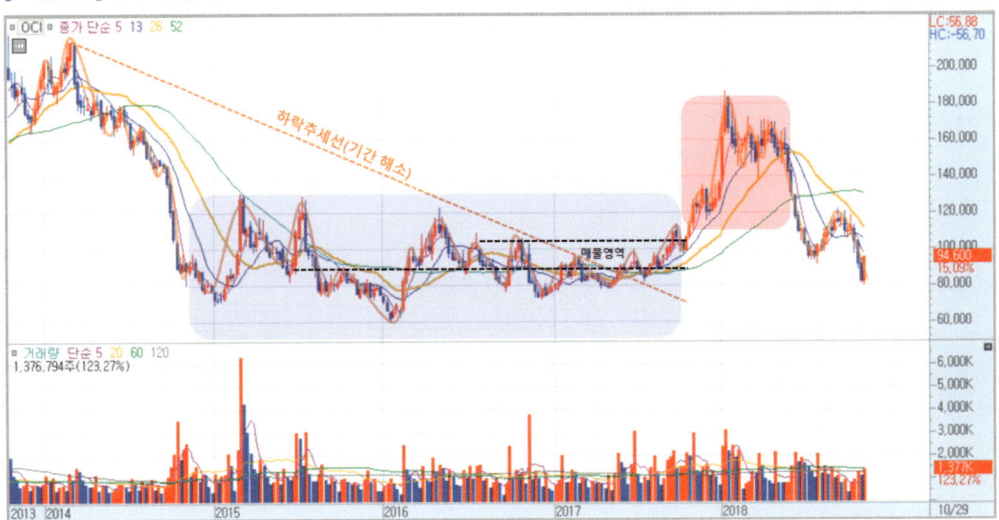

위 OCI 주가도 마찬가지로 상승구간보다 횡보구간이 훨씬 깁니다. 대체로 우량주는 위와 같이 횡보기간이 길고 상승구간이 짧다는 특징이 있습니다.

[그림148] 카카오 주봉차트

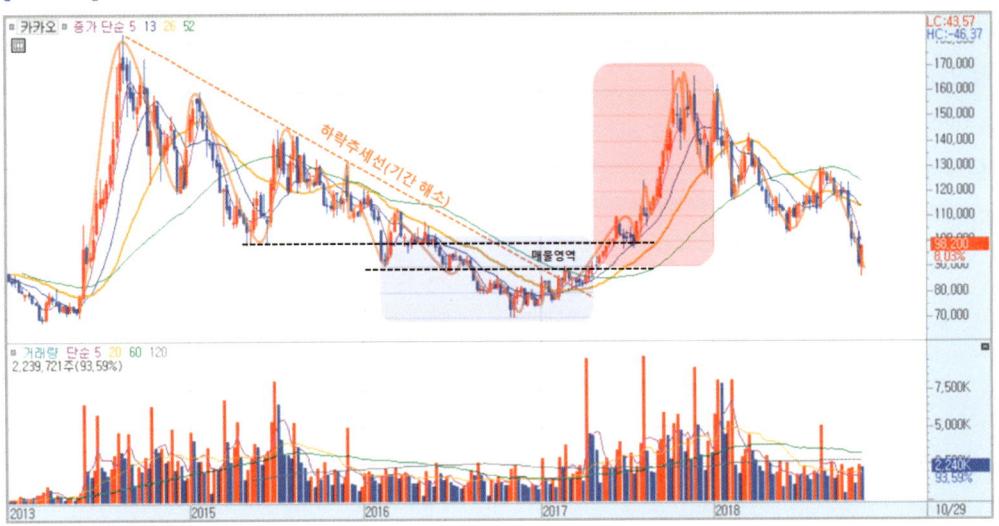

그런데 카카오의 차트는 이전 종목과 다릅니다. 주가가 바닥에서 머무른 시간이 짧습니다. 즉, '횡보구간이 길지 않을 수도 있다'라는 것인데 메이저의 수급이 대량으로 연이어 유입되면 주가는 V자로 급반등하거나 짧은 횡보구간을 거치고 상승이 나오기도 합니다. Case by Case입니다.

[그림149] 롯데케미칼 월봉차트

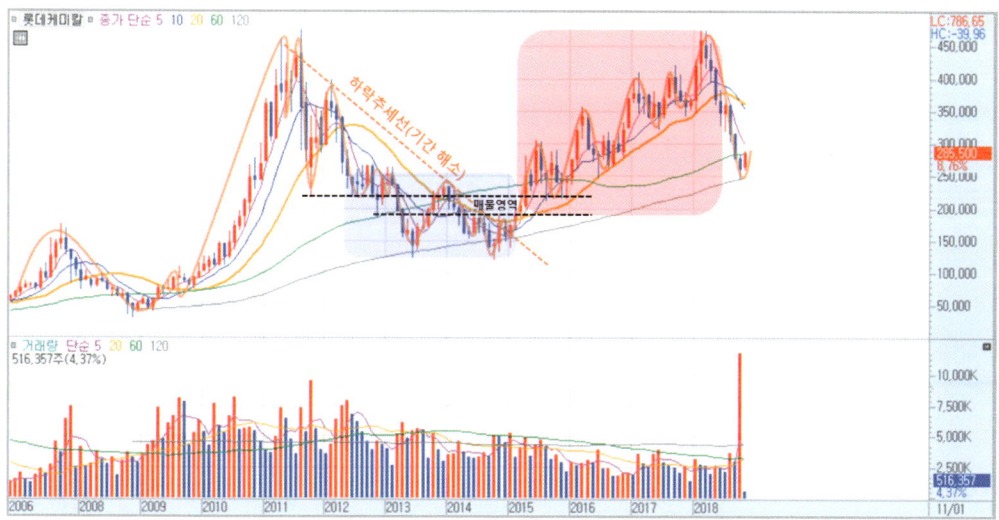

롯데케미칼도 카카오 같은 형태라 볼 수 있겠습니다. 횡보구간이 짧죠. 이 종목 역시 외국인 또는 기관이 지속적으로 주식을 매입하면서 주가를 끌어올린 사례라 볼 수 있습니다.

[그림150] LG이노텍 주봉차트1

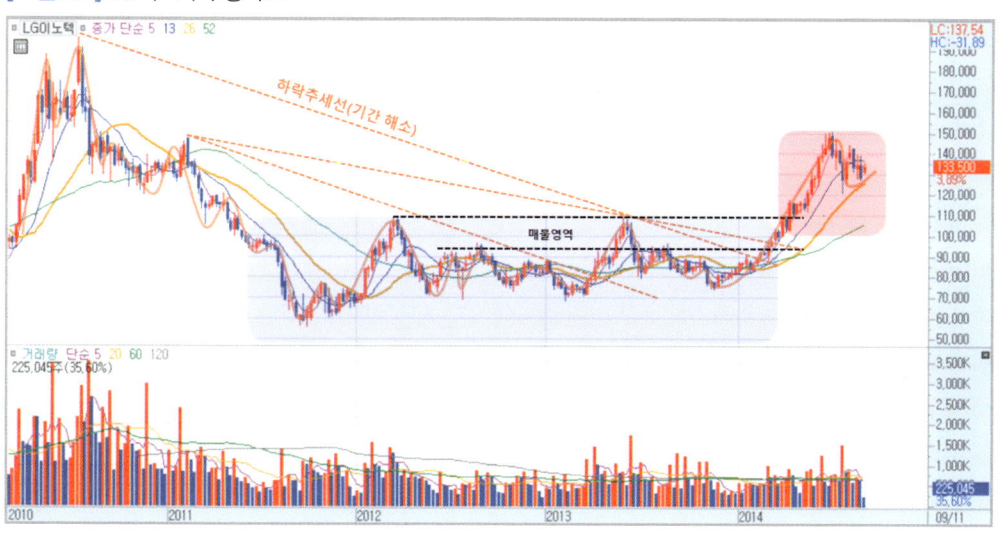

LG이노텍은 횡보구간이 상승구간보다 깁니다. 약 2년 반 정도 횡보구간을 거친 후 매물영역과 하락추세를 돌파하여 시세가 발생했습니다만 2010년의 고점수준까지 오르지는 못했습니다.

[그림151] LG이노텍 주봉차트2

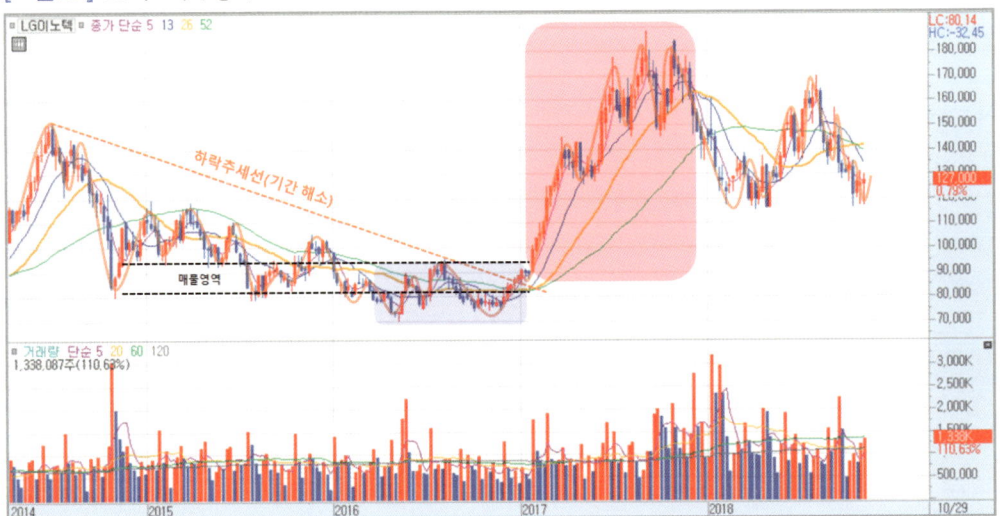

2014년 중순 이후 주가는 하락하며 또다시 2년간의 횡보구간을 거친 다음에야 상승추세가 시작되었습니다. 이번에는 과거의 고점인 19만 원까지 올라갔습니다.

몇 개의 예시 종목들을 살펴봤는데 하락과 횡보, 상승한 모습이 제각기 다릅니다. A라는 종목은 긴 횡보구간을 거쳐 상승하거나 B라는 종목은 짧은 횡보구간을 거쳐 상승하거나 C라는 종목은 횡보 없이 V자로 상승하거나 등등 차트의 모습이 다릅니다.

그러면 주가의 추세를 판단하기 어려운 것 아니냐? 과거 차트이기 때문에 횡보기간과 상승구간을 쉽게 분간할 수 있지 않느냐? 이렇게 반문할 수 있습니다.

그러나 우리가 주가의 전체적인 추세를 판단할 때 차트를 넓게 들여다보면 적어도 주가가 상승추세에 있는지? 횡보추세 있는지? 하락추세에 있는지? 적어도 주가가 어느 구간에 있는지는 쉽게 파악할 수 있습니다. 그것만 알아도 매매를 하는 데 있어 상당한 도움이 됩니다.

한번 보겠습니다.

[그림152] 현대미포조선 일봉차트

주가가 어느 구간에 있는지 파악하려면 차트를 넓게 들여다 봐야 한다고 했습니다. 위 일봉차트로 주가의 위치를 파악하기 어렵죠. 현재 가격이 90,000원입니다. 직접 체크를 해보시길 바랍니다.

[그림153] 현대미포조선 월봉차트

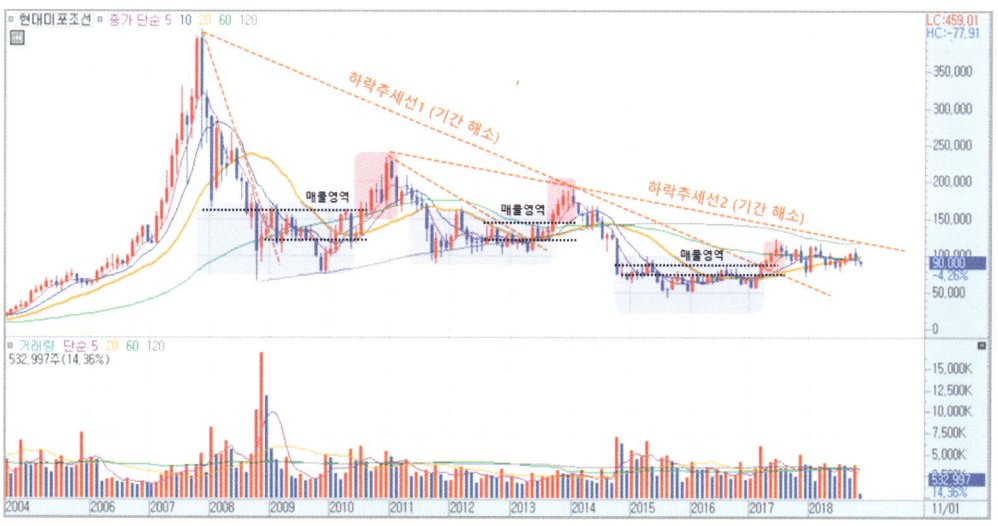

우리은하의 태양계 위치를 알려면 우주망원경을 통해 멀리 내다봐야 하듯이, 주가의 위치를 알려면 차트를 넓게 봐야 합니다. 현재 가격이 90,000원이죠. 주가는 하락추세선2 안에서 움직이고 있는 것을 확인할 수 있습니다. 해석한다면 상승이 크게 나오기 어려운 구간임은 틀림없습니다. 상승이 크게 나오려면 주가는 하락추세선2와 매물영역을 돌파해야 합니다. 그렇다는 것은 단기매매를 하기에 적합한 구간은 최소한 하락추세선2를 넘겨야 할 때라는 것입니다. 이 이후 주가는 어떻게 흘렀는지 직접 HTS를 통해 확인해 보시길 바랍니다.

2. 횡보구간의 박스권 패턴

 장대양봉이 상승추세나 1년 이상의 매물영역을 돌파하지 않은 상태에서 발생하는 경우, 즉 횡보구간에서 장대양봉이 발생하면 주가는 크게 상승을 하기 보다는 짧은 시세를 주고 반락하거나 매물영역을 뚫지 못한 채 하락하게 되고 가격조정 또는 기간조정을 한 차례 더 겪게 된다고 했습니다. 단기매매는 가능하나 상승 지속시간이 짧으므로 직전의 눌림목을 이용해 반등을 노리는 전략이 주요하다고 언급했습니다.

[그림154] 횡보구간에서 장대양봉 발생

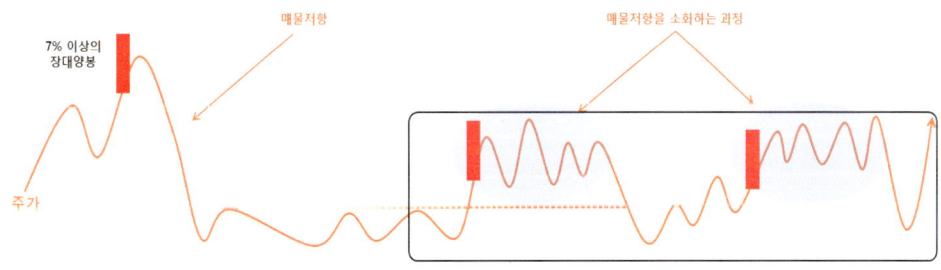

 바로 위의 그림처럼, 횡보구간에서 장대양봉 이후 주가는 오를 듯 말 듯 하다가 주저앉습니다. 이러한 패턴이 반복되다가 어느 순간 매물저항을 뚫고 상승추세가 시작됩니다. 상승추세에서는 상승지속 시간이 길어 단기매매에 유리하겠으나 [그림154]처럼 횡보구간에서는 이 책에 소개된 우량주 수급평단 박스권 매매법을 사용하게 되면 성공확률이 다소 낮아질 수 있습니다. 그래서 이 횡보구간에서는 직전의 눌림목을 이용해 반등을 노리는 편이 더 낫습니다.

[그림155] 횡보구간에서 장대양봉 발생 2

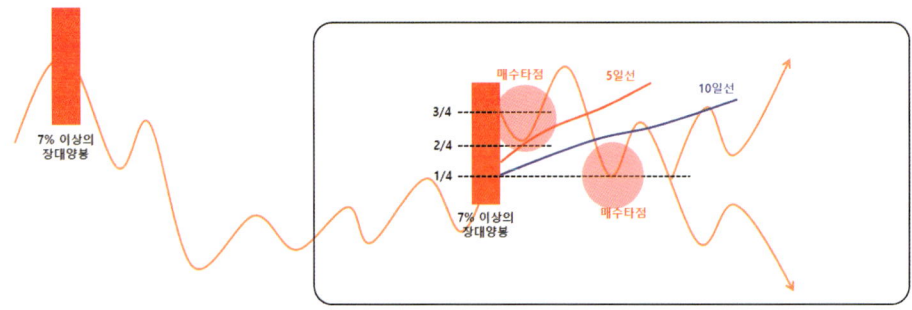

 매매는 위 [그림155]의 설명대로 매수는 장대양봉의 3/4 ~ 2/4 영역에서 매수하고 5일선과 박스권 하단을 이탈하면 손절대응 후 장대양봉 직전의 '전고점 언덕'에서 매수를 합니다. 대체로 장대양봉의 1/4부근이 매수 구간이 됩니다. 손절은 장대양봉의 시가를 이탈할 때입니다. 주가가 장대양봉의 시가를 이탈하면 오랜 시간 동안의 가격과 기간조정을 더 거치게 되기 때문에 반드시 대응하여야 하겠습니다.
 실제 사례를 보겠습니다.

※ 실전 차트 사례 - 우리산업/후성/상상인/비에이치

[그림156] 우리산업 일봉차트

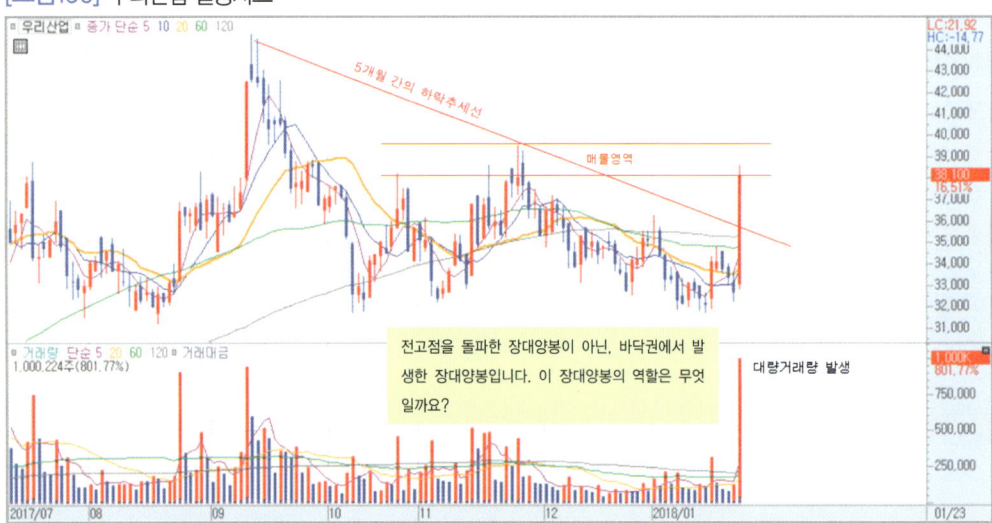

 1월 중순 대량거래량을 동반한 장대양봉이 발생했습니다. 전고점이나 매물영역을 장악한 장대양봉이 아니죠. 횡보구간에서 발생한 장대양봉입니다. 이 구간에서의 장대양봉은 매집의 역할을 합니다. 대체로 상승하기 위해 매집을 하지만, 하락하기 위해 매집을 하기도 합니다.

[그림157] 우리산업 종목별투자자

당시 장대양봉이 발생했던 1월 23일의 수급입니다. 하루 만에 기관이 63억, 외국인이 24억 매수를 했습니다. 뭔가 구미가 당길만한 호재가 있는 것일까요? 대량으로 매수세가 유입되었습니다.

[그림158] 우리산업 일봉차트

주가는 장대양봉 이후 단기간 상승을 했지만 얼마 안 가 5일선과 박스권 하단을 이탈하자 장대양봉의 1/4 부근까지 하락하고 맙니다. 이후 1/4 부근에서 지지를 받는가 싶더니 반등시세가 나왔죠. [그림154]처럼 비슷하게 움직입니다.

[그림159] 우리산업 종목별투자자

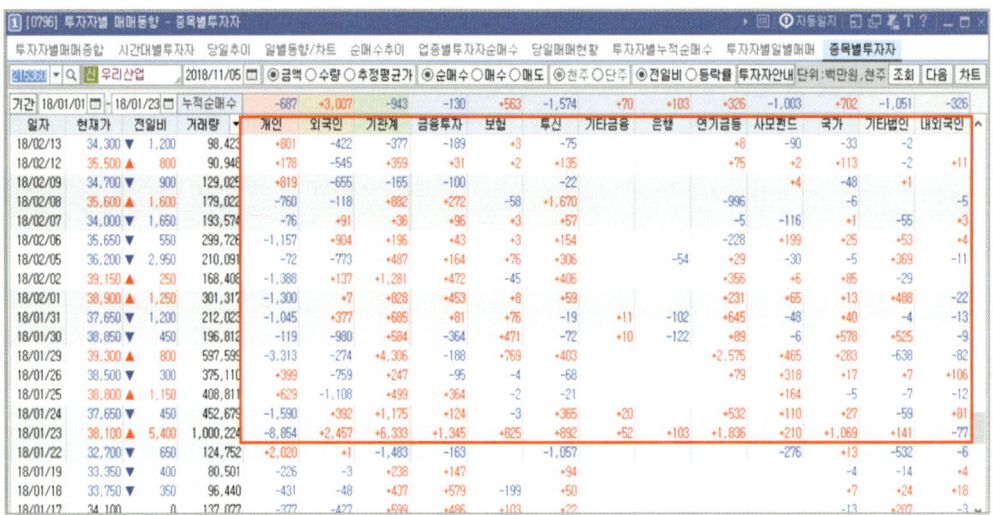

수급을 보면 거의 기관이 일방적으로 매수를 합니다. 주가가 박스권 하단을 이탈한 2월 5일 이후로 기관의 매수가 다소 정체된 모습을 보입니다. 외국인도 적극적으로 매수하기보다는 매도로 일관된 듯한 모습입니다.

[그림160] 우리산업 일봉차트

결국 주가는 3월 상승추세선을 이탈하자 급락이 발생했고 직전 저점영역에서 반등을 시도하는 듯 했으나 반등실패 후 주가는 추가하락을 하게 됩니다. 그러다가 7월 장대양봉이 발생했습니다. 매물영역을 뚫지 못한 상태에서 발생한 장대양봉입니다.

[그림161] 우리산업 종목별투자자

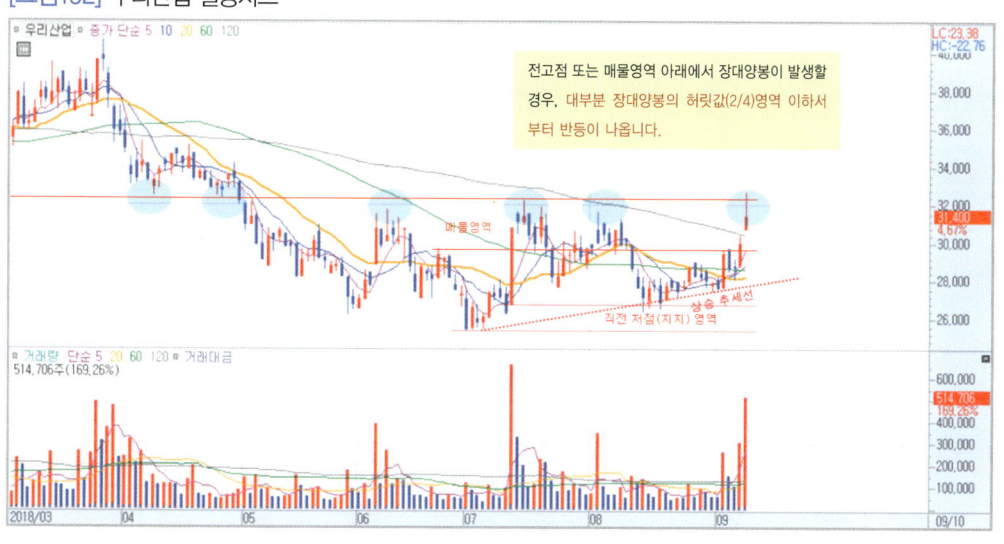

7월 당시 장대양봉의 수급은 기관 18억, 외국인 7억 원 가량 매수를 했습니다. 지난 1월 23일의 수급에 비해 대량으로 유입되지는 않았습니다. 어쨌든 주가는 어떻게 흘렀을까요?

[그림162] 우리산업 일봉차트

장대양봉이 발생해도 매물영역을 쉽게 돌파하지 못합니다. 바로 위의 32,000원을 장악하지도 못합니다. 이 종목이 정말로 상승하려면 32,000원 보다는 page107 [그림158]의 장대양봉의 시가 33,000원을 장대양봉으로 장악해야 합니다. 한번 직접 차트를 체크해 보시기 바랍니다.

[그림163] 우리산업 종목별투자자

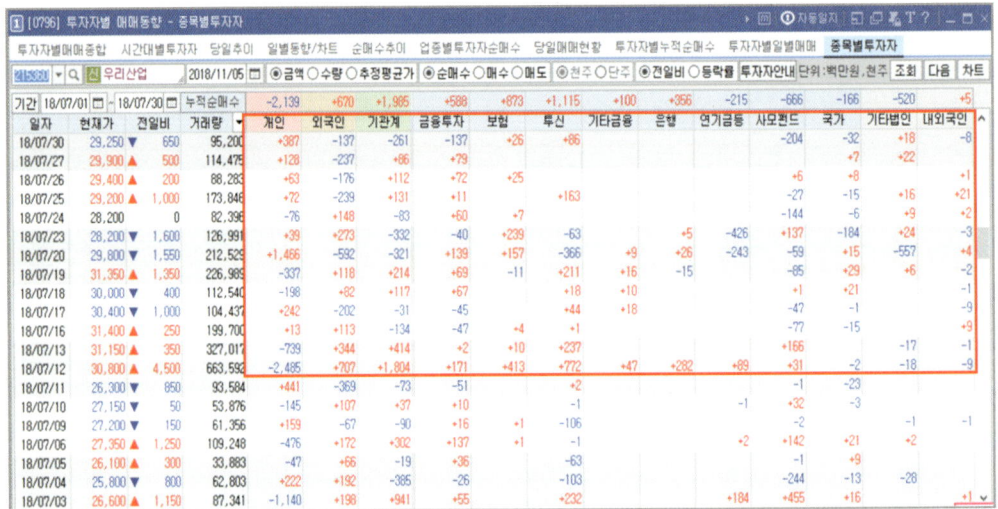

수급을 체크해 보면 어떻습니까? 12일 이후로 수급이 기관과 외국인의 수급이 간헐적으로 유입됩니다. page80 [그림118]의 수급과 비교하면 위의 수급은 전혀 탄력적이지 않은 수급이란 것을 알 수 있습니다.

이처럼 횡보영역 구간에서 발생한 장대양봉은 탄력적으로 상승을 하지 않습니다. 상승 지속시간이 짧기 때문에 눌림목을 이용해 반등을 노리는 매매전략이 주요하다고 할 수 있겠습니다. 실전 예시 종목들을 보겠습니다.

[그림164] 후성 일봉차트

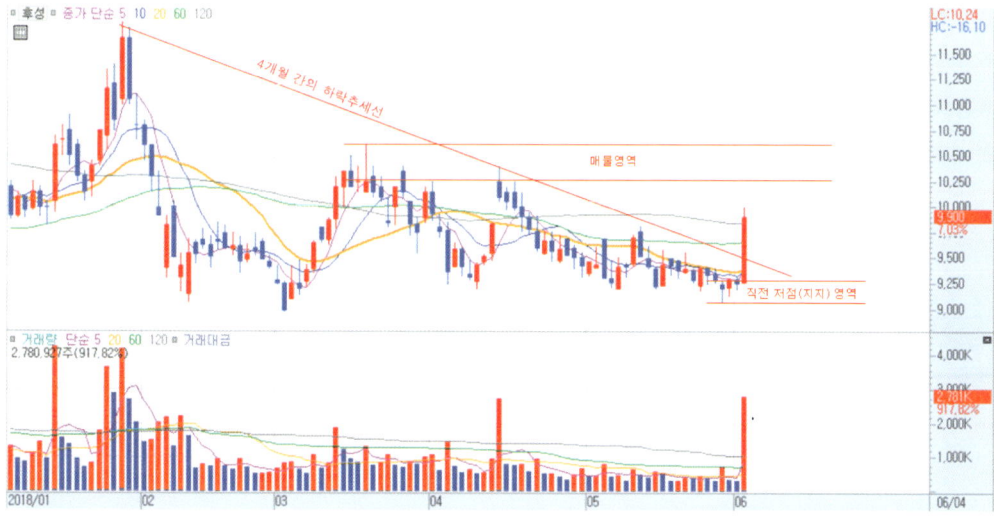

6월 초 장대양봉이 발생했습니다. 4개월간의 하락추세선을 돌파했으나 주가는 매물영역 아래에 위치해 있죠. 이 이후 어떻게 움직였는지 수급과 분봉차트를 통해 자세히 분석해보겠습니다.

[그림165] 후성 종목별투자자

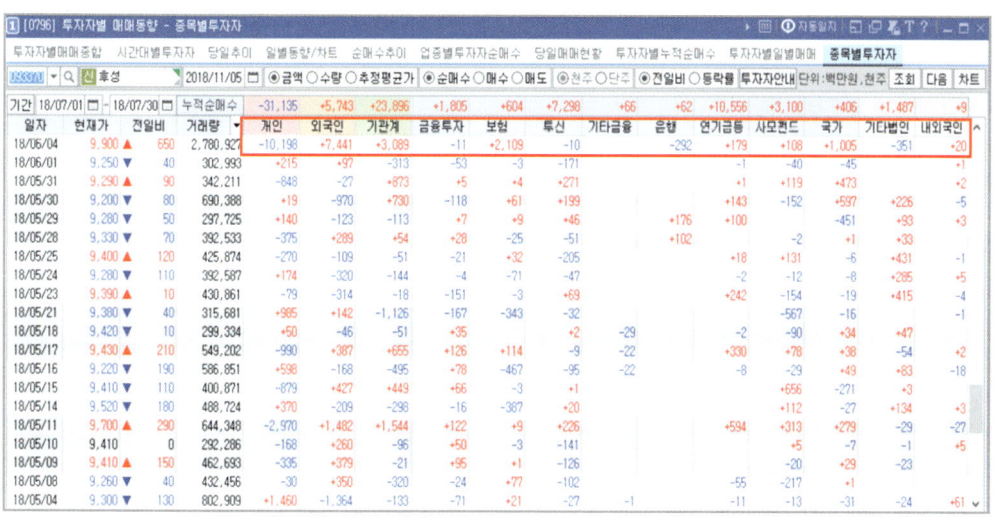

6월 4일 장대양봉이 발생한 날 당시 외국인이 평소보다 대량으로 74억 가량 매수를 했습니다. 기관도 마찬가지로 30억 정도 매수했습니다. 통상적으로 평소 수급의 10배 이상 정도의 대량 순매수를 보였다면 단기간 시세를 낼 가능성이 매우 높다고 했습니다. 장대양봉의 위치가 매물영역에 아래에 위치에 있어 공략하기 애매하나 수급이 위와 같이 평소 10배 이상으로 유입된 경우 page106 [그림155]의 이론대로 매매하면 되겠습니다.

[그림166] 후성 15분봉차트

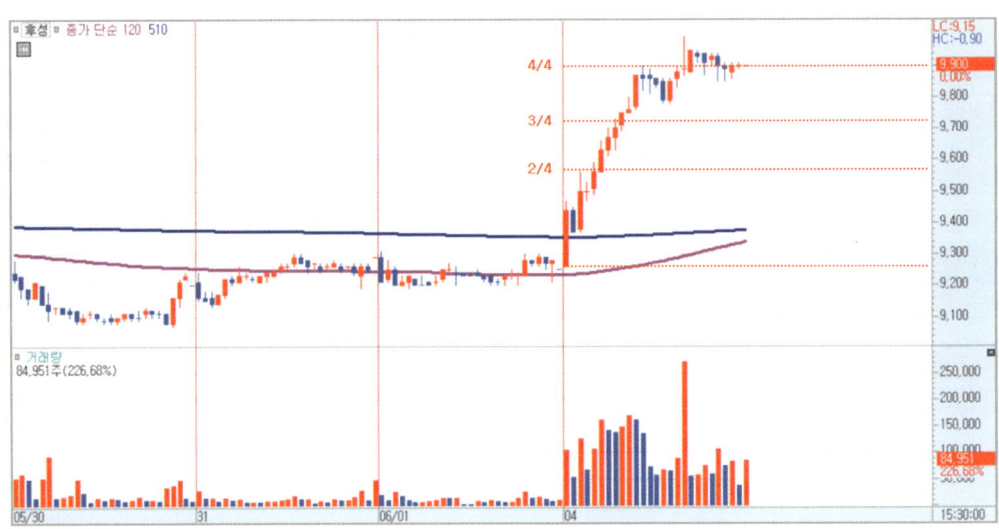

장대양봉을 4등분합니다. 다음날 3~5% 갭을 띄어 상승출발 하는 경우 장대양봉의 4/4~3/4 지점에서 매수를 하고 보합권 부근~하락출발 하는 경우 장대양봉의 3/4~2/4 지점에서 매수를 합니다.

[그림167] 후성 15분봉차트

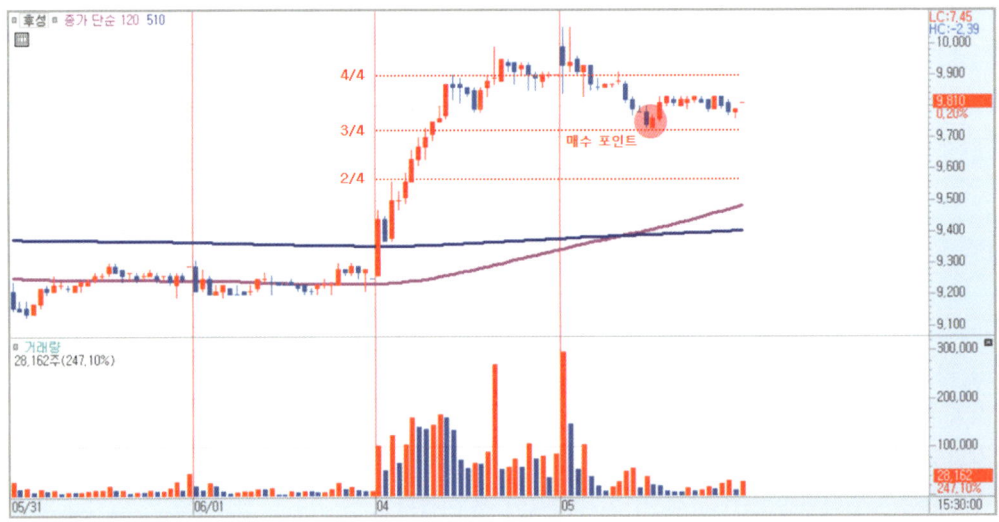

다음날 크게 갭을 띄우지 않고 시작했습니다. 원칙대로 3/4 지점에서 매수가 되었습니다.

[그림168] 후성 15분봉차트

매수가 체결된 후 다음날 주가는 오진에 4%가량 상승을 했습니다. 저점대비 반등폭 3%이상부터 분할매도로 차익실현을 합니다.

[그림169] 후성 종목별 매매추이

장대양봉이 발생된 6월 4일부터 7일까지 외국인이 대량으로 매수를 하고 있습니다. 약 백만주 매수를 했네요. 외국인의 평균단가는 9,846원으로 이 가격을 차트에 표시해 보겠습니다.

[그림170] 후성 종목별 15분봉차트

박스권 상단과 하단도 표시가 되었습니다. 외인 평균단가와 박스권 하단 사이가 매수영역이죠.

[그림171] 후성 종목별 15분봉차트

다음날 주가는 매수영역에 도달하지 않았습니다. 매수영역에 도달하기 전까진 섣부르게 매수를 하기 보다는 매수영역에 올 때까지 기다려야 합니다. 기다리면 주가가 내려옵니다.

[그림172] 후성 종목별 15분봉차트

　11일 주가는 매수영역에 내려왔고 박스권 하단을 이탈하지 않은 채 반등을 시도합니다. 저점대비 반등폭 3% 이상부터 분할매도로 차익실현을 합니다.

[그림173] 후성 종목별 15분봉차트

　12일에도 주가는 살짝 매수영역에 내려왔고, 다음날에도 반등이 나왔습니다. 이렇게 박스권 하단을 깨지 않으면 지속적으로 매매가 가능한 것이 이 매매법의 장점입니다.

[그림174] 후성 종목별 매매추이

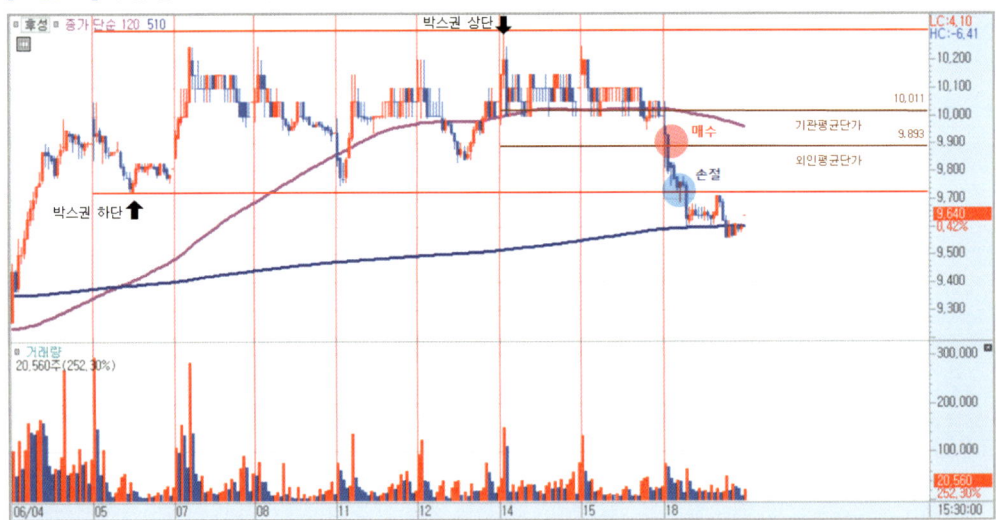

 박스권 상단을 살짝 경신했기 때문에 수급을 다시 재조회 해야 합니다. 장대양봉 발생 시점부터 14일까지 기관이 약 백만 주 가량 매수를 했습니다. 외국인보다 많은 수량입니다. 기관, 외국인 평균단가를 모두 매수에 활용해 보겠습니다.

[그림175] 후성 종목별 15분봉차트

 박스권을 조정한 후 18일에 주가는 기관과 외국인 평균단가에서 반등하기보다는 급락을 하고 맙니다. 위와 같이 주가가 박스권 하단을 이탈하면 반드시 손절매도로 대응해야 합니다.

[그림176] 후성 종목별 일봉차트

　주가가 5일선과 박스권 하단을 이탈하자 장대양봉 직전의 '전고점 언덕' 부근까지 내려왔습니다. 대체로 전고점 언덕이 장대양봉의 1/4지점에 위치하는데 위 차트에서 5월 중순의 캔들 윗꼬리가 전고점 언덕이니 할 수 있겠습니다. 이 전고점 언덕에서 매수를 합니다(자세한 설명은 page20 [그림14] 참조).

[그림177] 후성 종목별 15분봉차트

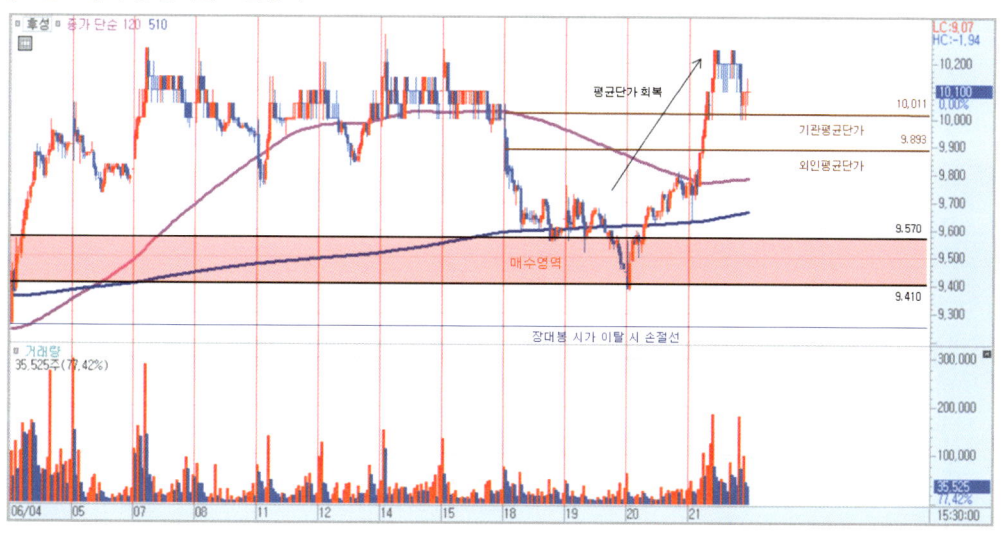

　20일 주가는 전고점 언덕에서 반등에 성공했습니다. 기관과 외국인의 평균단가도 회복했습니다.

[그림178] 후성 종목별투자자

당시 6월 4일부터 21일까지의 수급입니다. 처음엔 외국인이 대량으로 주식을 매수했으나 주 후반을 넘어가면서부터 외국인이 일부 차익실현을 하죠. 대신에 이때부터 기관이 대량으로 매수를 나서며 바통을 이어받습니다. 이렇게 외국인들이 차익실현 할 때 기관투자자들이 받아주었기 때문에 주가는 반등을 할 수 있었습니다.

[그림179] 후성 일봉차트

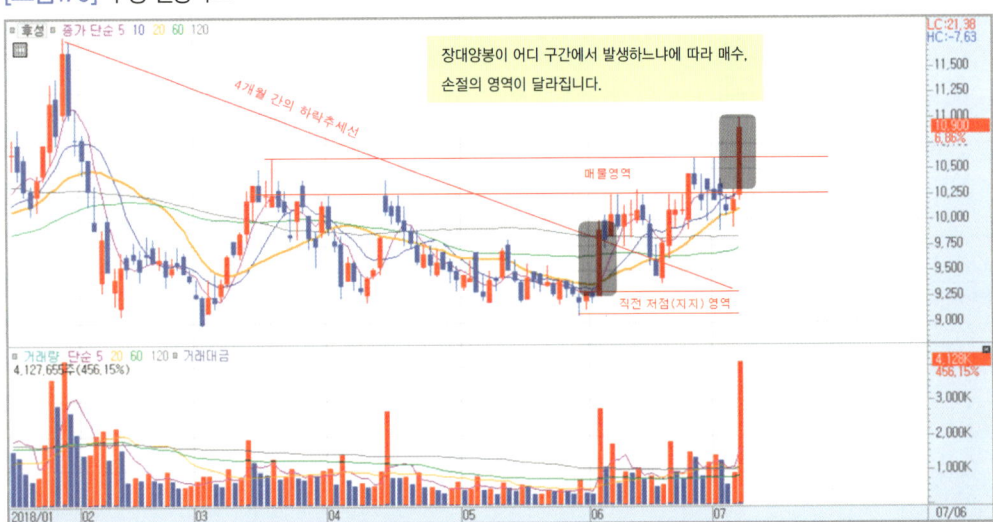

지나고 보니 주가는 매물영역을 돌파했습니다. 이 이후부터 주가는 단기간 상승을 하게 됩니다. **중요한 점은 매물영역을 돌파하기 전에 발생한 장대양봉은 5일선과 박스권 하단을 이탈하면 대응**

을 해주어야 한다는 것입니다.

[그림180] 상상인 일봉차트

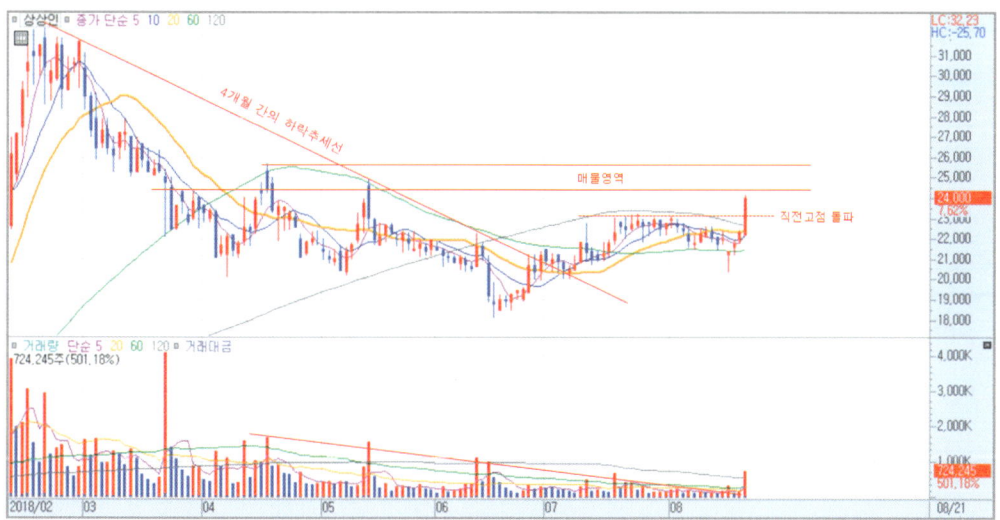

이번에도 장대양봉이 위치가 매물영역 아래에 위치해 있습니다. 4개월 간의 하락추세선을 돌파해 하락이 진정된 모습이지만 매물영역을 뚫지 못했기 때문에 탄력적으로 주가가 상승하기에는 다소 어려운 구간입니다.

[그림181] 상상인 종목별투자자

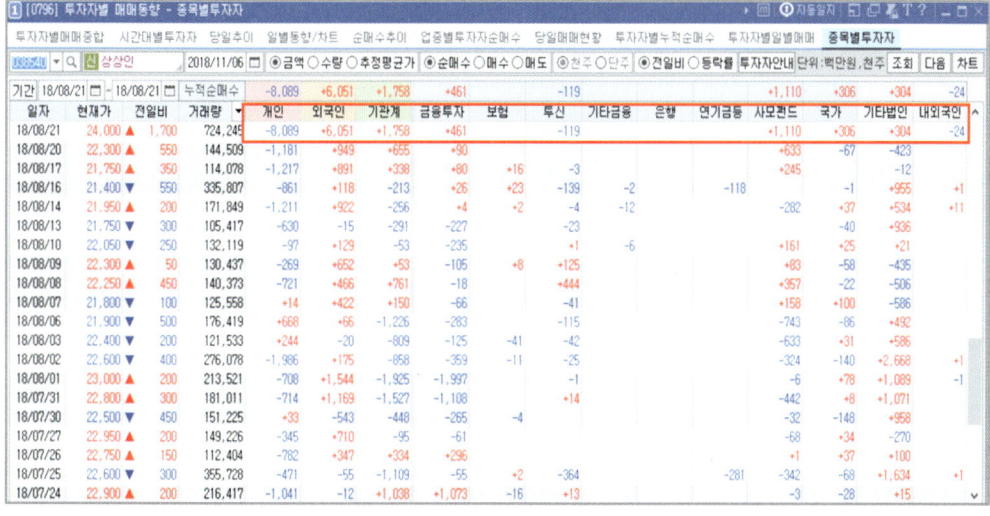

장대양봉이 발생한 8월 21일 외국인이 약 60억, 기관이 17억 가량 매수를 했습니다. 외국인의

수급이 평소보다 10배 이상으로 대규모로 유입되었습니다. 이전 사례인 '후성'처럼 단기매매가 가능한지 보겠습니다.

[그림182] 상상인 15분봉차트

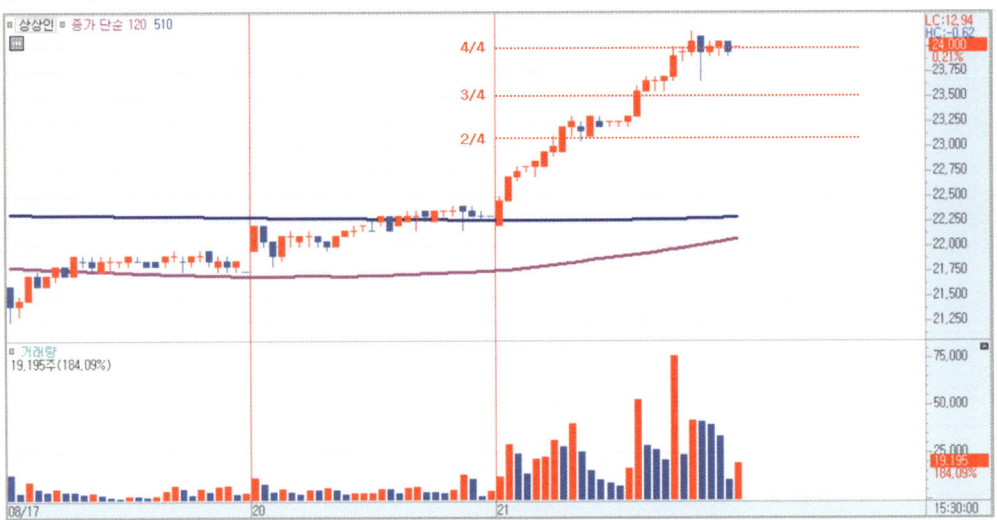

장대양봉을 4등분으로 나누어 줍니다. 이제는 설명하지 않아도 어떻게 매매를 해야 하는지 아실 것이라 봅니다.

[그림183] 상상인 15분봉차트

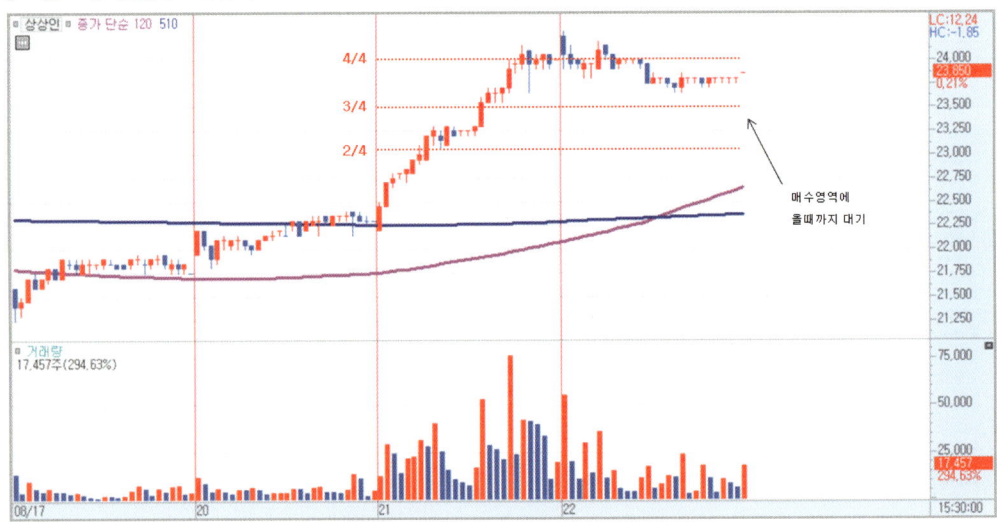

시가가 살짝 1~2% 갭상승 출발해도 장대양봉이 매물영역 아래에 위치해 있어 탄력적인 주

가 상승이 어렵기 때문에 최소한 장대양봉의 종가 이하에서부터 매수하는 것이 유리합니다.

[그림184] 상상인 15분봉차트

주가는 3/4영역에서 매수기 되었고 저점대비 3% 반등폭이 나왔죠. 한 차례 매매구간이 발생했습니다.

[그림185] 상상인 종목별 매매추이

장대양봉이 발생된 21일부터 23일까지 외국인이 기관보다 기간누적 수량이 많습니다. 외국인의 평균단가를 매수 포인트로 활용할 수 있겠습니다.

[그림186] 상상인 15분봉차트

 위 차트에 표시된 대로 박스권 하단과 상단을 설정하고 박스권 매매를 이어나가면 됩니다. 매수영역은 외인평균단가와 박스권 하단인데, 매수영역이 너무 타이트해서 주가가 매수영역까지 내려오지 않을 수 있습니다. 이럴 때는 박스권 중하단(중단-하단의 1/2 지점)을 설정하고 중하단 이하서부터 매수하면 되겠습니다.

[그림187] 상상인 15분봉차트

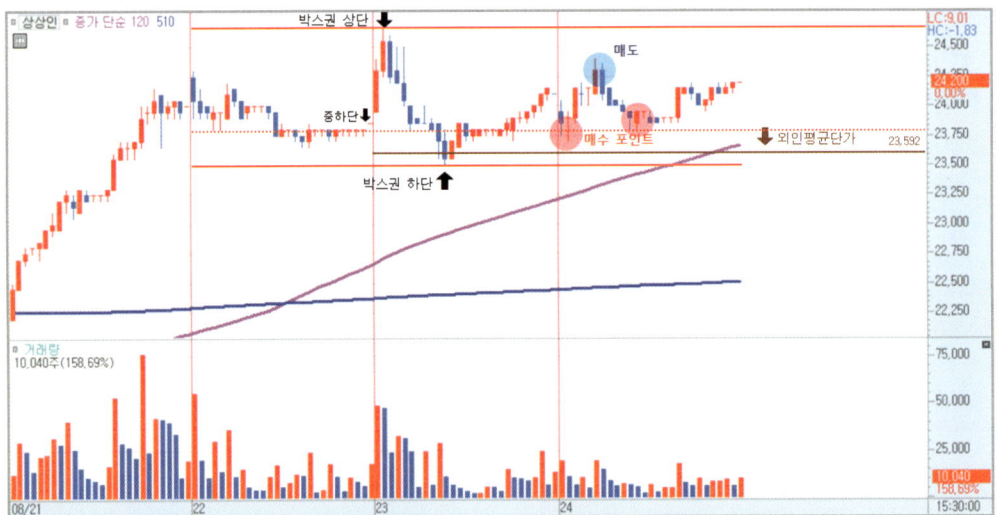

다음날 박스권 중하단 이하에서부터 두 차례의 매수 기회가 왔었습니다.

[그림188] 상상인 15분봉차트

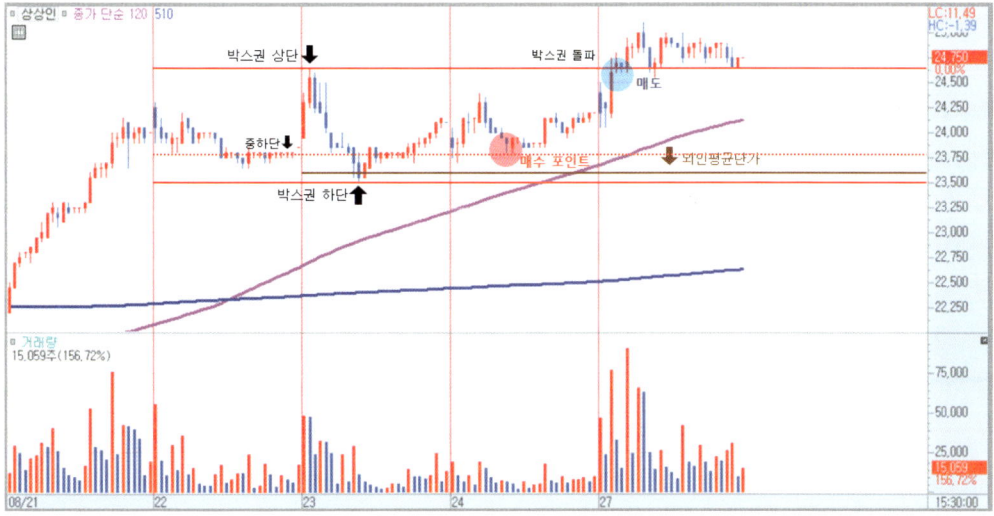

주가는 박스권 상단을 돌파했습니다. 박스권을 재조정해야 하겠고 평균단가도 재조회합니다.

[그림189] 상상인 종목별 매매추이

21일부터 27일까지 외국인과 기관이 연이어 매수를 하고 있습니다. 이들의 평균단가를 차트에 표시하겠습니다.

[그림190] 상상인 15분봉차트

　박스권을 새롭게 변경했습니다. 기관과 외인의 평균단가가 박스권 중하단 위에 있습니다. 현재 주가가 기관 평균단가까지 하락했는데 다음 날 반등을 하는지 보겠습니다.

[그림191] 상상인 15분봉차트

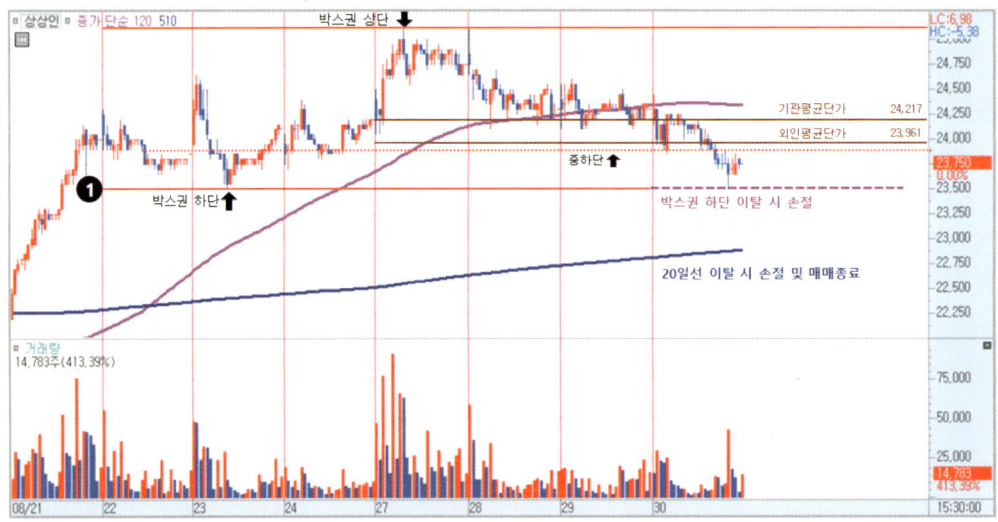

　기관과 외국인의 평균단가에서 반등이 나오지 않고 박스권 하단까지 하락했습니다. 주가가 박스권 하단을 이탈하면 낙폭이 나올 수 있으니 반드시 대응을 해야 합니다.

[그림192] 상상인 15분봉차트

주가는 박스권 하단을 이탈하고 나서 기관 평균단가까지 반등이 나오긴 했으나 더 이상 이어 나가지 못하고 20일선을 이탈하고 맙니다.

[그림193] 상상인 일봉차트

주가는 7월 말에 형성된 '전고점 언덕'에서도 반등이 나오지 않았습니다. 만약 전고점 언덕에서 매수를 하였더라도 시가를 이탈하면 반드시 손절로 대응을 해야 합니다. 시가를 이탈하자 주가는 긴 시간 동안의 가격과 기간조정 과정을 더 거치게 됩니다. 이처럼 매물영역을 돌파하지 못한 상태, 하락한 기간만큼 횡보하지 않은 상태라면 장대양봉이 발생하더라도 조심해서 매매해야 합니다.

[그림194] 비에이치 일봉차트

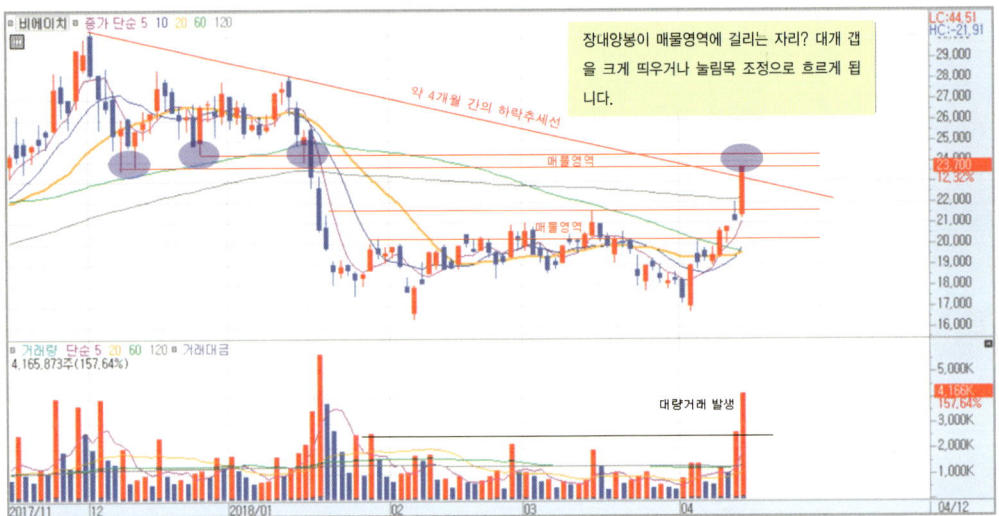

장대양봉이 매물영역에 걸려있습니다. 대량 거래량이 발생했으나 작년 12월에 형성된 매물영역을 뚫지 못한 모습입니다. 대신에 1월부터 4월까지 형성된 매물영역은 확실하게 돌파했습니다. 다음날 주가는 어떻게 움직일까요?

[그림195] 비에이치 종목별투자자

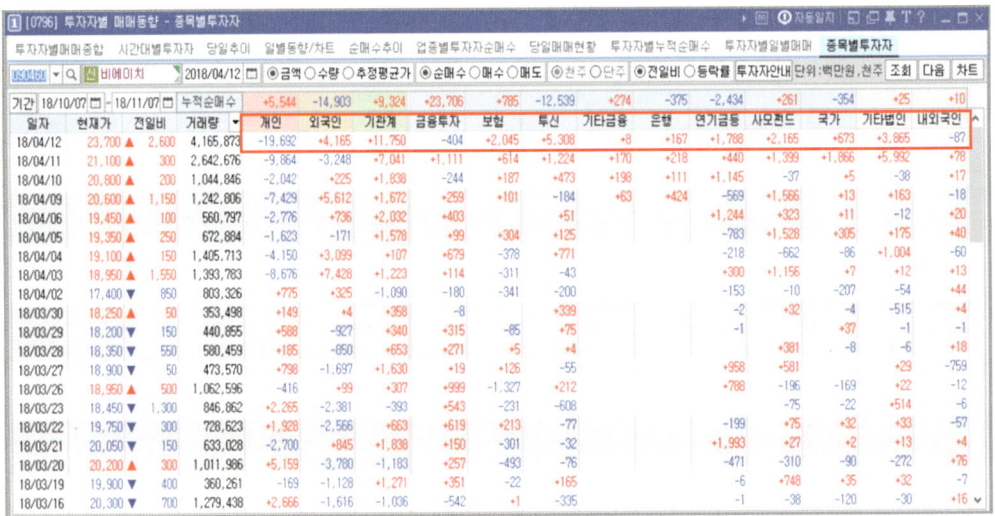

당시 장대양봉이 발생한 4월 12일 이전부터 4월 3일을 기준으로 외국인과 기관이 대량으로 연속 매수를 하여 주가를 끌어올렸습니다. 게다가 매물영역에서 개인들의 물량이 기관과 외국인으로 손바뀜 되고 있는 것을 확인할 수 있습니다. 이렇게 매물영역을 돌파하지 못했더라도 개인들의 매도물량을 외국인과 기관이 대량으로 순매수를 하고 있다면 필히 단기매매를 해도 부담이 없습니다.

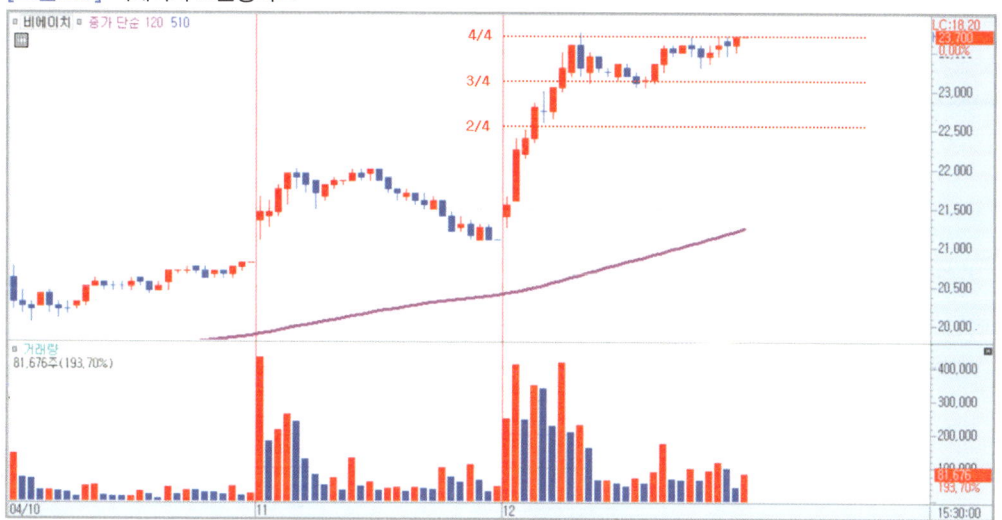

[그림196] 비에이치 15분봉차트

장대양봉을 4등분으로 나눕니다. 대강 눈대중으로 장대양봉을 4등분으로 나누어도 상관없습니다.

[그림197] 비에이치 15분봉차트

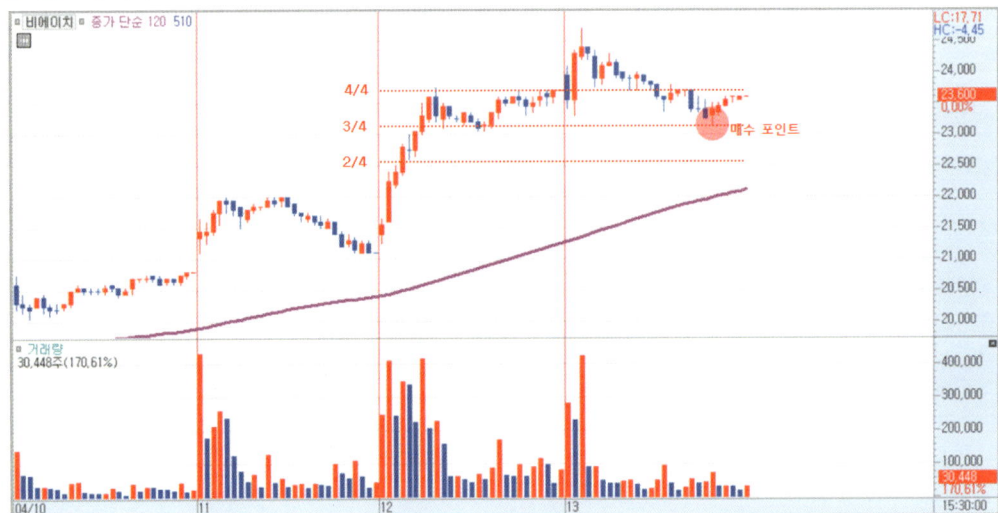

 장대양봉 다음날 주가는 오전에 상승하다가 오후 들어 상승폭을 반납하고 3/4 부근까지 내려왔습니다.

[그림198] 비에이치 15분봉차트

 장대양봉 3/4~2/4 지점이 매수영역으로 두 차례 매수할 기회가 왔었습니다. 위 차트대로 매수를 하였다면 저점대비 3%이상 반등 시 분할매도로 차익실현 합니다.

[그림199] 비에이치 종목별 매매추이

장대양봉 발생 이후 3일간 기관이 외국인보다 많은 수량을 매수했습니다. 약 50만주 가량 차이가 납니다. 따라서 외국인 평균단가보다 기관 평균단가를 매수 포인트로 활용합니다.

[그림200] 비에이치 15분봉차트

박스권을 설정합니다. 매수영역은 기관 평균단가와 박스권 하단 사이가 됩니다(단, 외인, 기관의 평균단가가 박스권 하단에 근접해 있을 때 박스권 중하단 이하에서부터 매수를 해도 상관없습니다).

주가는 기관 평균단가까지 내려온 후 하락을 멈추었습니다.

다음날 오전에 주가는 박스권 상단부까지 상승합니다. 신기하게도 기관 평균단가에서 반등이 나옵니다. 오후에는 주가가 상승폭을 반납하고 박스권 중하단까지 내려왔습니다.

[그림203] 비에에치 15분봉차트

박스권 중하단에서 반등이 또 한 차례 나왔습니다. 이처럼 안정적으로 저점매수와 고점매도를 반복할 수 있다는 것이 이 매매법의 최대 장점입니다.

[그림204] 비에이치 종목별 매매추이

장대양봉이 발생한 4월 12일부터 고점인 19일까지 기관의 누적 수량이 외국인보다 월등히 많습니다. 기관 평균단가를 매수 포인트로 활용합니다.

[그림205] 비에이치 15분봉차트

　20일 오전에 주가는 기관 평균단가와 박스권 하단에서 하락을 멈추고 급반등을 하였고, 오후에도 주가는 상승폭을 반납하고 박스권 하단까지 하락합니다. 매수기회가 여러 차례 옵니다.

[그림206] 비에이치 15분봉차트

　그러나 다음날 주가는 박스권 하단을 이탈합니다. 박스권 이탈 후 반등이 나왔지만 원칙대로 박스권 하단을 이탈하면 손절로 대응합니다. 자칫, 주가가 박스권 하단을 이탈하게 되면 급락이 나올 수 있습니다.

[그림207] 비에이치 일봉차트

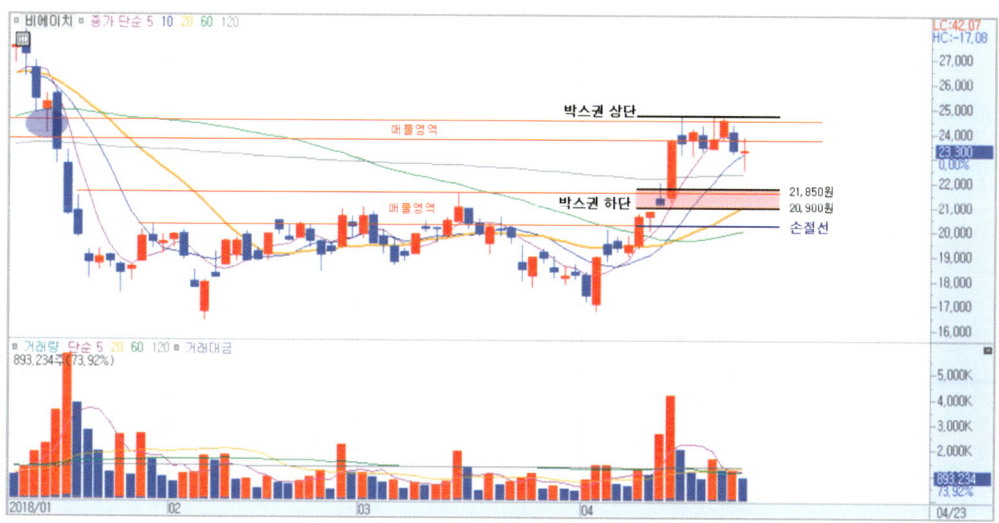

그래서 그 아래 매물영역인 새로운 박스권 하단(21,850원~20,900원)에서 매매할 수 있겠지요. 위 차트에 표시한대로 21,850원~20,900원에서 매수하고 매물영역 하단을 이탈할 때에는 손절로 대응합니다.

[그림208] 비에이치 15분봉차트

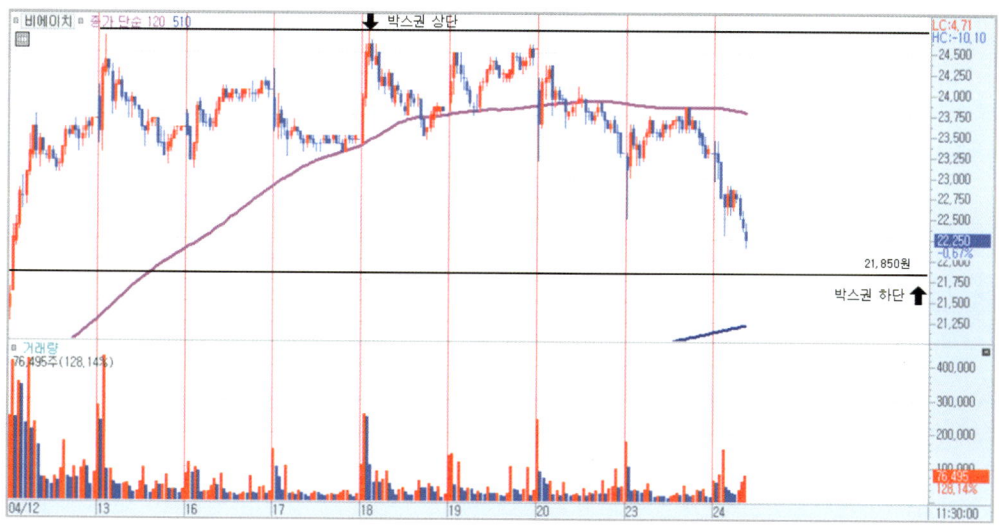

장대양봉 직전 매물영역의 중간값을 박스권 하단으로 설정하고 매매를 한다면 매수영역은 21,850원과 20,900원이 됩니다. 이 부근까지 주가가 내려올 때까지 기다립니다.

[그림209] 비에이치 15분봉차트

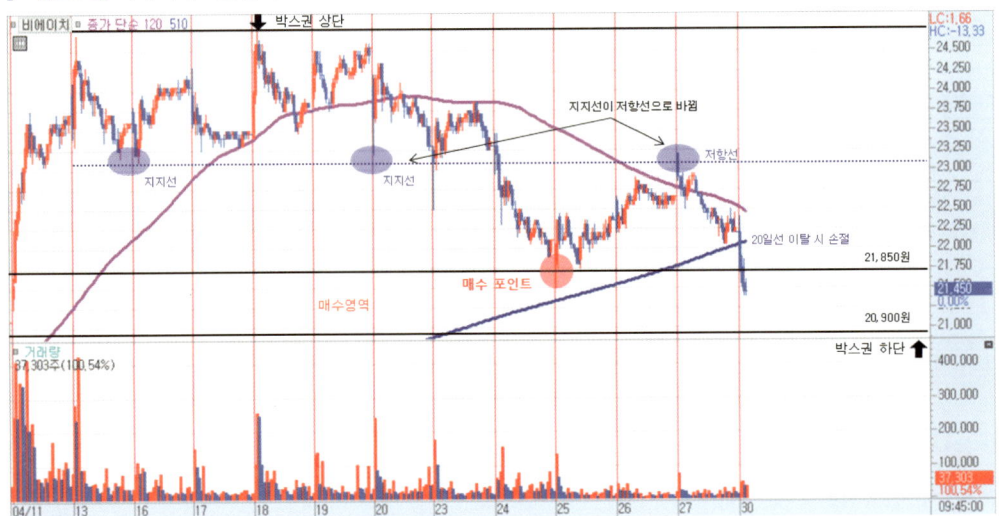

매수포인트에 도달하자 주가는 이탈했던 박스권 하단까지 반등이 나왔습니다. 이후 주가는 20일선 이탈하고 맙니다. 이렇게 20일선이나 장대양봉의 시가를 이탈하면 매매를 종료합니다.

[그림210] 비에이치 일봉차트

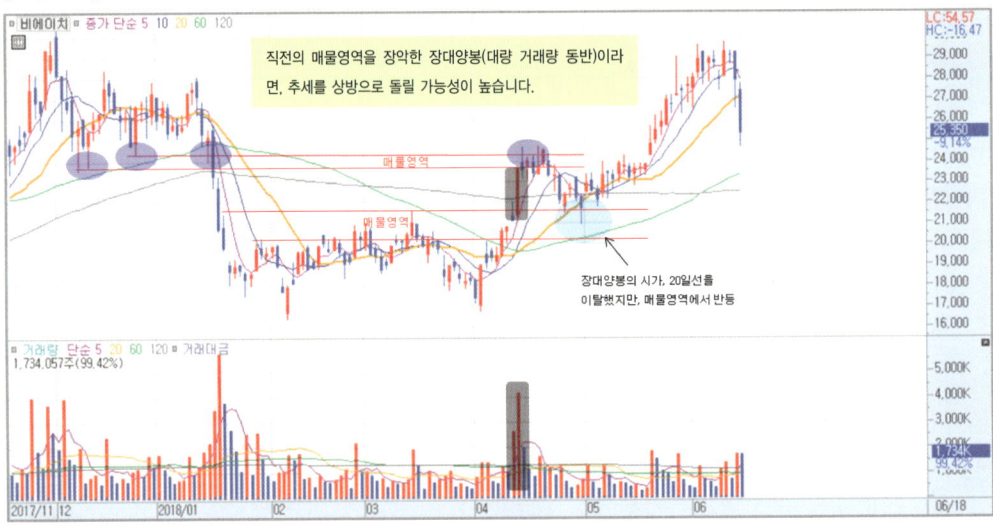

일봉차트입니다. 주가는 시가와 20일선을 이탈했으나 장대양봉 직전의 매물영역에서 반등에 성공하고 전고점 부근까지 상승을 했습니다. 물론 매물영역의 하단을 손절선으로 잡고 스윙으로 보유해도 무리가 없긴 합니다.

[그림211] 비에이치 종목별투자자

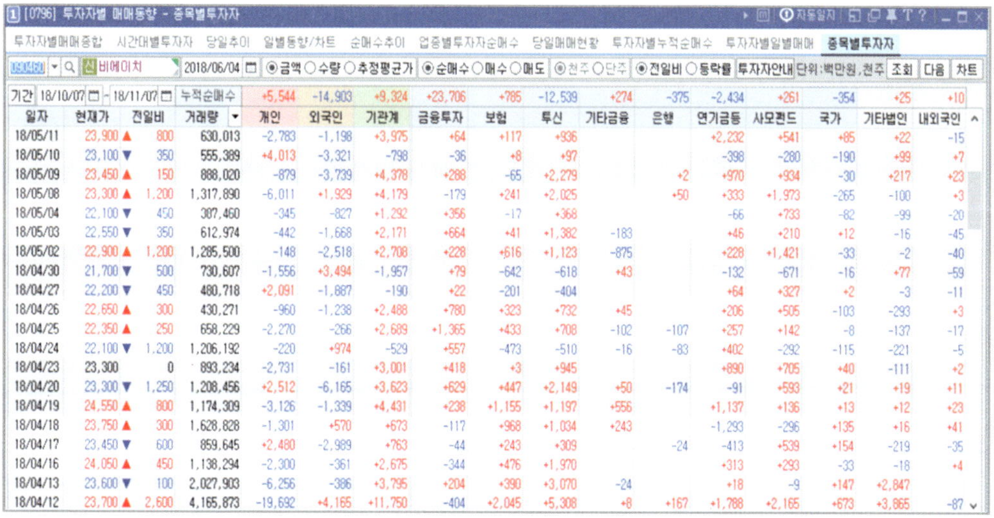

일자	현재가	전일비	거래량	개인	외국인	기관계	금융투자	보험	투신	기타금융	은행	연기금등	사모펀드	국가	기타법인	내외국인
누적순매수				+5,544	-14,903	+9,324	+23,706	+785	-12,539	+274	-375	-2,434	+261	-354	+25	+10
18/05/11	23,900 ▲	800	630,013	-2,783	-1,198	+3,975	+64	+117	+936			+2,232	+541	+85	+22	-15
18/05/10	23,100 ▼	350	555,389	+4,013	-3,321	-798	-36	+8	+97			-398	-280	-190	+99	+7
18/05/09	23,450 ▲	150	888,020	-879	-3,739	+4,378	+288	-65	+2,279		+2	+970	+934	-30	+217	+23
18/05/08	23,300 ▲	1,200	1,317,890	-6,011	+1,929	+4,179	-179	+241	+2,025		+50	+333	+1,973	-265	-100	+3
18/05/04	22,100 ▼	450	307,460	-345	-827	+1,292	+356	-17	+368			-66	+733	-82	-99	-20
18/05/03	22,550 ▼	350	612,974	-442	-1,668	+2,171	+664	+41	+1,382	-183		+46	+210	+12	-16	-45
18/05/02	22,900 ▲	1,200	1,285,500	-148	-2,518	+2,708	+228	+616	+1,123	-875		+228	+1,421	-33	-2	-40
18/04/30	21,700 ▼	500	730,607	-1,556	+3,494	-1,957	+79	-642	-618	+43		-132	-671	-16	+77	-59
18/04/27	22,200 ▼	450	480,718	+2,091	-1,887	-190	+22	-201	-404			+64	+327	+2	-3	-11
18/04/26	22,650 ▲	300	430,271	-960	-1,238	+2,488	+780	+323	+732	+45		+206	+505	-103	-293	+3
18/04/25	22,350 ▲	250	658,229	-2,270	-266	+2,689	+1,365	+433	+708	-102	-107	+257	+142	-8	-137	-17
18/04/24	22,100 ▼	1,200	1,206,192	-220	+974	-529	+557	-473	-510	-16	-83	+402	-292	-115	-221	-5
18/04/23	23,300	0	893,234	-2,731	-161	+3,001	+418	+3	+945			+890	+705	+40	-111	+2
18/04/20	23,300 ▼	1,250	1,208,456	+2,512	-6,165	+3,623	+629	+447	+2,149	+50	-174	-91	+593	+21	+19	+11
18/04/19	24,550 ▲	800	1,174,309	-3,126	-1,339	+4,431	+238	+1,155	+1,197	+556		+1,137	+136	+13	+12	+23
18/04/18	23,750 ▲	300	1,628,828	-1,301	+570	+673	-117	+968	+1,034	+243		-1,293	-296	+135	+16	+41
18/04/17	23,450 ▼	600	859,645	+2,480	-2,989	+763	-44	+243	+309		-24	-413	+539	+154	-219	-35
18/04/16	24,050 ▲	450	1,138,294	-2,300	-361	+2,675	-344	+476	+1,970			+313	+293	-33	-18	+4
18/04/13	23,600 ▼	100	2,027,903	-6,256	-386	+3,795	+204	+390	+3,070	-24		+18	-9	+147	+2,847	
18/04/12	23,700 ▲	2,600	4,165,873	-19,692	+4,165	+11,750	-404	+2,045	+5,308	+8	+167	+1,788	+2,165	+673	+3,865	-87

기관의 지속적인 순매수에 힘입어 상승을 했습니다. 특히 투신과 연기금의 대량의 매수유입은 주가를 단기간 상승시키게 만듭니다. 따라서 주가가 박스권 하단을 이탈하였어도 추후에 이들 수급의 유입 유무를 체크해 매매를 이어나갈 것인지 또는 매매를 종료할 것인지 결정해야 합니다.

3. 캔들패턴 시나리오

1) 하락형 캔들패턴 시나리오

이전 장에서 매물영역 아래에서 나온 장대양봉의 흐름에 대해서 알아봤습니다. 이번 장에서는 장대양봉 이후의 캔들에 대해서 알아보는 시간을 가지도록 하겠습니다. 무릇 캔들 하나로 정확한 의미를 해석하기보다는 캔들이 이어지는 흐름을 이해하는 것이 중요합니다. 캔들의 흐름을 이해하고 매매를 하는 것과 이해를 하지 못하고 매매를 하는 것하고 확연히 차이가 납니다. 아래 그림을 보겠습니다.

[그림212] 캔들흐름1

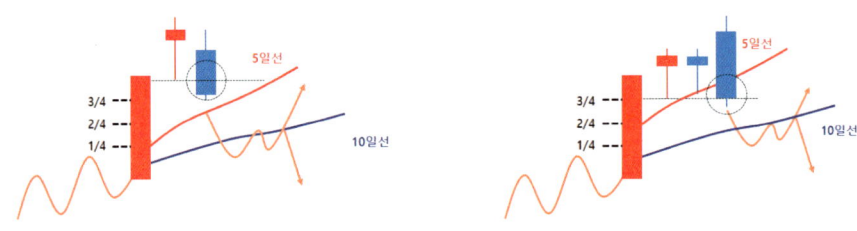

좌측의 그림을 보면 장대양봉 이후 첫째 날 아래꼬리가 달린 양봉캔들이 발생했습니다. 여기까지 캔들의 흐름을 이해하자면 장대양봉 종가부근에서 강한 매수세가 들어와 당일 시가 이상에서 마감했다는 뜻이 됩니다. 흐름이 아주 좋다는 뜻이죠. 그런데 둘째 날 전일의 종가 이하에서 몸통이 큰 음봉캔들이 발생했습니다. 더욱이 첫째 날의 저가, 즉 장대양봉의 종가를 깬 상태로 마감한 것입니다.

여기까지 흐름을 이해하자면? 잘나가던 분위기 속에 누군가가 찬물을 확 끼얹은 것입니다. 첫째 날 '장대양봉 종가' 부근에서 강한 매수세가 유입돼 시가 이상에서 마감하고 다음날 추가상승의 가능성이 있었던 분위기였지만 누군가가 이 분위기를 무시하고 매도를 한 것입니다. 특히 매수 유입이 없는 상태(음봉 아래꼬리가 짧음)에서 마감됐기에 다음날 추가하락의 가능성이 상존해 있는 상황입니다. 그렇다면 왜 매도를 할까? 뭔가 이유가 있기 때문이겠죠.

중요한 것은 이 음봉캔들이 출현된 둘째 날 거래량이 첫째 날보다 많으면 조만간 하락을 할 것이라는 강한 신호로 이해하면 되겠습니다. 신뢰도가 상당히 높습니다. 그렇게 된다면 주가는 박스권 하단과 5일선을 이탈한 채 장대양봉 직전의 '전고점 언덕' 또는 1/4 지점까지 하락한 후 반등이 나오던가 아니면 반등에 실패하게 됩니다.

 우측 그림도 마찬가지입니다. 장대양봉 이후 이틀 동안 캔들의 저가인 '장대양봉 3/4' 부근과 5일 이평선에서 매수세가 유입된 낙관적이었던 분위기가 셋째날 갭을 띄운 긴 음봉캔들의 출현으로 하루 만에 분위기가 급변한 것입니다. '장대양봉 3/4' 부근에서 반등이 나와야 하는데 그러지 못한 채 마감되었을 뿐만 아니라 5일선도 붕괴시켰습니다. 캔들만 봐도 매수세가 매도세에 의해 압도당한 상태죠. 실전에서 많이 발견되는 패턴으로 갭을 띄어 하루 종일 차익실현을 하는 패턴입니다. 이 같은 패턴이 나타나게 된다면 다음날 주가는 추가 하락하는 경우가 많습니다.

[그림213] 캔들흐름2

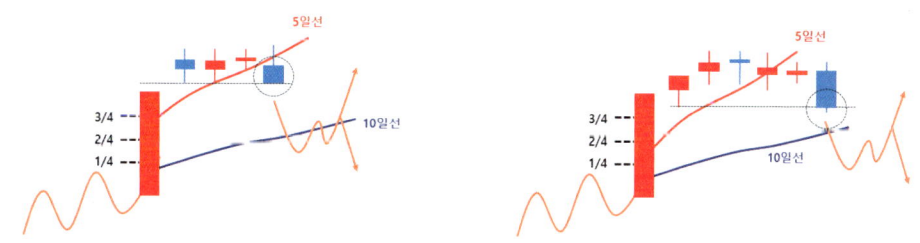

 [그림213]의 좌측 그림에서도 주가는 5일선과 장대양봉 종가 위에서 움직이던 낙관적인 분위기 였시만 박스권 하단(첫째 날과 둘째 날 캔들의 저가)을 위협하며 5일선을 붕괴시킨 채 마감했습니다. 분위기가 급격하게 돌변할 수 있는 모습입니다.

 우측그림도 좌측그림과 비슷한 모습입니다. 장대양봉 이후 양봉캔들이 여러 번 출현하면서 상승할 수 있었던 낙관적 분위기가 박스권 하단을 위협하는 음봉캔들의 출현으로 분위기가 돌변할 수 있는 분위기입니다.
 대체로 위 캔들의 패턴은 '매물영역' 아래에서 자주 출현합니다. 주가의 상승 탄력이 별로 없는 구간에서 발생하기 때문에 이 같은 패턴이 나오게 된다면 주가는 하락 쪽으로 기울게 되니 반드시 대응을 하면서 매매를 해야 하겠습니다.
 예시 차트를 보겠습니다.

※ 예시 차트 사례 - 제노레이/지스마트글로벌/메디포스트/코스온/태광/유진기업

[그림214] 제노레이 일봉차트1

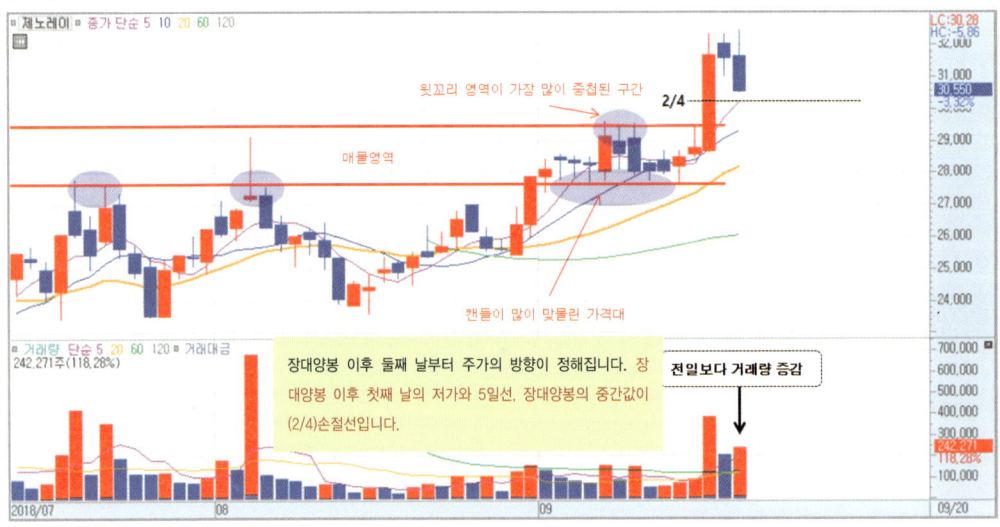

직전의 매물영역을 돌파한 모습이긴 합니다. 그러나 장대양봉 이후 둘째 날 캔들이 첫째 날 캔들의 '저가'를 이탈했습니다. 아래꼬리도 없을뿐더러 거래량도 첫째 날보다 많은 모습입니다. 강한 하락의 신호로 page136 [그림212]의 좌측그림에 해당합니다.

※예시차트에서 표시된 '매물영역'은 장대양봉 직전의 "전고점 언덕"입니다.

[그림215] 제노레이 일봉차트2

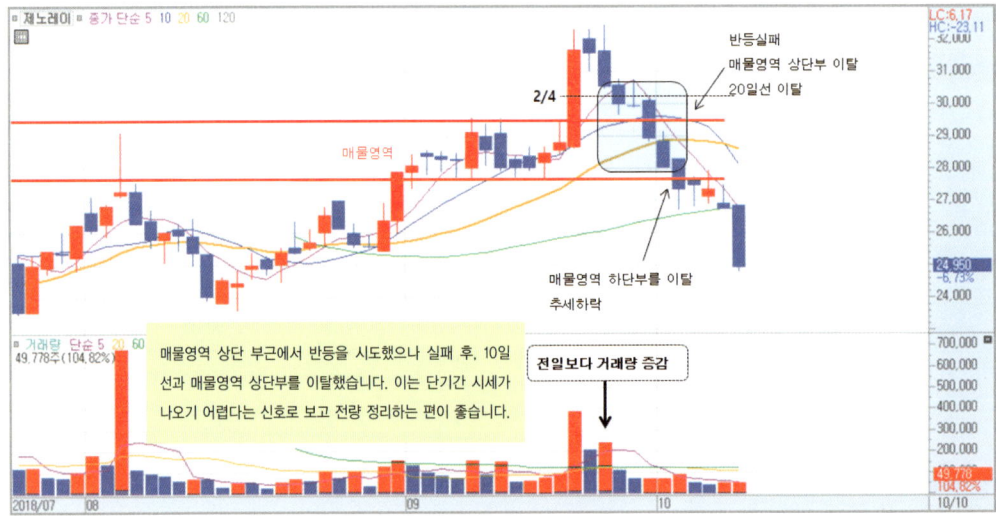

주가는 반등 없이 하락하고 맙니다. 매물영역에서도 반등이 나오지 않았습니다. 자주 나오는

패턴이니 조심할 필요가 있습니다.

[그림216] 지스마트글로벌 일봉차트1

예시 그림에는 없지만 실전에 많이 나오는 패턴입니다. 장대양봉 이후 둘째 날 긴 윗꼬리가 출현하는 캔들입니다.

[그림217] 지스마트글로벌 일봉차트2

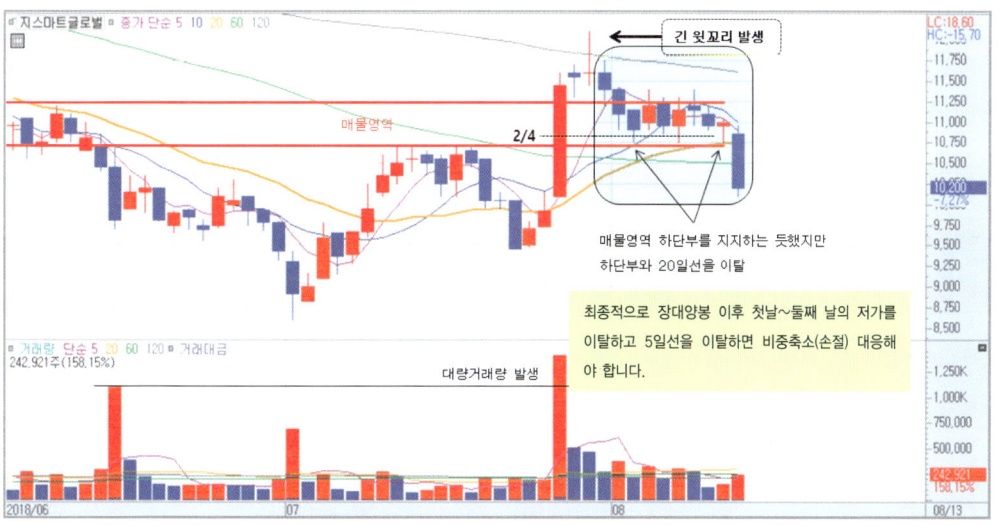

긴 윗꼬리는 매도세(차익실현)의 등장을 알립니다. 이 이후로 5일선과 박스권 하단을 지지하느냐 못하느냐에 따라서 주가의 방향성이 결정됩니다. 대부분 위 차트처럼 주가는 긴 윗꼬리 캔들 이후 5일선과 박스권 하단을 이탈하고 단기간 낙폭이 나오게 됩니다.

[그림218] 메디포스트 일봉차트1

이전과 패턴이 거의 똑같습니다. 위 설명처럼 장대양봉 이후 둘째 날에 긴 윗꼬리 캔들이 출현할 경우 단기 고점의 신호로 해석합니다. 주로 매물영역 아래, 주가 바닥부에서 많이 발견되는 패턴입니다.

[그림219] 메디포스트 일봉차트2

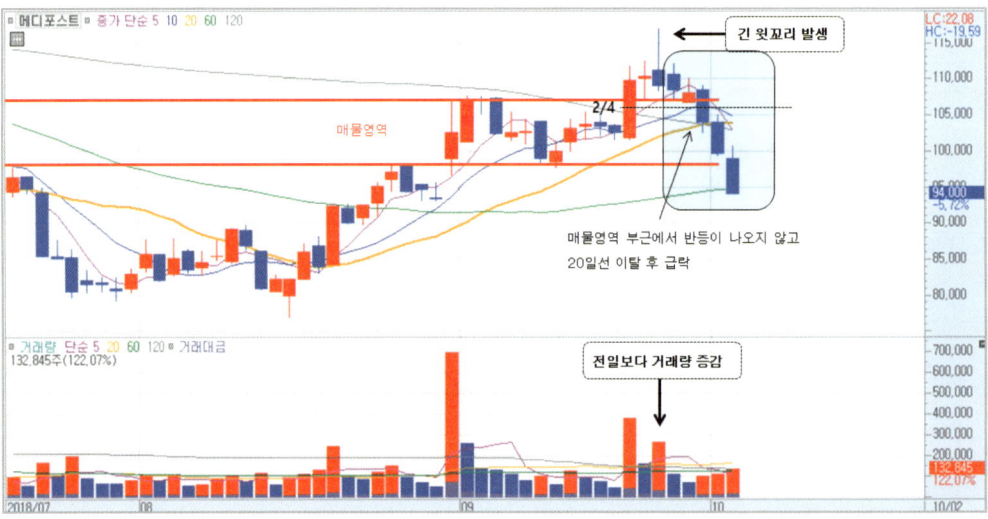

5일선과 박스권 하단을 이탈하자 주가는 반등없이 하락합니다. 실제로 차트를 넓게 보면 탄력

적으로 상승이 나오는 구간이 아닙니다. 긴 하락추세에서 이제 막 벗어나고 기간조정을 이제 막 시작하는 단계이기 때문입니다.

[그림220] 코스온 일봉차트1

이번에는 장대양봉 이후 둘째 날의 캔들의 윗꼬리가 그리 길지 않습니다. 하지만 둘째 날 캔들을 보면 상승폭을 반납했기 때문에 이 역시 셋째 날부터 박스권 하단과 5일선을 이탈하게 되면 반드시 대응을 해야 합니다.

[그림221] 코스온 일봉차트2

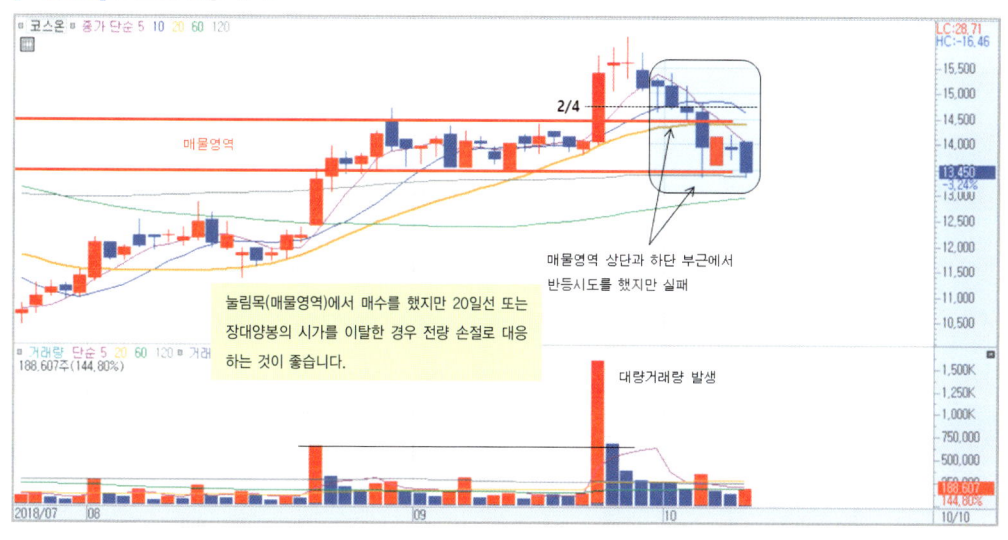

박스권과 5일선을 이탈 시 장대양봉 직전의 '전고점 언덕'에서 매수가 가능하겠으나 장대양봉의 시가나 20일선을 이탈하게 되면 주가의 추세가 하락으로 급변하기 때문에 상당히 조심해야 합니다.

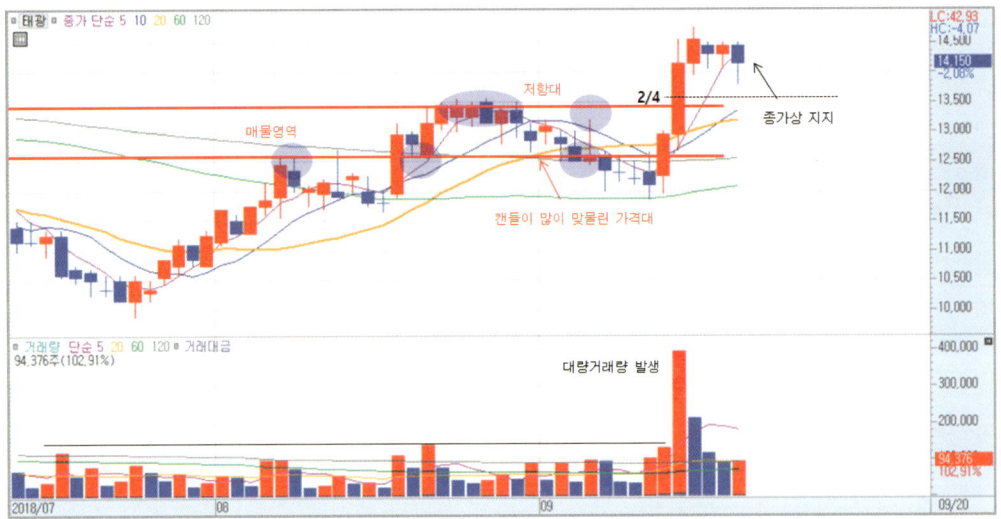

[그림222] 태광 일봉차트1

이번에는 장대양봉 이후 넷째 날 캔들을 주의 깊게 보시길 바랍니다. 장대양봉 이후 셋째 날까지는 5일선과 박스권 하단을 잘 지켜준 낙관적 모습이었지만 넷째 날 캔들의 모습이 다소 불안정합니다. 다음날 주가가 하락출발 하게 된다면 매물영역 부근까지 내려오게 될 수 있습니다 (page137 [그림213] 좌측 그림 참조).

[그림223] 태광 일봉차트2

주가는 전고점 언덕에서 하락을 멈추고 반등에 성공했습니다. 20일선 또는 장대양봉의 시가를 깨지 않으면 대부분 종목들은 반등이 나오게 됩니다.

[그림224] 유진기업 일봉차트1

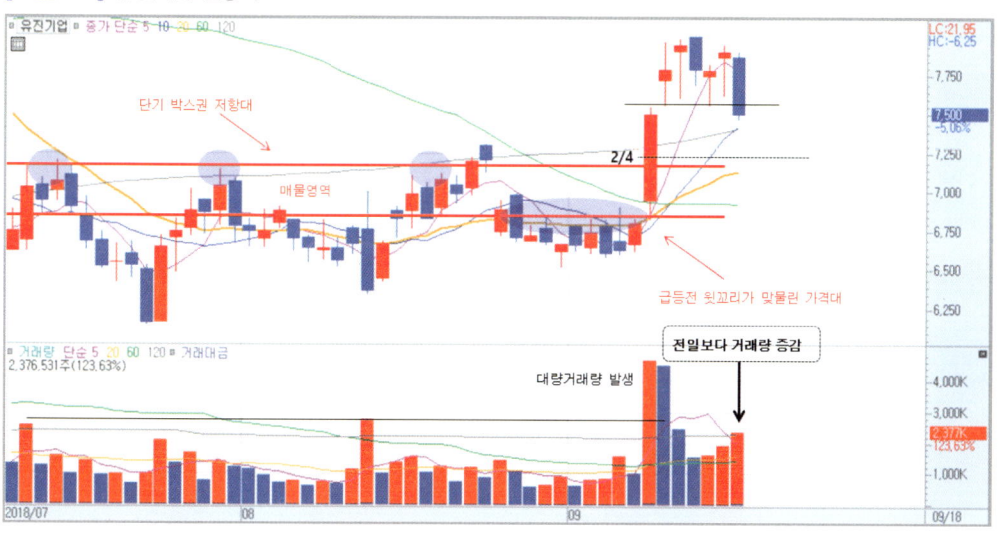

단기 박스권 저항대를 거래량 실린 장대양봉으로 돌파했습니다. 주가는 장대양봉 이후 매우 낙관적인 흐름을 이어가고 있었지만 여섯 째날 음봉캔들이 출현해 이 낙관적인 분위기를 깼습니다(page137 [그림213] 우측 그림 참조).

[그림225] 유진기업 일봉차트2

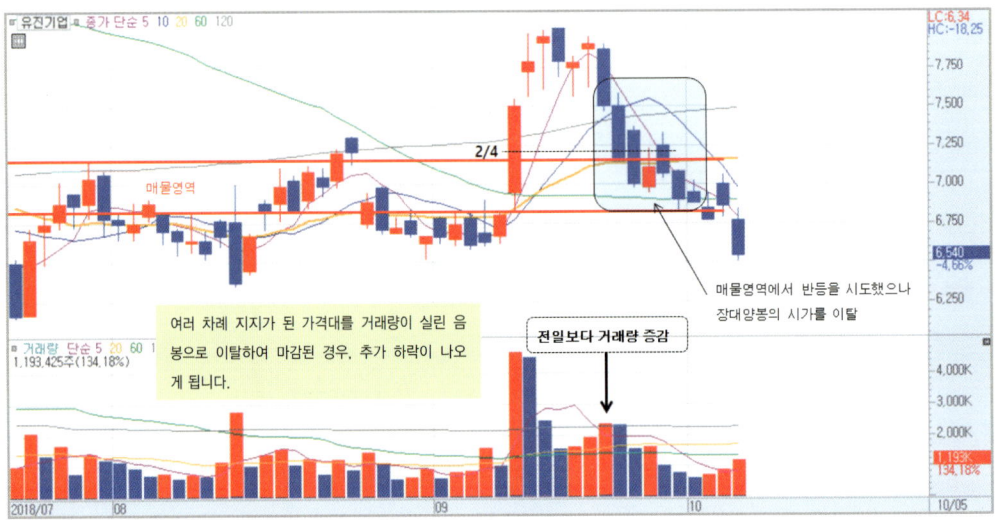

결국 긴 음봉캔들의 등장으로 주가는 힘없이 하락하며 '전고점 언덕'에서도 반등에 실패한 모습입니다. 이러한 캔들패턴을 유의해야 하겠습니다.

2) 상승형 캔들패턴 시나리오

이번에는 장대양봉 이후 상승하는 캔들의 패턴을 알아보도록 하겠습니다. 하락형 캔들패턴은 대부분 '매물영역' 아래에서 나오지만 상승형 캔들패턴은 '매물영역'을 돌파하거나 신고가 상태에서 많이 출현합니다.

[그림226] 캔들흐름1

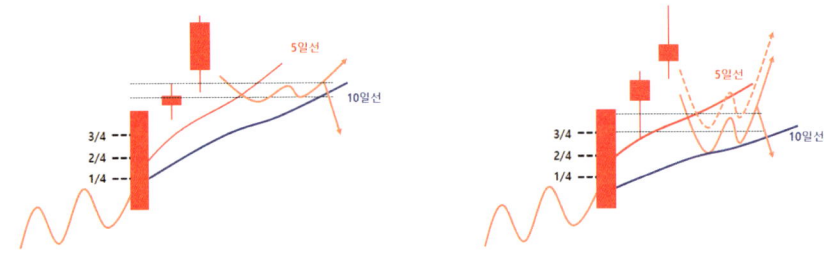

[그림226]의 좌측 그림에서 장대양봉 이후 둘째 날, 몸통이 긴 양봉캔들이 발생했습니다. 매도세보다는 매수세가 압도적으로 많은 상황으로 향후 주가는 강세의 흐름을 타게 될 가능성이 높은 패턴입니다. 이러한 패턴은 주가가 조정을 받을 때 5일선~10일선 사이까지 하락한 후 반등이 나오는 경향이 높습니다.

우측 그림에서도 장대양봉 이후 둘째 날 캔들이 상승폭을 완전히 반납하지 않는다면 조정 시 5일선~10일선 사이까지 하락한 후 반등이 나오는 경향이 높습니다. 이때 조정의 폭에 따라 반등의 위치도 살짝 달라질 수 있습니다. 매도세가 거세면 첫째 날의 저가를 이탈하고 반등이 나오기도 합니다.

조정없이 3연속 양봉 캔들이 발생했기 때문에 보유자들은 차익실현에 대한 욕구가 큰 상태입니다. 조금이라도 주가가 하락하면 이들이 차익실현을 하기 위해 매도를 쏟아내 단기간 시세를 반납해버리니 매수를 하려면 충분히 매노세가 쏟아진 이후에 매수를 하는 것이 안전할 수 있습니다.

그러나 위의 두 패턴 모두, 주가가 10일선을 이탈하게 될 때 약세의 흐름이 나올 가능성이 큽니다. 왜냐하면 주가가 상승초입이나 신고가일 경우 대체로 10일선 부근에서 상승의 추세를 이어갈지 못 이어갈지 결정하기 때문입니다. 여러 종목들의 사례를 보더라도 10일선 근방에서 시세가 결정되는 경우가 굉장히 많습니다.

[그림227] 캔들흐름2

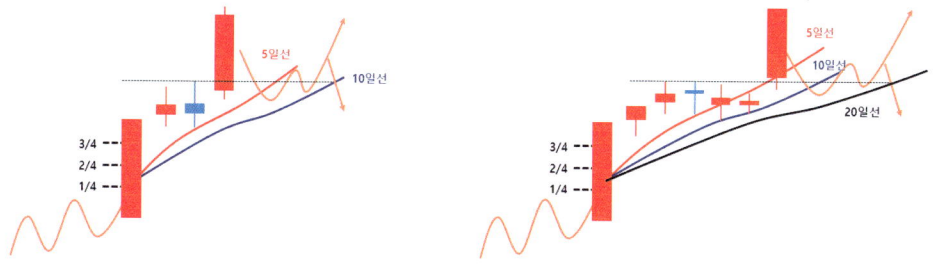

위 [그림227]의 좌측 그림에서 장대양봉 이후 셋째 날 몸통이 긴 양봉캔들이 발생했습니다. [그림226]의 좌측 그림과 유사합니다. 박스권을 돌파한 흐름으로 추가 상승의 가능성이 높습니다. 이러한 패턴도 주가 조정 시, 5일선~10일선 사이까지 하락한 후 반등이 나오는 경향이 높습니다. 마찬가지로 10일선을 이탈하게 될 때 약세의 흐름이 나올 수 있습니다.

[그림227]의 우측 그림은 10일선 부근에서 긴 양봉캔들이 발생한 모습입니다. 주로 신고가 상태에서 2차상승이 나온 형태가 되겠는데 이 같은 캔들 흐름이 출현하면 주가 조정 시 10일선 ~20일선 사이까지 하락한 후 반등이 나오는 경향이 높습니다. 특히 20일선을 이탈하게 될 때 약세의 흐름이 나올 수 있습니다.

※ 예시 차트 사례 - 애경산업/두산인프라코어/한진/유진기업/다나와

[그림228] 애경산업 일봉차트1

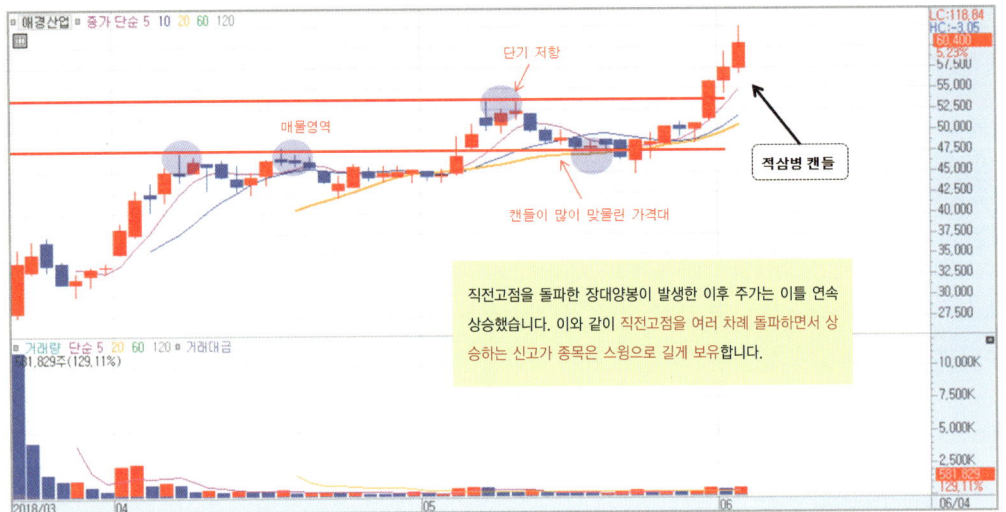

상장 이후 신고가 상태에서 장대양봉이 발생된 후 둘째 날까지 연이어 양봉 캔들 출현했습니다. [그림226]의 좌측 그림에 해당합니다. 이후 주가는 어떻게 흘렀는지 보겠습니다.

[그림229] 애경산업 일봉차트2

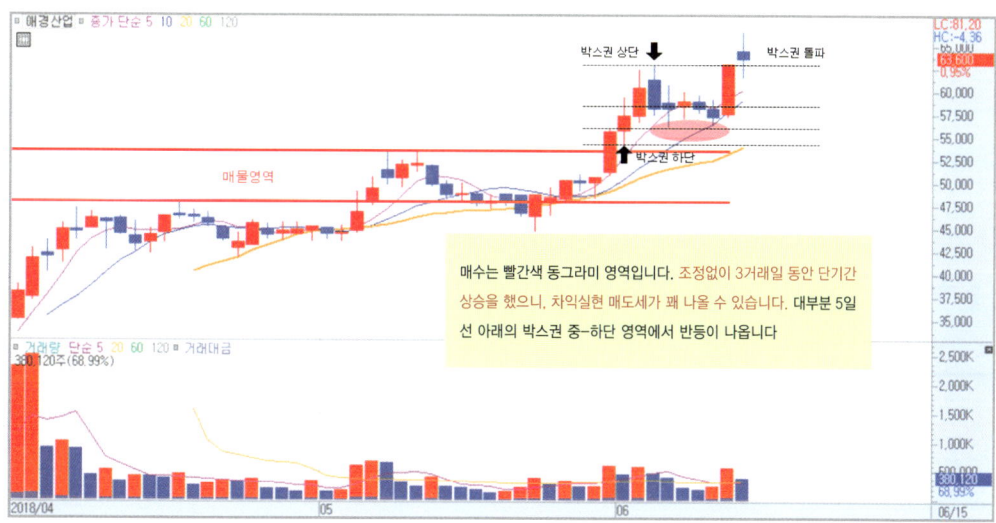

다음날 음봉캔들이 출현하면서 10일선 부근까지 하락하더니, 이내 주가는 하락을 멈추고 반등이 강하게 나온 모습입니다. 대체로 신고가로 움직이는 종목은 10일선 부근에서 2차 상승이 발생하게 됩니다.

[그림230] 두산인프라코어 일봉차트1

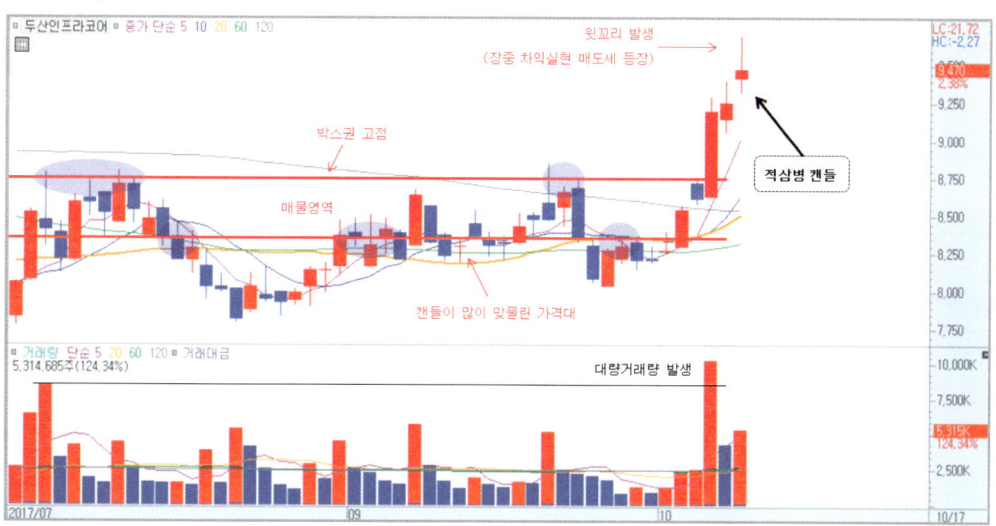

장대양봉 이후 둘째 날까지 양봉 캔들이 출현했습니다. 그런데 둘째 날 양봉 캔들이 윗꼬리가 발생한 모습이죠. 다음 날부터 차익실현 매도 물량이 나올 수 있음을 인지해야 합니다.

[그림231] 두산인프라코어 일봉차트2

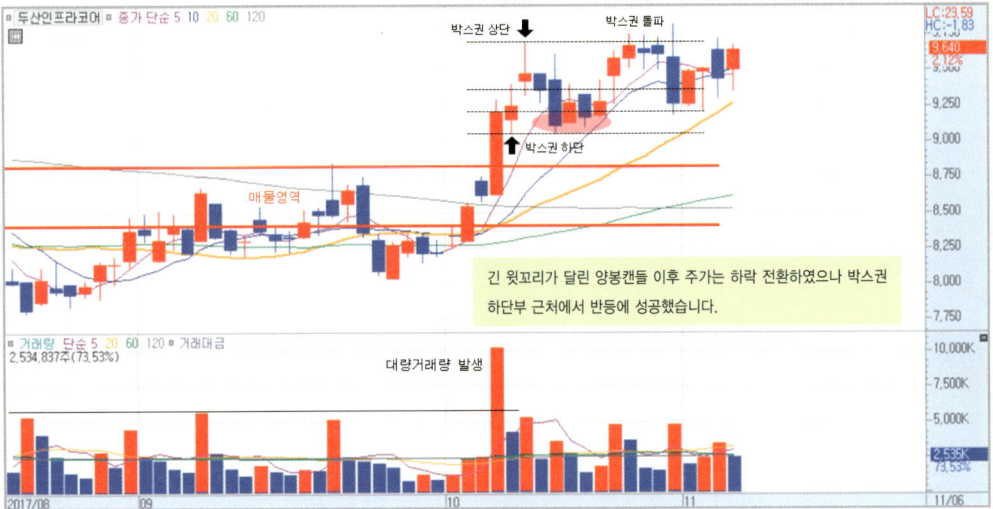

 차익실현 매도로 인해 주가는 5일선~10일선 사이까지 하락한 후 반등이 나왔습니다. 위 차트를 보면 박스권 중-하단부 영역이 적당한 매수 포인트였다는 걸 알 수 있습니다(page144 [그림226]의 우측 그림 참조).

[그림232] 한진 일봉차트1

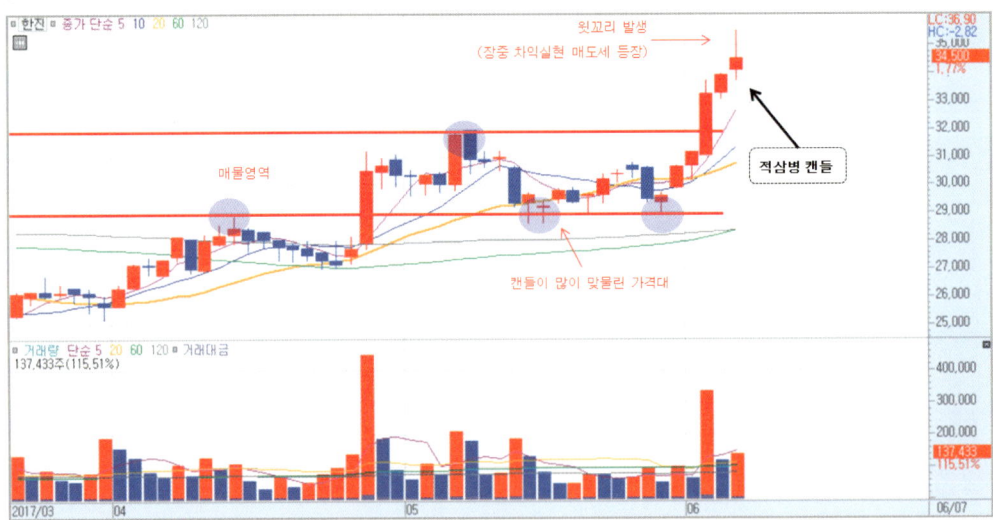

 이전과 비슷한 유형입니다. 장대양봉 이후 둘째 날 윗꼬리가 달린 양봉 캔들이 출현했습니다. 이번에도 주가 조정 시 5일선~10일선 부근까지 하락한 후 반등이 나오는지 볼까요?

[그림233] 한진 일봉차트2

주가는 5일선~10일선 사이까지 하락 한 후 반등이 나왔습니다. 박스권 하단을 살짝 이탈했지만 그래도 반등에 성공했습니다.

[그림234] 유진기업 일봉차트1

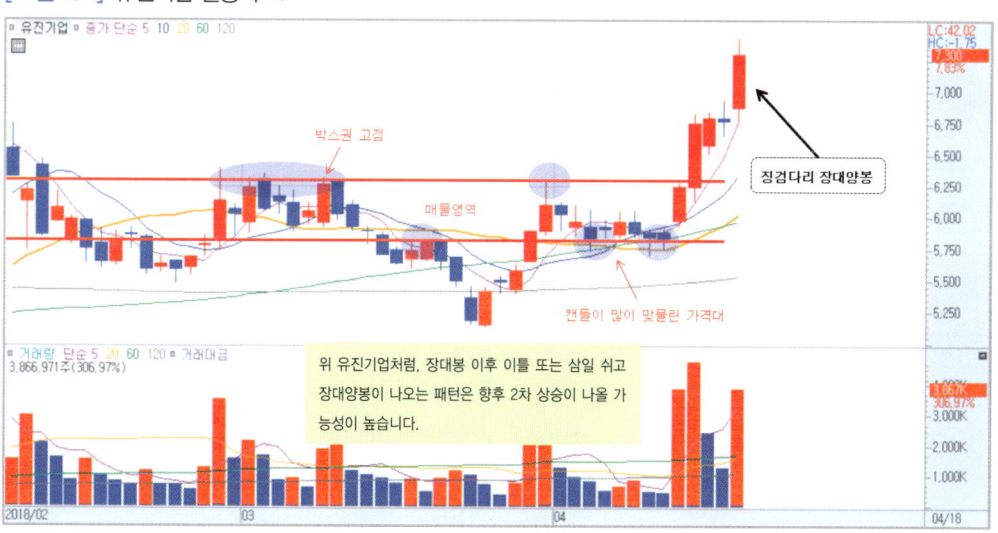

위 유진기업의 차트형태는 page145 [그림227]의 좌측 그림과 유사합니다. 박스권을 돌파한 흐름으로 추가 상승의 가능성이 높은 캔틀 패턴입니다.

[그림235] 유진기업 일봉차트2

주가는 5일선~10일선 사이까지 하락한 후 반등이 나왔습니다. 박스권 하단을 이탈하지 않고 2차 상승이 나온 모습입니다. 주로 신고가 상태 또는 장기간에 형성된 매물영역을 돌파한 시세 초입에서 많이 출현하는 패턴입니다.

[그림236] 다나와 일봉차트1

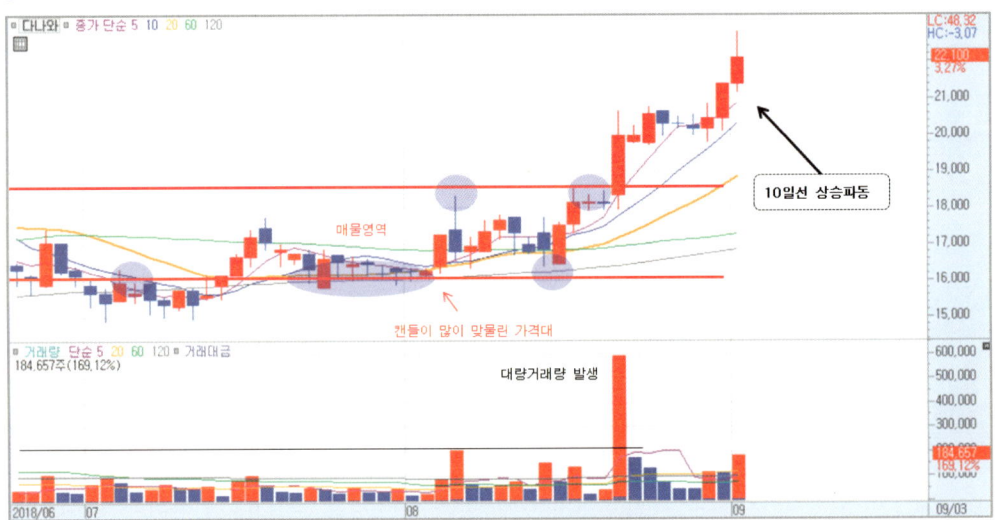

주가가 10일선에서 2차 상승이 나온 모습으로 page145 [그림227]의 우측 그림에 해당하는 패턴입니다. 조정 시 20일선 부근에 반등이 나오는 경향이 높다고 했습니다.

[그림237] 다나와 일봉차트2

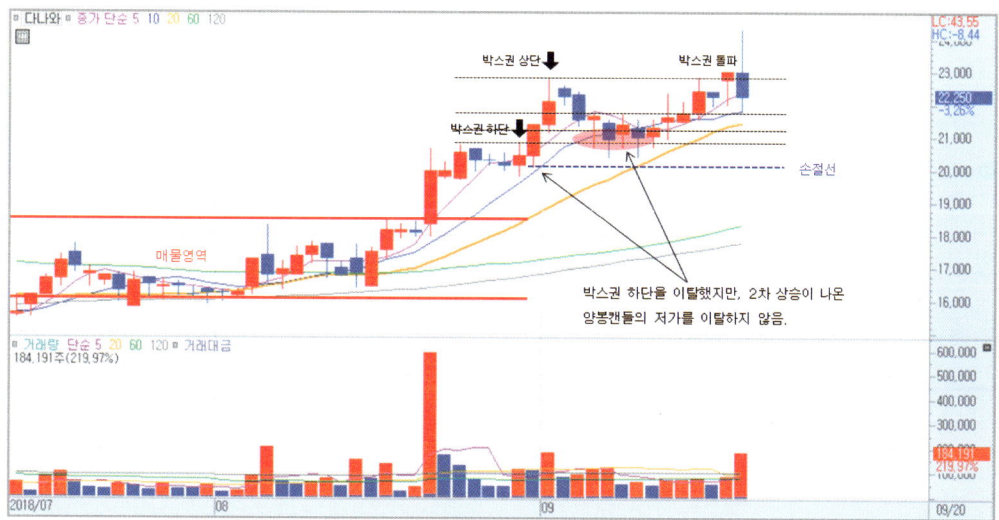

 다음날 주가는 10일선~20일선 사이까지 하락 한 후 반등이 나왔습니다. 20일선을 이탈하지 않고 추가상승을 했습니다. 대부분 신고가나 매물영역을 돌파한 초입부에서 흔히 발생하는 패턴입니다. 물론 예시시례와 같이 정확히 따라 움직이지 않지만 비슷하게 움직이는 특징이 있으니, 이점 참고하시길 바랍니다.

4. 박스권 대응방법

1) 박스권 대응방법1

 우량주 평단 박스권 매매법은 전고점이나 신고가, 매물영역을 장대양봉으로 돌파해야지만 이 매매법을 적용해서 매매할 수 있는데 주가가 장대양봉 이후 시세를 내지 못하고 오히려 하락하는 경우엔 대응을 해야 합니다. 본디 이 매매법은 장대양봉 이후 박스권을 만들어 지속적으로 '저점매수'와 '고점매도'를 반복해 수익률을 누적시키는 것이 최대 장점이라 할 수 있겠습니다. 그런데 장대양봉 이후 시세를 내지 못한 상태에서 이 매매법을 사용한다면 승률은 굉장히 낮아지게 됩니다.

 앞서 장대양봉 이후 둘째 날까지의 흐름이 중요하다고 했습니다. 왜냐하면 장대양봉 이후 첫째 날부터 둘째 날까지의 '저점'과 '고점'이 박스권 하단과 상단이 되고 이 박스권을 기준으로 셋째 날부터 저점매수와 고점매도를 반복해야하기 때문입니다. 그래서 주가가 박스권 하단을 이탈하게 될 때 즉각 대응을 해야 합니다.
 박스권 대응하는 방법은 크게 "5일선", "10일선", "박스권 하단", "장대양봉의 2/4", "1/4" 구간을 이탈할 때 매도로 대응을 해야 합니다. 각 예시 그림을 보겠습니다.

[그림238] 장대양봉 이후, 연속 2음봉캔들

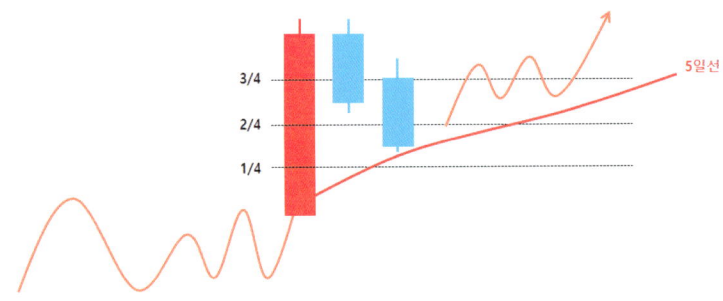

 위 그림에서 장대양봉 이후 연속으로 긴 음봉캔들이 출현한다고 가정한다면 이미 장대양봉이 발생한 순간 첫째날과 둘째날 3/4~2/4 부근에서 매수가 되었을 겁니다. 이 다음날 주가가 반등이 나오게 된다면 저점대비 3% 반등폭 이상에서부터 분할매도로 차익실현을 합니다.

[그림239] 장대양봉 이후, 연속 2음봉캔들 대응법1

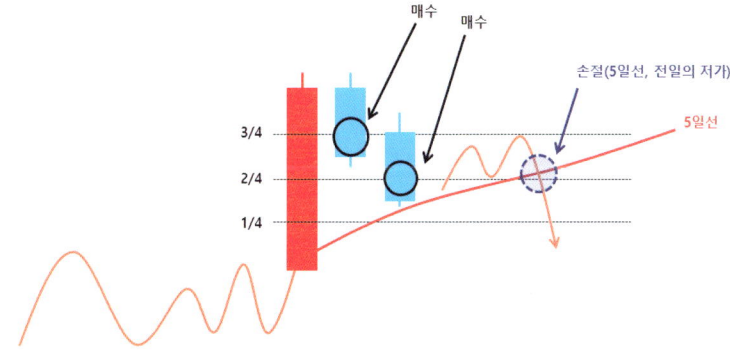

그런데 다음날 주가는 반등이 나오긴 하지만 반등을 이어가지 못하고 오히려 5일선이나 전일의 저점을 이탈하고 하락하는 경우, 이탈되는 그 즉시 매도로 대응해야 하겠습니다.

[그림240] 장대양봉 이후, 연속 2음봉캔들 대응법2

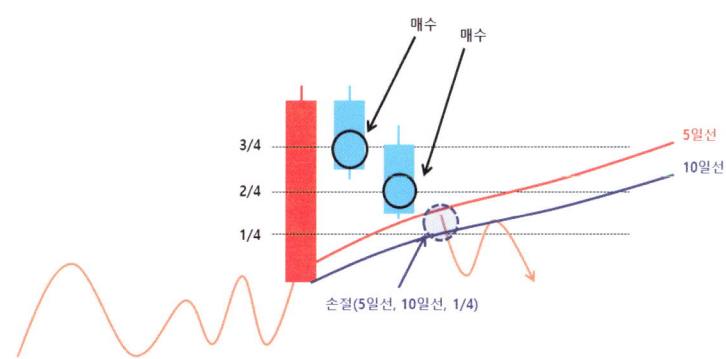

연이어 반등없이 하락하는 경우에는 주가가 5일선, 10일선, 1/4 지점을 순차적으로 이탈하게 될 때마다 비중도 똑같이 순차적으로 줄여주어야 합니다. 반등 없이 하락하다가 장대양봉의 1/4 부근(장대양봉 직전의 '전고점 언덕'에서 반등이 나와 시세를 회복할 수도 있기 때문입니다. 한 번의 일괄손절보다는 차례로 비중을 줄여주면서 대응하는 편이 좋습니다.

[그림241] 장대양봉 이후, 연속 2음봉캔들 대응법1

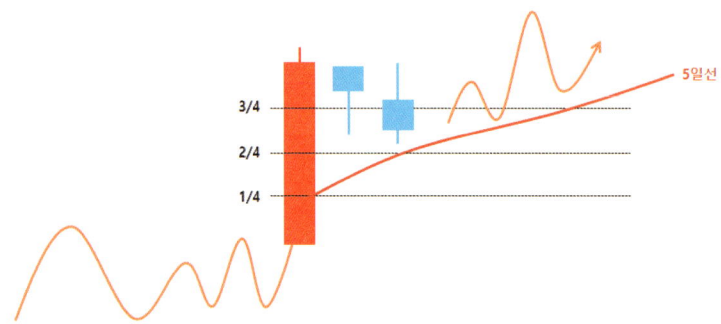

이전 page152 [그림238]과 비슷하긴 하지만 다릅니다. 몸통이 긴 음봉캔들이 아닌 짧은 음봉캔들이 출현했습니다. 캔들의 몸통이 짧다는 것은 주가의 변동폭이 적은 것을 의미합니다.

장대양봉 이후 주가의 변동폭이 적은 단봉형태의 캔들이 발생했다는 것은 '눌림목 구간' 또는 '쉬어가는 구간'으로 해석됩니다.

자금력이 없는 개인투자자들이 변동폭이 큰 시세를 절대로 만들어 낼 수 없습니다. 다른 말로는 장대양봉을 만들었던 세력이 이틀간 주가를 방치했다는 뜻이 됩니다. 특히 장대양봉 이후 거래량이 줄어드는 모습을 보였다면 신뢰도가 매우 높습니다.

이 눌림목 구간이 종료되면 조만간 주가는 변동성이 큰 시세를 내게 됩니다. 상방 또는 하방으로 크게 열려있다는 것을 암시합니다.

[그림242] 장대양봉 이후, 연속 2음봉캔들 대응법2

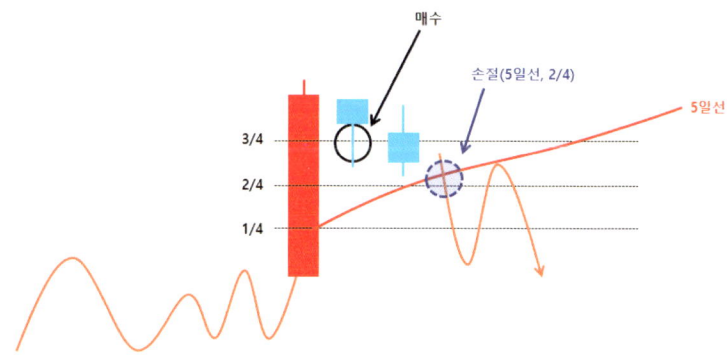

 장대양봉 3/4 영역 이하에서 매수를 하였더라면 대응은 위 그림처럼 5일선과 장대양봉의 2/4 구간을 최종적으로 이탈할 때 손절로 대응을 해야 하겠습니다. 특히나 장대양봉의 허릿값인 2/4 구간은 매수세와 매도세가 균형을 이루는 가장 중요한 구간으로 이 균형이 무너지게 되면 주가도 균형이 무너지는 쪽으로 움직입니다.

[그림243] 장대양봉 이후, 연속 단봉캔들 대응법1

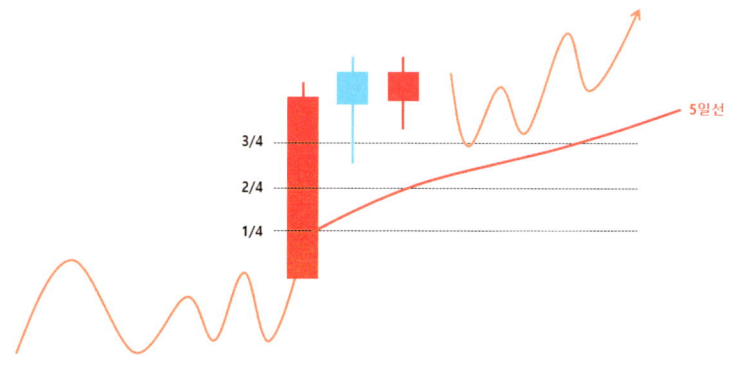

 이번에도 캔들의 모습이 비슷합니다. 다른 점이 있다면 [그림241]과 다르게 캔들이 상대적으로 높은 구간에 위치해 있습니다. 위와 같은 캔들의 패턴은 실전에서도 많이 출현하는데 다른 캔들 패턴에 비해 하락할 가능성이 비교적 낮습니다.

[그림244] 장대양봉 이후, 연속 단봉캔들 대응법2

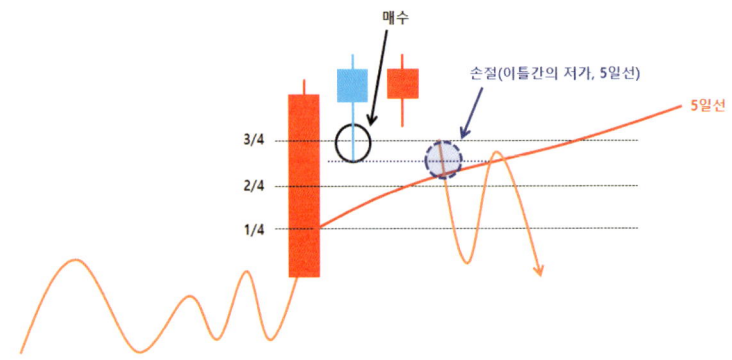

 매수를 하였더라면 이틀간의 저가(=박스권 하단)와 5일선을 최종적으로 이탈할 때 손절로 대응을 합니다. 또는 장대양봉의 2/4 구간을 이탈할 때까지 봐도 무방합니다.
 이처럼 장대양봉 이후 캔들의 패턴이 매우 다양하다는 것을 알 수 있습니다. 다양한 만큼 대응방법도 미세하게 다릅니다. 실제 매매를 하게 되면 책에서 열거하지 못한 이외의 패턴들이 많습니다. 본 책에서 소개된 패턴은 출현 빈도수가 높으니 꼭 숙지하시길 바랍니다. 다음 장에서 예시 사례를 보겠습니다.

※ 예시 차트 사례 - OCL/네오위즈/지어소프트

[그림245] OCI 일봉차트1

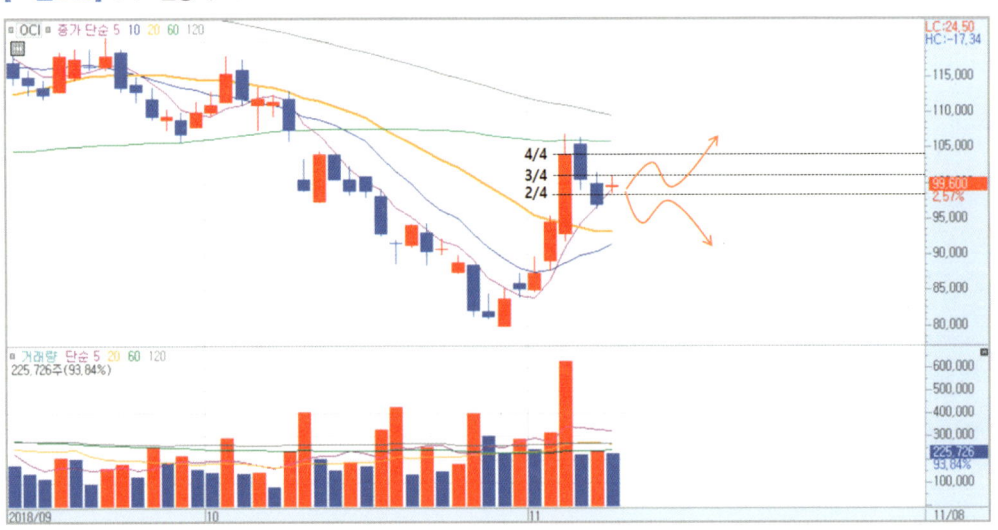

당시 11월 초 7%이상의 장대양봉이 발생한 후 이틀간 몸통이 긴 음봉캔들이 출현했습니다. page152 [그림238]과 패턴이 비슷합니다. 이 다음날 어떻게 움직였을까요?

[그림246] OCI 일봉차트2

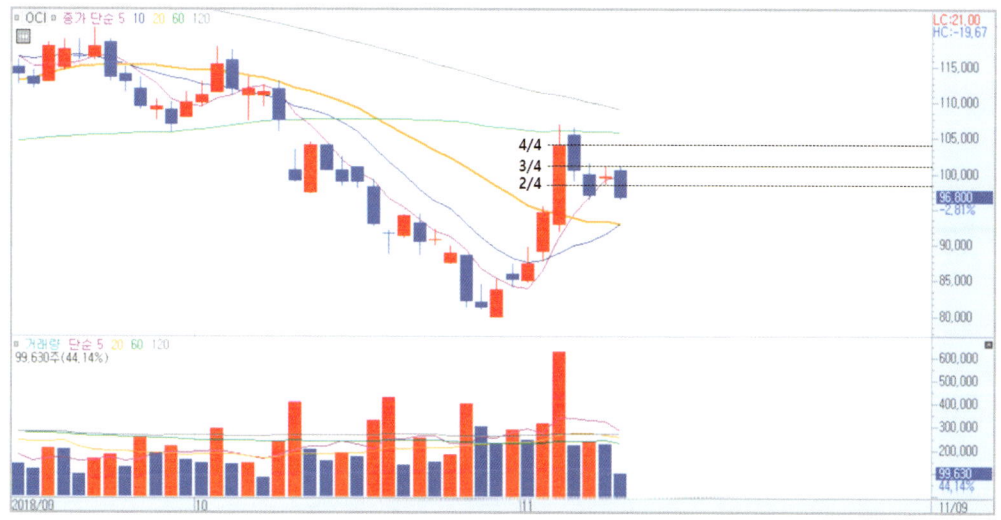

주가는 5일선과 전일의 저가를 이탈하고 말았습니다. 쉽사리 주가가 반등을 이어나가기 어려운 모습입니다. 실제로 위와 같이 반등을 이어나가지 못한다면 5일선과 전일의 저점을 이탈하면 즉각 손절로 대응해야 합니다.

[그림247] OCI 15분봉차트3

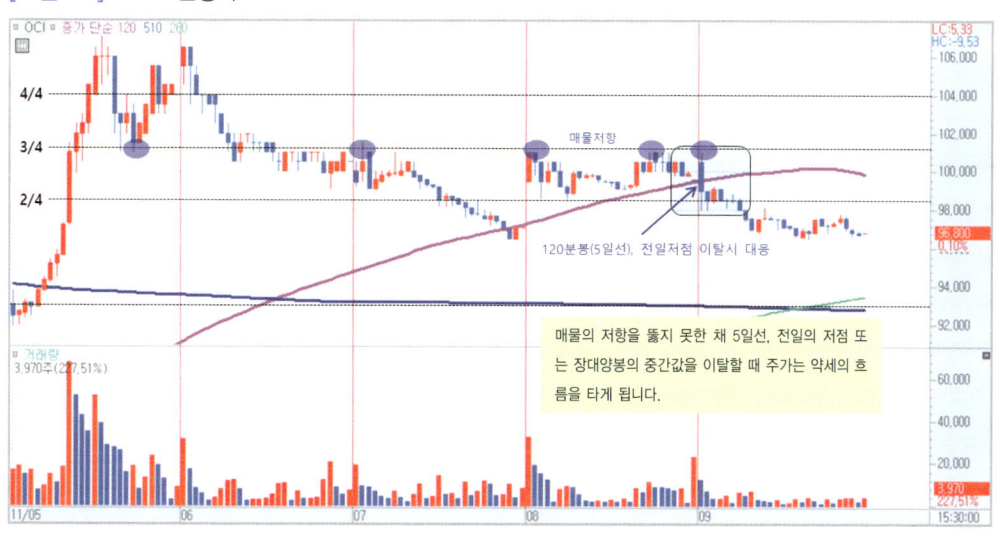

분봉차트에서 3/4 구간이 매물저항으로 작용한다는 것을 확인할 수 있습니다. 여러번 매물저항을 뚫으려 시도를 했지만 실패하게 되자 실망 매도물량이 쏟아졌습니다.

[그림248] OCI 일봉차트4

위 차트에 표시된 '매물저항' 구간을 강하게 돌파하지 않는 이상 주가는 상당기간 횡보 또는 하락을 하게 되니 지지점 이탈 시 즉각적으로 매도로 대응해야 합니다.

[그림249] 네오위즈 일봉차트1

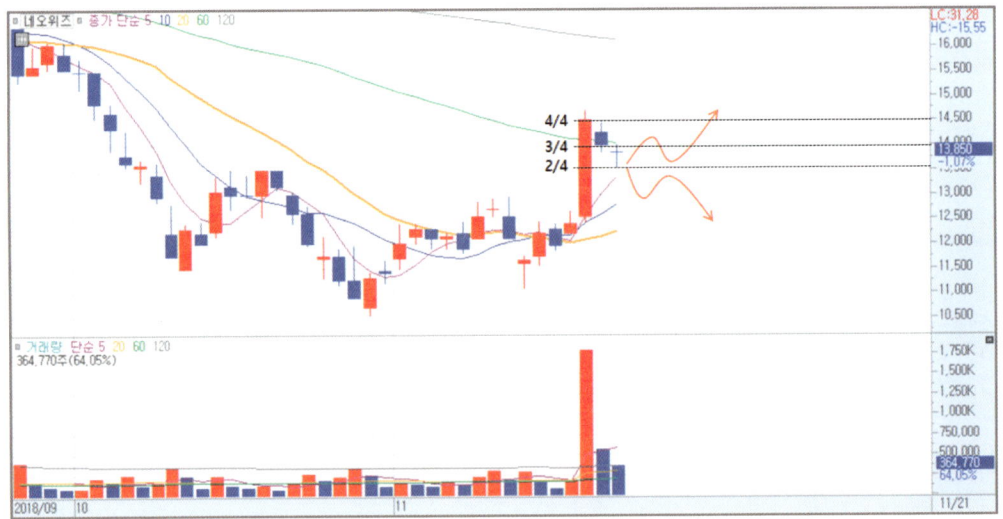

위 캔들의 패턴은 page154 [그림241]과 매우 흡사합니다. 실제로 많이 출현하는 유형입니다.

다음날 반등이 크게 나오거나 또는 나오지 않거나 둘 중의 하나입니다.

[그림250] 네오위즈 일봉차트2

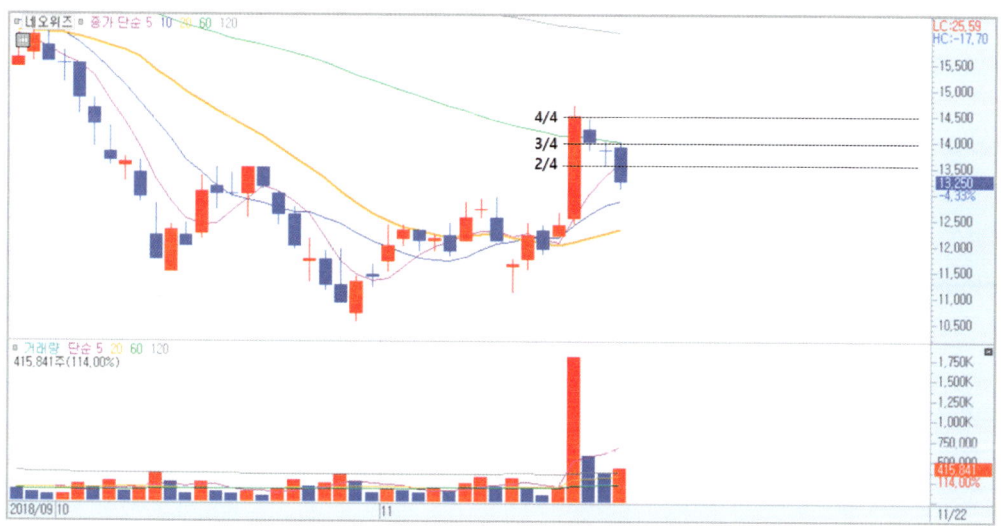

5일선과 장대양봉의 2/4 구간을 이탈하게 됩니다. 음봉캔들의 실이가 길죠. 이렇게 되면 주가는 하락으로 움직일 가능성이 높습니다.

[그림251] 네오위즈 15분봉차트3

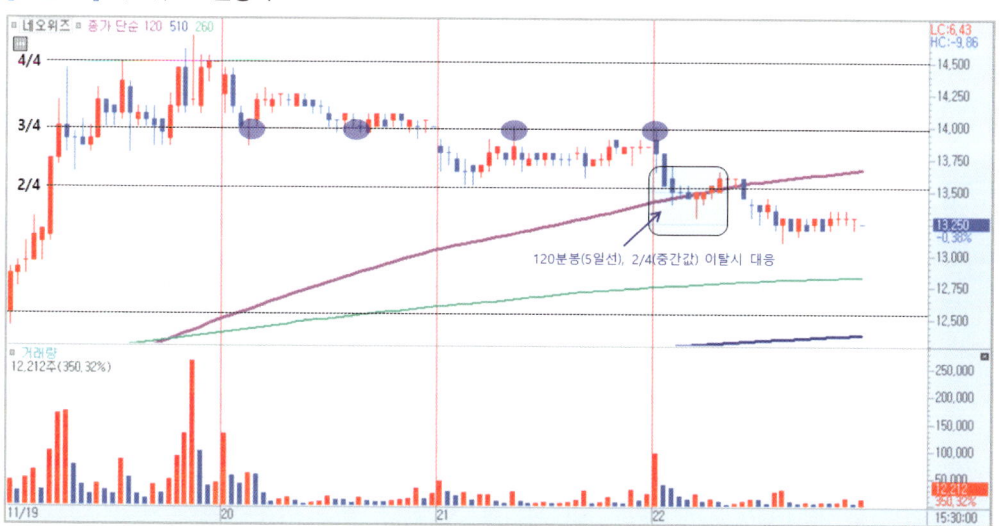

역시 분봉차트로 보면 3/4 부근이 매물저항으로 작용합니다. 결국 주가는 22일에 5일선과 2/4 구간을 이탈하자 하루 종일 약세의 흐름이 지속되었습니다.

[그림252] 네오위즈 일봉차트4

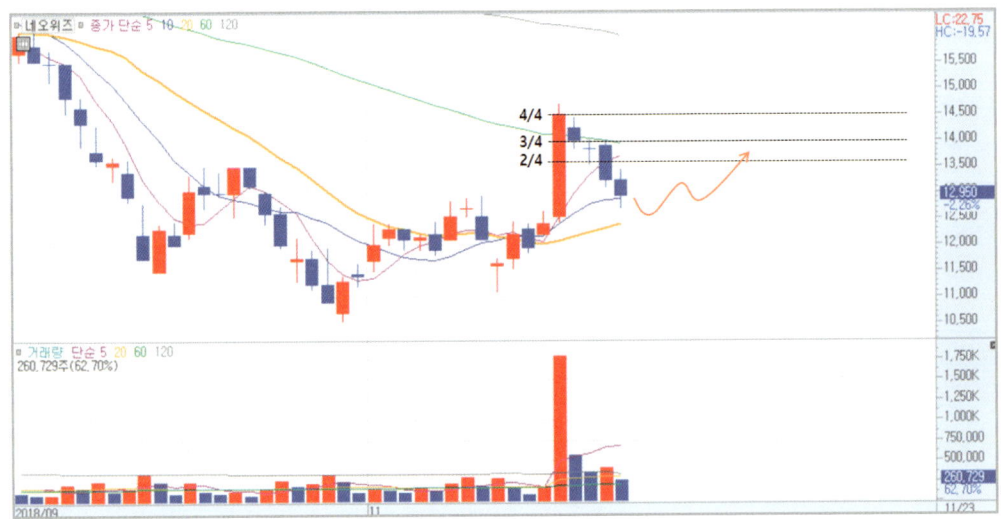

 장대양봉의 발생 위치도 그다지 좋은 모습은 아닙니다. 하락추세에서 발생한 장대양봉은 반등에 성공한다 하더라도 반등을 이어나가기 어렵습니다. 따라서 이 같은 패턴이 발생된다면 5일선과 장대양봉의 2/4 구간을 이탈 시, 반드시 손절로 대응해야 합니다.

[그림253] 지어소프트 일봉차트1

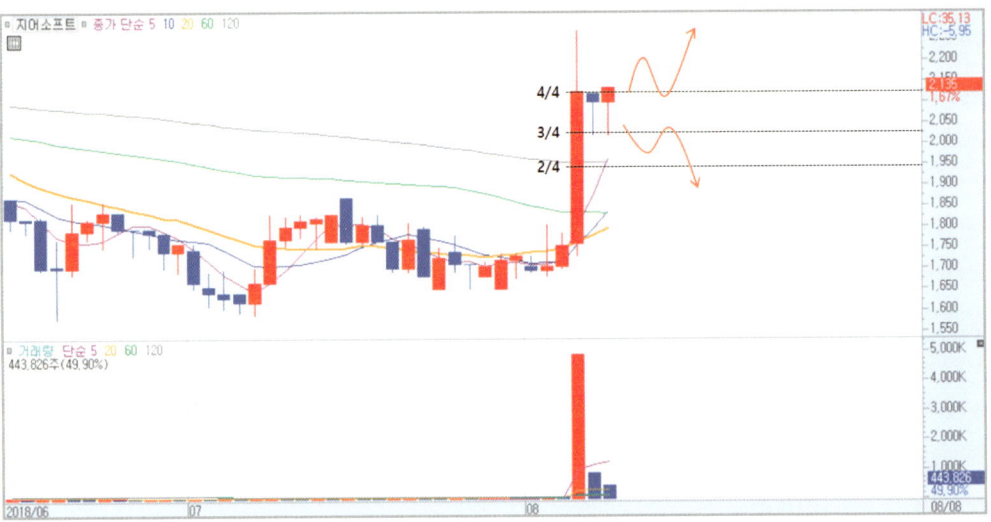

 위 주가도 page154 [그림241] 패턴에 해당합니다. 장대양봉 이후 이틀간 장대양봉 3/4 부근을 잘 지켜주고 있습니다. 아직까지 주가의 분위기는 낙관적입니다.

[그림254] 지어소프트 일봉차트2

이틀날 후, 주가는 그다지 낙관적인 분위기가 아닙니다. 5일선과 이틀간의 시가(=박스권 하단)를 이탈하자 급락이 발생했습니다.

[그림255] 지어소프트 15분봉차트3

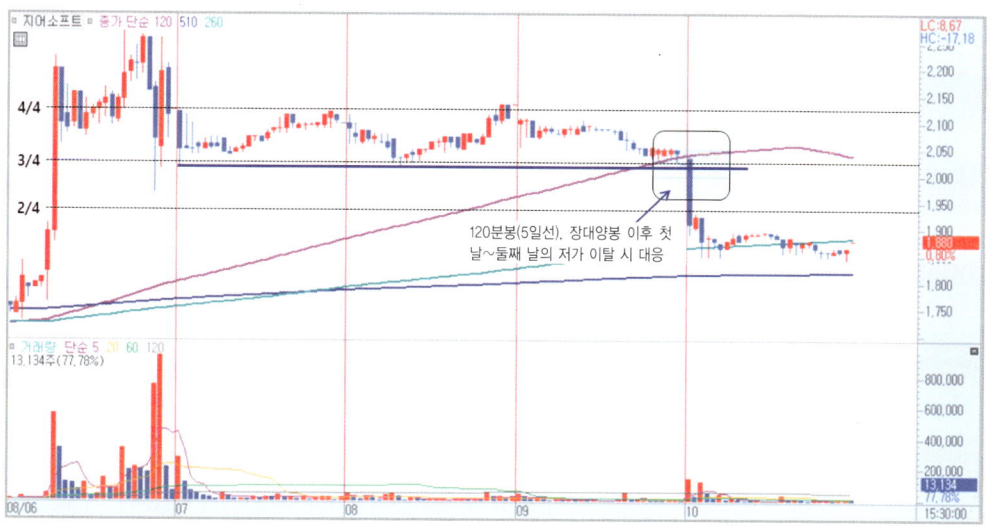

장대양봉 이후 지지가 되었던 3/4 구간과 5일선을 이탈하자 급락이 발생했는데, 이와 같은 급락에 당하지 않으려면 반드시 '박스권 하단', '5일선' 또는 '2/4' 구간을 이탈하면 손절로 대응해야 합니다. 여러 번 강조해도 지나치지 않습니다.

[그림256] 지어소프트 일봉차트4

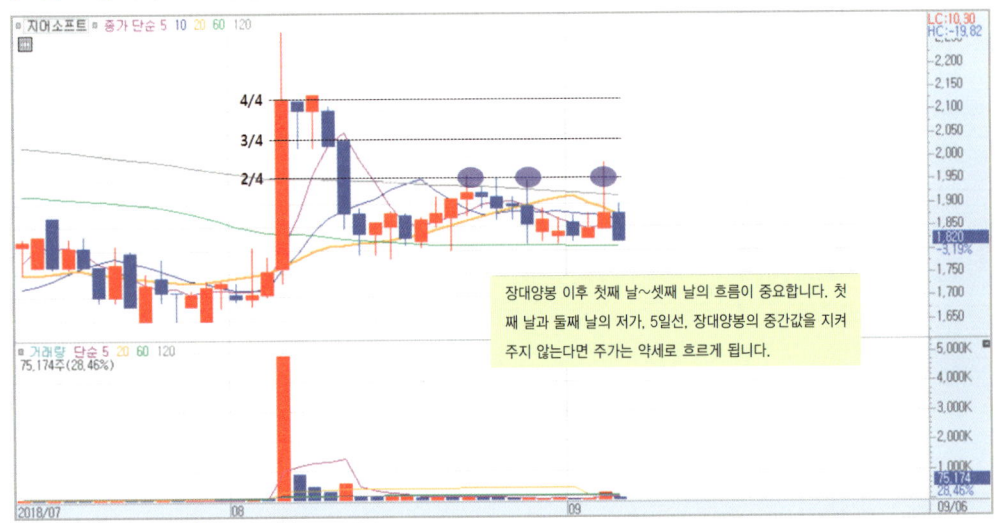

지지점을 이탈해 급락한 주식은 후유증이 큽니다. 악성매물을 소화하는 과정을 거쳐야 하기 때문입니다. 위 차트를 보면 장대양봉 2/4 부근에 쌓인 악성매물을 소화하고 있는 것을 볼 수 있습니다(파란색 동그라미). 이렇게 급락한 주가가 회복되려면 상당한 시간이 소요되니 반드시 지지점 이탈시 손절로 대응을 해야 하겠습니다.

2) 박스권 대응방법2

장대양봉 이후 첫째 날부터 둘째 날까지의 '저점'과 '고점'이 박스권 하단과 상단이 되고 이 박스권을 기준으로 셋째 날부터 저점매수와 고점매도를 반복해야한다고 했습니다. 이번에는 박스권 하단을 이탈했을 때가 아닌 박스권 상단을 돌파했을 때의 대응방법입니다.

주가가 박스권 상단을 돌파하면 매수세의 힘이 강하다는 증거로 여러 차례 매매기회가 주어지게 됩니다. 더욱이 장기성 매물영역을 돌파한 시세초입이나 신고가 상태에서는 2차 또는 3차 상승을 하는 경우가 많습니다.
그런데 언제까지 상승의 힘이 남아있는가? 이것에 대해 안다면 상승추세에 있을 동안 여러 차례 매매할 수 있겠죠.

[그림257] 박스권 상단돌파 대응법1

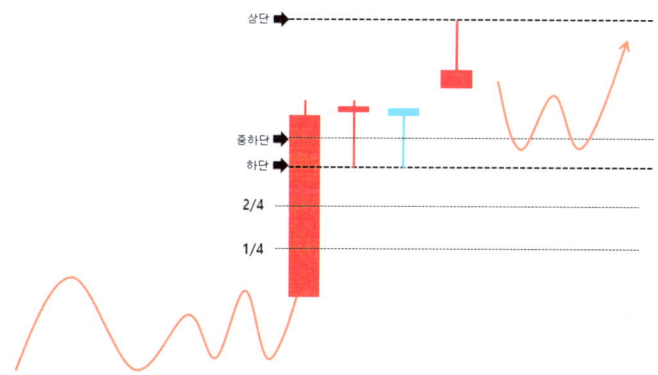

 장대양봉 이후 셋째 날에 박스권 상단을 돌파했기 때문에 위와 같이 박스권을 설정하고 매매를 이어나갑니다. 박스권의 중하단(박스권 중단과 하단의 1/2)과 하단 구간이 매수영역, 매도는 박스권 상단구간 또는 저점대비 3% 반등폭 이상에서 분할매도로 차익실현 합니다. 해당 종목의 악재가 없는 이상 주가는 위 박스권 구간에서 움직입니다.

[그림258] 박스권 상단돌파 대응법1

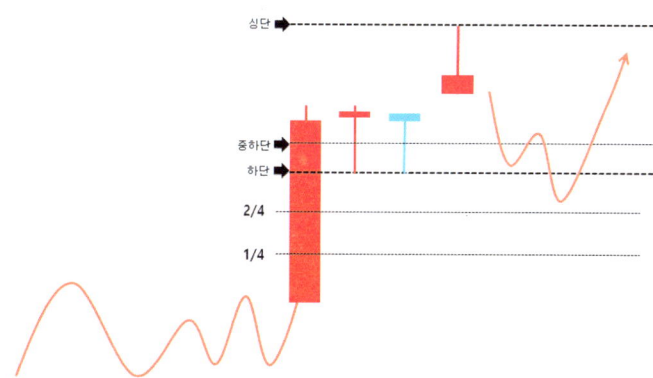

 그런데 예상과 달리 주가가 박스권 하단을 이탈하고 반등이 나오기도 합니다. 원칙대로라면 박스권 하단을 이탈하면 손절로 대응을 해야 합니다.

[그림259] 박스권 상단돌파 대응법 – 박스권 하단 밑 10일선 위치

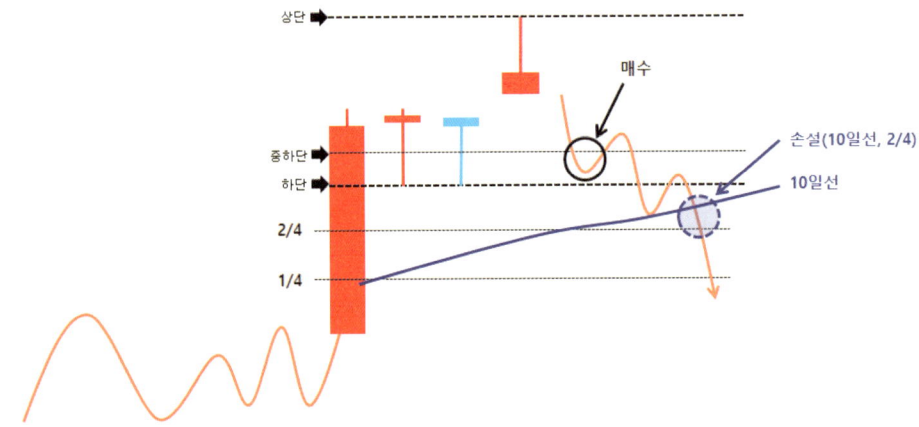

 예외적으로 **박스권 하단 아래에 10일선이 위치**한 경우, 주가가 박스권 하단을 이탈해도 **최종적으로 10일선과 장대양봉의 2/4 구간을 이탈할 때 손절로 대응**을 합니다. 이 같은 흐름은 주가와 이평선들과 이격이 많이 벌어진 박스권 진행 초입에서 많이 나타납니다.

[그림260] 박스권 상단돌파 대응법 – 박스권 하단 위 10일선 위치

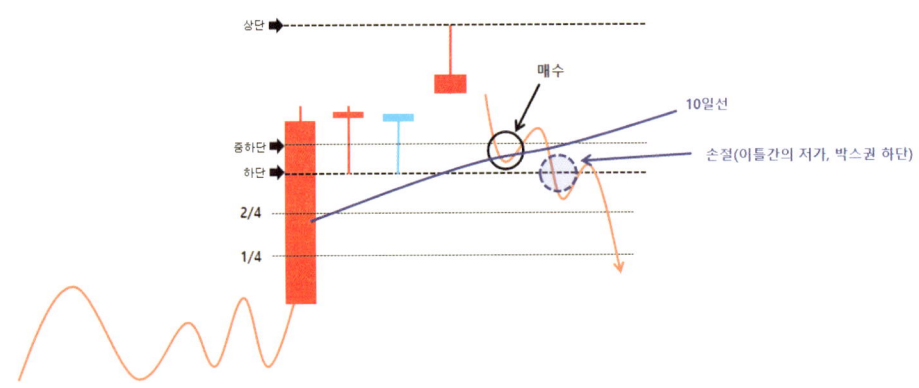

 반면, 박스권 하단 위에 10일선이 위치해 있는 경우입니다. 이때는 **주가가 박스권 하단을 이탈할 때 손절로 대응합니다.** 이 같은 흐름은 며칠간 박스권 흐름이 진행돼 10일선이 박스권 하단으로 올라온 상태가 되겠는데 10일선보다는 여러 차례 지지가 되었던 박스권 하단이 지지선으로 작용하기 때문입니다.

예시 차트를 보겠습니다.

※ 예시 차트 사례 - 우리산업/두산인프라코어/와이엠씨/대우조선해양/크리스탈/한화에어로스페이스

[그림261] 우리산업 일봉차트1

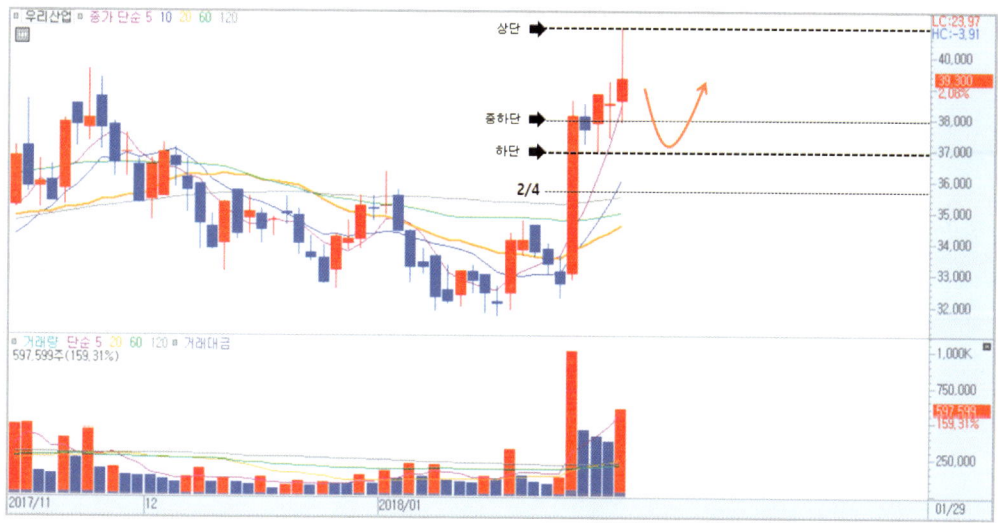

장대양봉 이후 넷째 날에 박스권 상단을 강하게 돌파했습니다. 매수구간은 위 차트에 표시된 박스권 중하단과 하단 사이가 됩니다. 이후 주가가 어떻게 흘렀는지 볼까요.

[그림262] 우리산업 일봉차트2

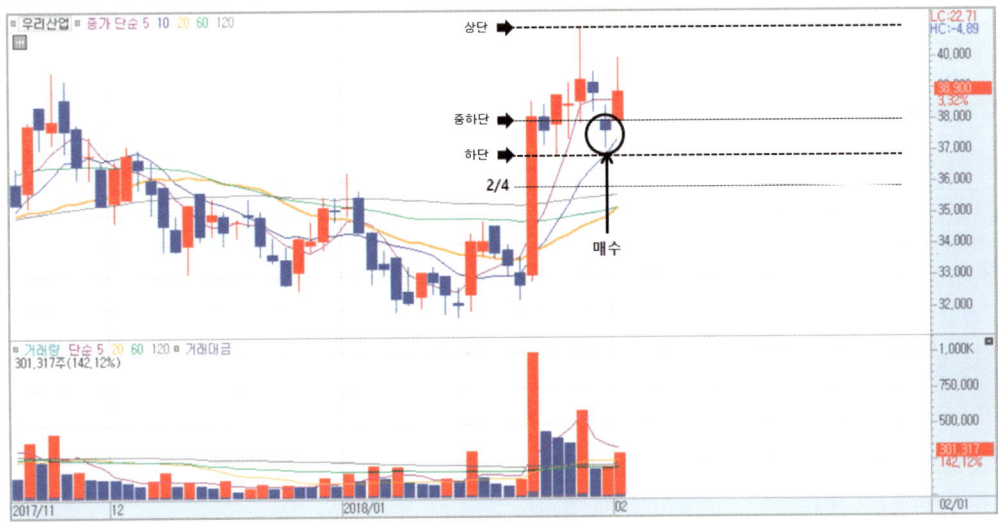

매수를 하였더라면 박스권 하단 영역에서 반등이 나왔기 때문에 수익이 발생했을 것입니다. 10일선의 위치를 보면 박스권 하단 밑에 위치해 있습니다. 만약 주가가 10일선과 장대양봉의 2/4 구간을 이탈했으면 손절로 대응을 했었어야 합니다.

[그림263] 우리산업 일봉차트3

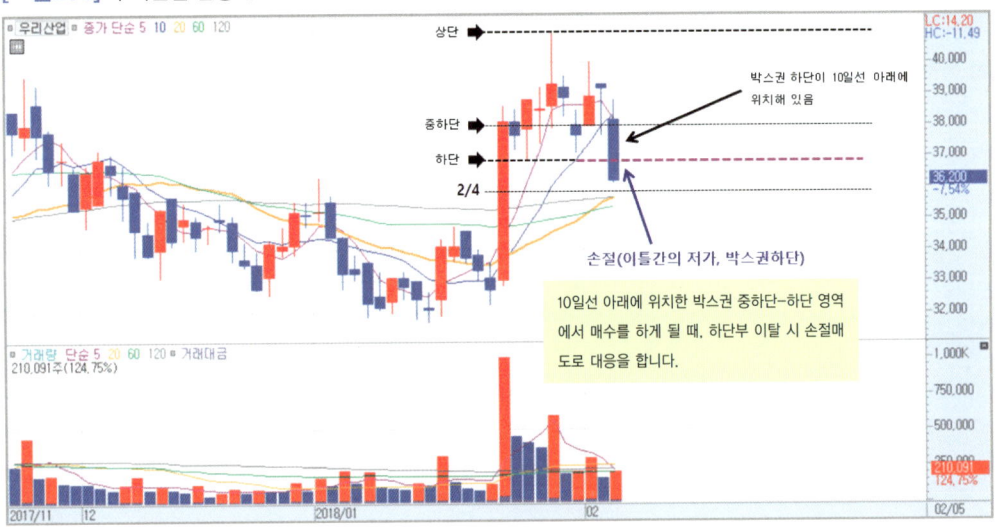

주가는 또 다시 매수구간인 박스권 중하단~하단 영역에 왔으나 박스권 하단을 이탈했습니다. 10일선이 박스권 하단 위에 위치해 있죠? 이럴 때는 박스권 하단을 이탈할 때 즉각 손절로 대응을 해야 하겠습니다.

[그림264] 우리산업 일봉차트4

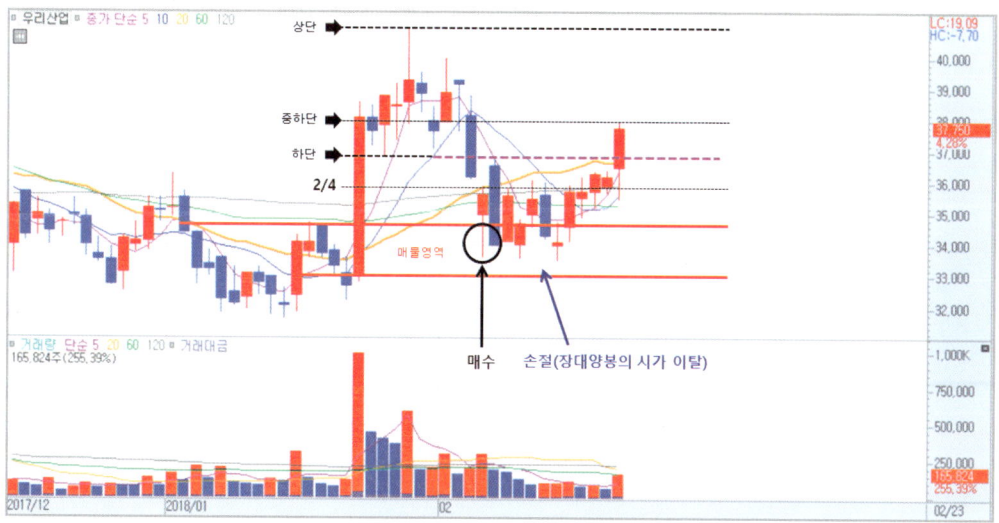

 박스권 하단을 이탈하자 주가는 장대양봉 1/4 구간인 장대양봉 직전의 '전고점 언덕'까지 하락한 후 반등이 나온 모습입니다. **박스권 하단을 이탈한 상태에서 매매를 하려면 반드시 직전의 전고점 언덕, 장대양봉의 1/4부근을 기준으로 매수**를 해야 하겠습니다.

[그림265] 두산인프라코어 일봉차트1

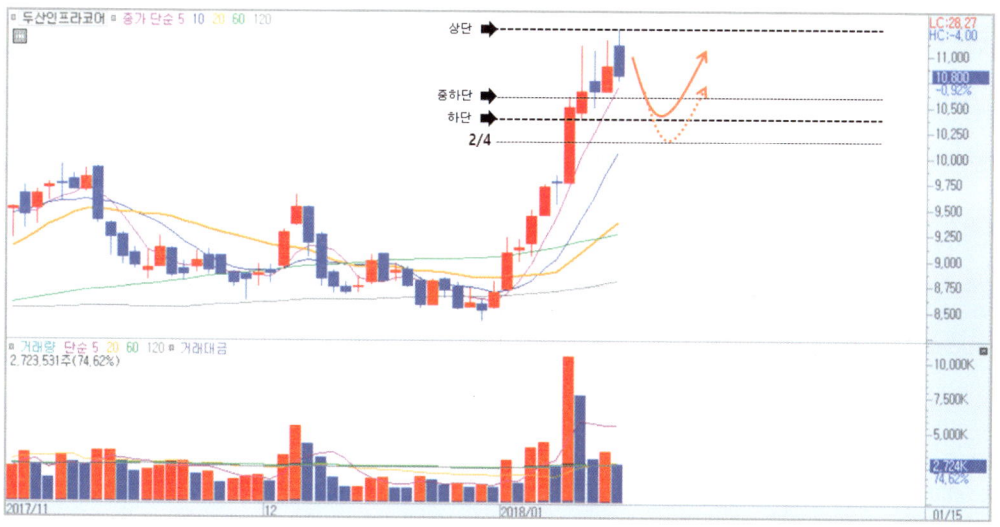

 이전과 비슷한 흐름입니다. 박스권 하단을 이탈한 후 반등이 나오기도 하고, 이탈하지 않고 반등이 나오기도 합니다.

[그림266] 두산인프라코어 일봉차트2

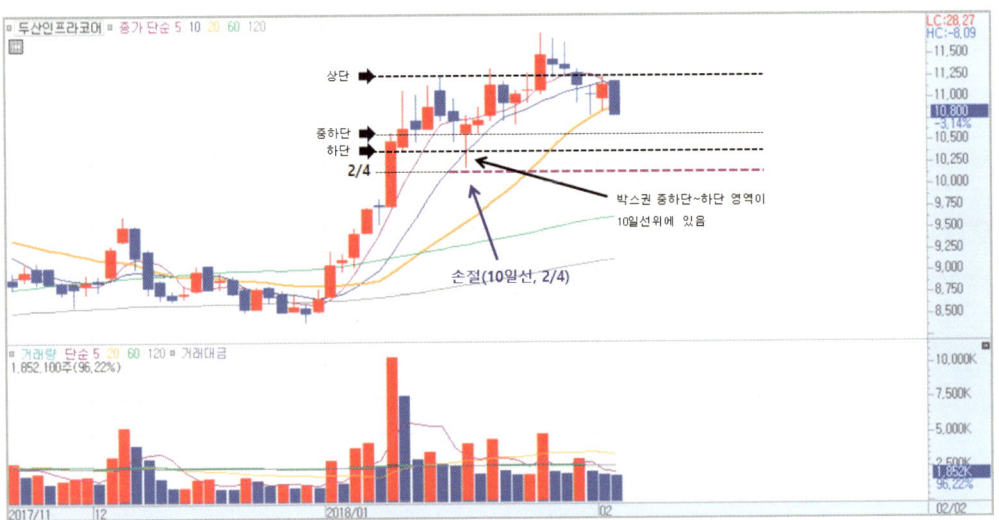

박스권 하단 아래에 10일선이 위치했으나 주가는 10일선을 살짝 이탈했습니다. 그러나 최종적으로 장대양봉의 2/4 구간을 이탈하지 않았기 때문에 손절을 하지 않아도 됩니다. 본격적인 상승추세에 있는 종목은 웬만하면 장대양봉의 시가뿐만 아니라 2/4 구간을 이탈하지 않습니다.

[그림267] 와이엠씨 일봉차트1

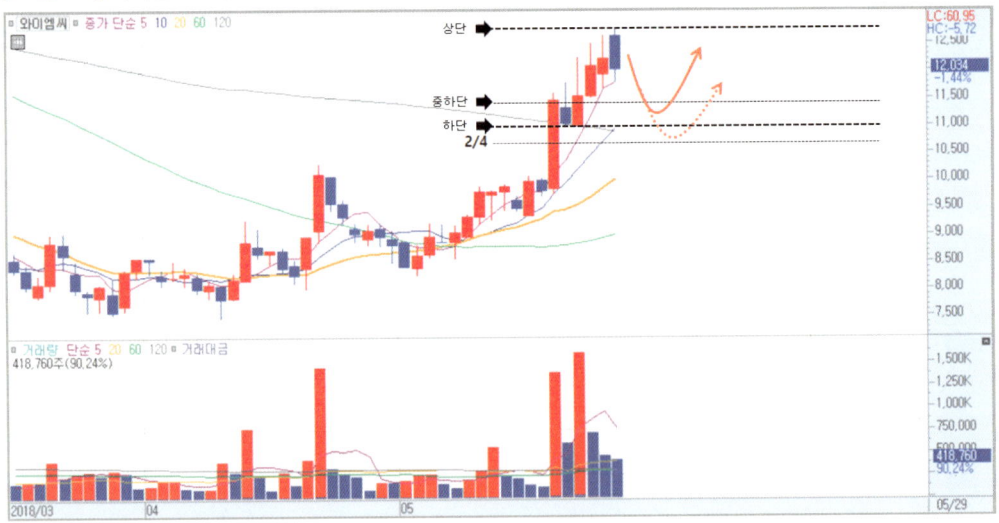

이 같은 흐름은 실제 많이 나옵니다. 박스권 중하단과 하단영역까지 주가가 하락하고 반등이 나올 것인가? 또는 박스권 하단을 이탈하고 10일선, 2/4 구간까지 하락하고 반등이 나올 것인가? 이 두 가지 흐름이 대표적입니다.

[그림268] 와이엠씨 15분봉차트2

 실제 매매를 한다고 가정해보겠습니다. 15분봉차트에서 초록색 선이 260분선으로 일봉차트에서 10일선이 됩니다. ①, ②, ③은 주가의 예상 경로방향입니다. 어느 흐름이 나올지는 모르겠으나 이 같은 흐름들이 나올 수 있겠죠?

[그림269] 와이엠씨 15분봉차트3

 주가는 ①의 경로로 움직였습니다. 매매를 하였더라면 박스권 중하단~하단 영역에서 매수를 하였을 것이고 손절은 박스권 하단이 되었을 겁니다. 주가가 20일선을 이탈할 때까지 2번의 매매구간, 1번의 손절구간이 발생했습니다.

손절대응을 확실히 한다면 위 차트처럼 안전하게 매매할 수 있습니다.

[그림270] 와이엠씨 일봉차트1

장대양봉 이후 두세 번 지지가 되었던 박스권 하단을 이탈하자 급락이 나온 모습입니다.

[그림271] 대우조선해양 일봉차트1

박스권 상단을 돌파한 모습이 제각기 다르더라도 주가가 박스권에 움직이는 모습은 거의 대동소이 합니다.

[그림272] 대우조선해양 15분봉차트2

　대부분 박스권 안에서 주가의 예상 경로인 ①, ②, ③ 으로 움직입니다. 일단 매수구간인 박스권 중하단~하단 영역에서 주가가 반등이 나오는지 보겠습니다.

[그림273] 대우조선해양 15분봉차트3

　주가는 박스권 중하단에서 반등을 했습니다만 다음날 주가는 박스권 하단을 이탈하고 맙니다. 하단에서 매수를 하였더라면 10일선과 2/4 구간 이탈 시 손절로 대응을 해야 하겠죠. 위 차트에선 주가가 10일선을 이탈하지 않고 반등에 성공한 모습입니다.

[그림274] 대우조선해양 일봉차트4

 이렇게 시세초입 또는 신고가 상태에서 주가가 장대양봉의 2/4구간 또는 10일선을 이탈하지 않고 움직이는 종목은 추가 상승의 가능성이 매우 높습니다.

[그림275] 크리스탈 일봉차트1

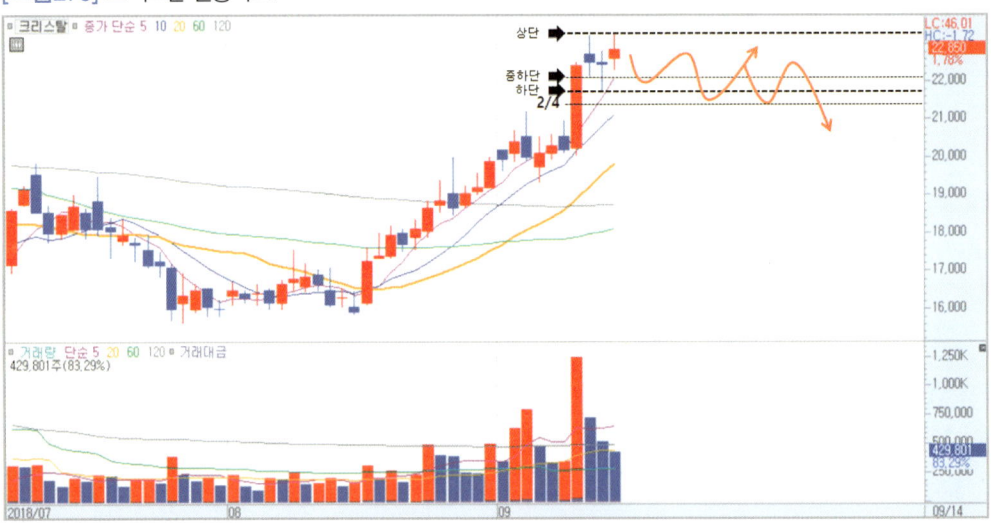

 이번엔 주가가 서서히 상승하는 도중에 장대양봉이 발생했지만, 장대양봉 이후의 주가 흐름은 거의 비슷합니다.

[그림276] 크리스탈 15분봉차트2

 박스권을 위와 같이 설정하고 매매를 이어나가면 되겠습니다. 매수는 기본적으로 박스권 중하단~하단 영역이긴 한데 정확한 매수타점을 잡으려면 기관과 외국인의 평균단가를 활용해야 하겠습니다.

[그림277] 크리스탈 15분봉차트3

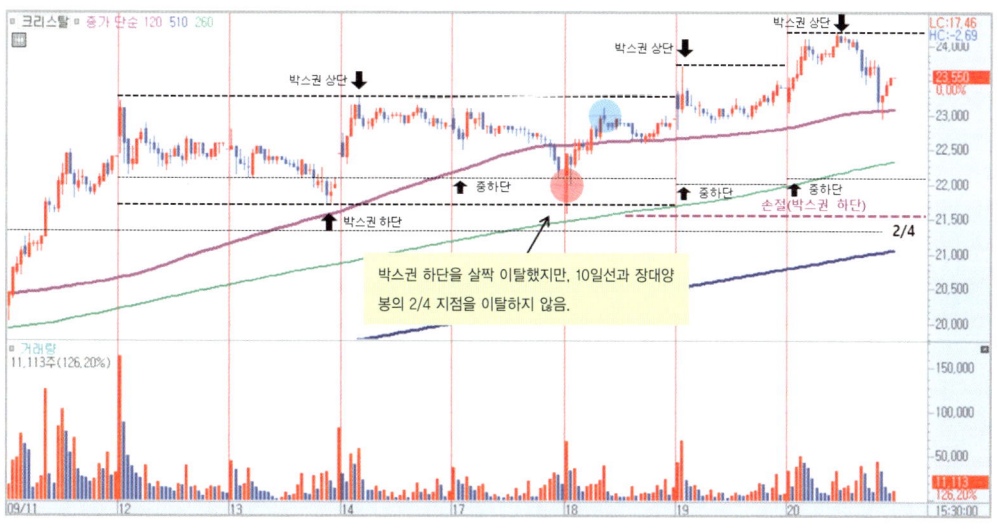

 18일 날 주가는 매수구간인 중하단~하단 영역에 도달했습니다. 박스권 하단을 이탈했으나 그 밑에 10일선과 2/4 구간이 딱 버티고 있죠. 이 구간을 이탈하면 손절로 대응하는데 주가는 이 구간을 이탈하지 않고 강한 반등을 이어나갔습니다.

[그림278] 크리스탈 일봉차트4

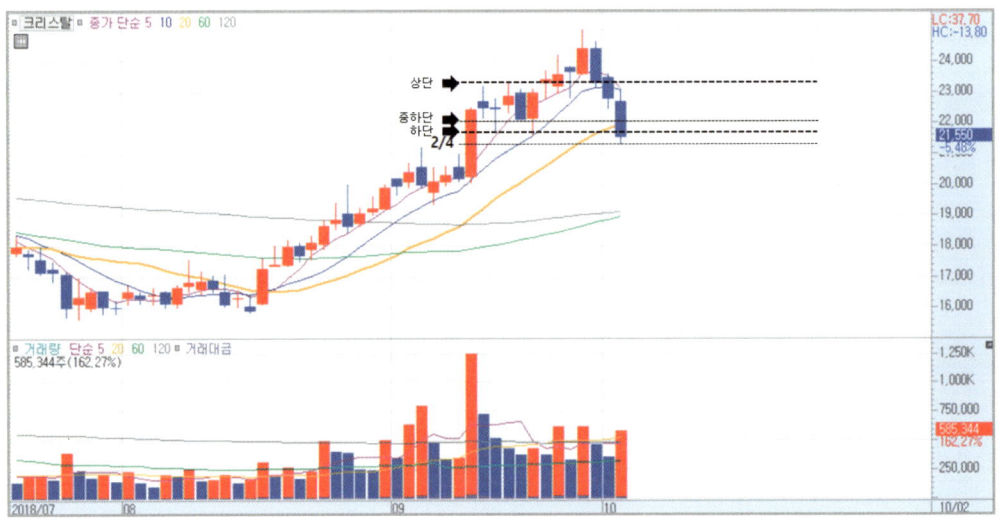

신기하게도 주가는 10일선 부근에서 반등이 나온 후 상승을 더 이어나갔습니다. 이전에도 언급했듯이 **상승추세에서 주가가 10일선, 2/4 구간을 지켜 내준다면 추가 시세를 낸다**고 했었습니다.

[그림279] 한화에어로스페이스 일봉차트1

5월 초의 고점을 장대양봉으로 돌파했습니다. 박스권 상단을 큰 폭으로 돌파하지는 못했지만 주가 흐름은 거의 비슷합니다.

[그림280] 한화에어로스페이스 15분봉차트2

박스권의 폭이 크기만 한다면 주가는 ①~③의 방향으로 움직이게 됩니다.

[그림281] 한화에어로스페이스 15분봉차트3

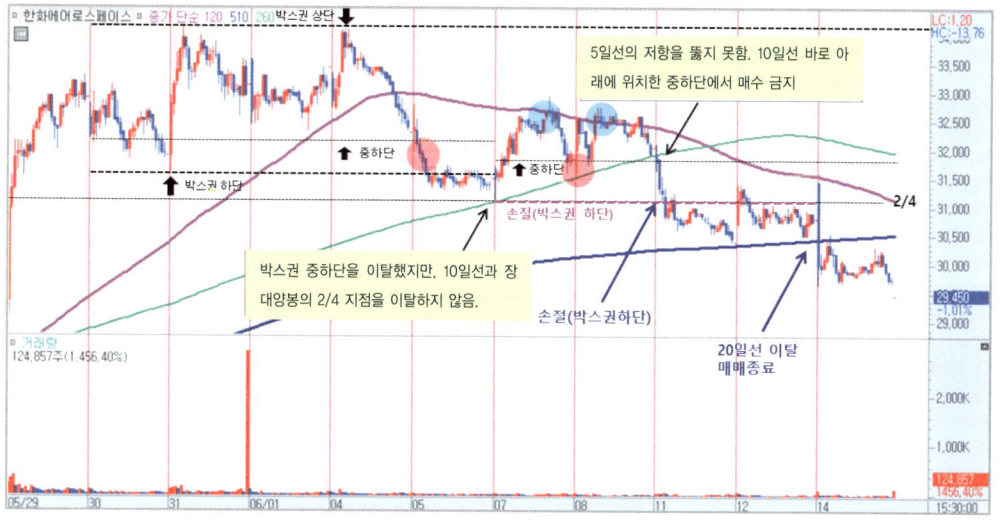

5일, 주가는 박스권 하단을 이탈했으나 10일선과 장대양봉의 2/4구간은 이탈하지 않았습니다. 오히려 10일선에서 반등이 2번 정도 나왔습니다. 반등 이후에는 원칙대로 박스권 하단 이탈 시 손절로 대응하면 되겠습니다.

[그림282] 한화에어로스페이스 일봉차트4

주가가 20일선을 이탈하자 이렇다 할 반등없이 하락하고 맙니다. 하락을 하더라도 주가의 추세가 최소한 상승초입, 신고가 상태에서 매매를 해야 안전하다고 할 수 있겠습니다.

3) 박스권 응용패턴

여기까지 박스권 이탈과 돌파에 따른 대응법을 알아보았습니다. 사실 박스권별 대응방법은 정형화되지 않고 그때그때 주가의 흐름에 따라 달라집니다. "A가 B가 되면 C를 해야 한다."의 명제처럼 박스권 대응법을 하나의 이론으로 정립하기 어렵습니다. 주가의 흐름이 각 종목들마다 천차만별이기 때문입니다.

[그림283]

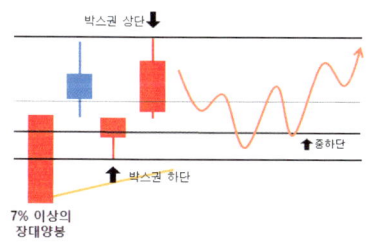
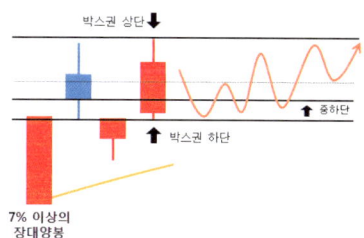

 예를 들어 [그림283]의 좌측 그림인 기존 박스권 설정법을 보면 원칙대로 장대양봉 이후 캔들의 '저가'와 '고가'를 기준으로 박스권 매매를 합니다. 그러나 우측 그림의 유동적인 박스권 설정법에서 장대양봉 이후 셋째 날의 '저가'가 박스권 하단으로 활용됩니다.

 위 두 개의 박스권 설정법 중 어느 것이 잘못되었다고 볼 수 없습니다. 상황에 따라 적용하는 기준이 달라질 수 있기 때문입니다.

[그림284]

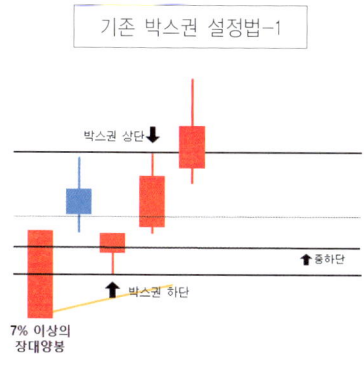
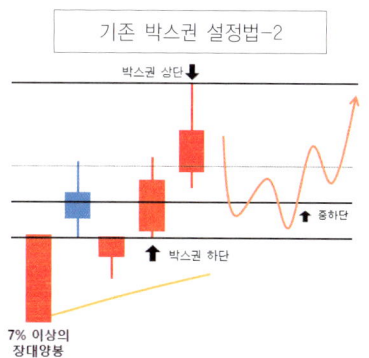

 다음날 박스권 상단을 뚫는 양봉이 하나 더 발생했습니다. 이렇게 되면 박스권 상단과 하단을 재조정해야 합니다. 박스권의 폭이 넓어지면 자칫 주가가 박스권 하단부까지 내려오지 않을 수 있습니다. 그래서 기존 박스권 설정법-2처럼 박스권을 알맞은 폭으로 조절해야 합니다.

[그림285]

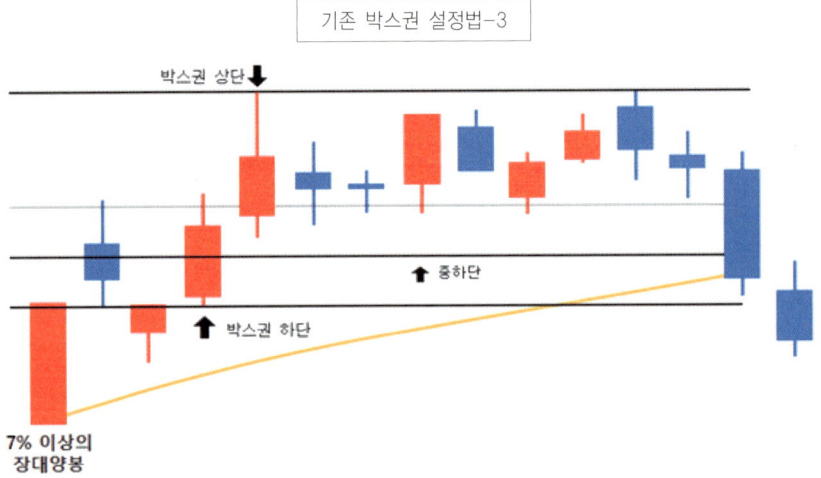

그런데 위와 같이 박스권을 설정하고 매수영역인 중하단과 하단영역에서 매수를 하려고 했지만 주가가 20일선을 이탈하기 전까지 한 번도 매수영역에 오지 않았습니다. 실제 매매를 하게 될 때 이 같은 유형이 많이 나옵니다. 위 예시처럼 아쉽게 매매기회를 놓치는 경우가 상당히 많습니다. 따라서 주가의 흐름에 발맞춰 박스권을 최대한 알맞게 변경해주어야 합니다.

[그림286]

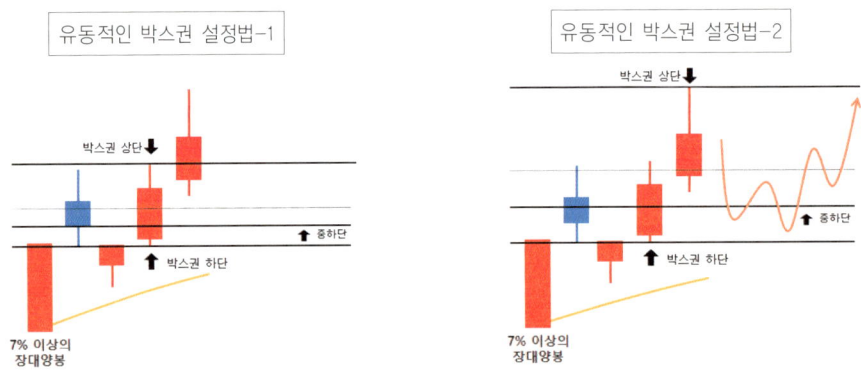

위 [그림286]의 유동적인 박스권 설정법-2는 기존 박스권 설정법-2와 별반 다르지 않습니다. 여기까지는 똑같습니다.

[그림287]

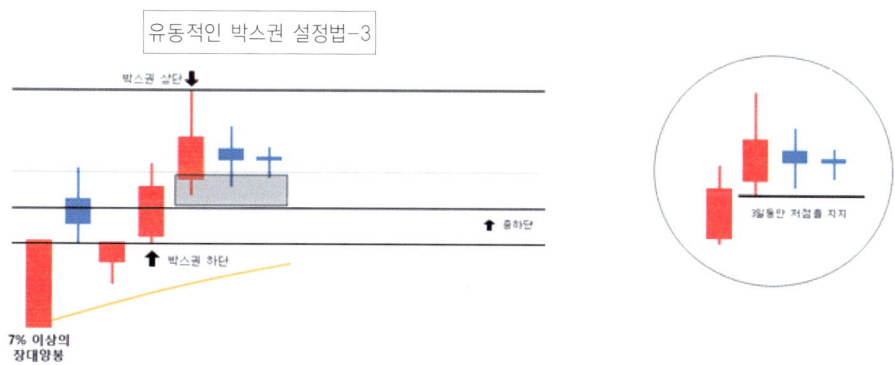

 여기서부터 달라집니다. [그림287]의 우측그림에서 박스권 상단을 찍은 양봉 캔들의 '저가'를 3일 동안 지지하고 있는 것을 확인할 수 있습니다. 게다가 캔들의 크기도 점차 작아지고 있습니다. 앞서 캔들의 크기가 작아지고 있다는 것은 page154의 [그림241]의 설명처럼 주가가 쉬어가는 구간 또는 눌림목 구간으로 해석할 수 있다고 했습니다.

 주가가 3일 동안 저점을 지켜준다면, 조만간 주가는 변동성이 큰 시세를 내게 될 수 있다는 뜻으로 봐도 되겠죠? 그렇다면 박스권 상단을 찍은 양봉 캔들의 '저가'를 박스권 하단으로 활용할 수 있지 않을까요?
 활용할 수 있습니다.

[그림288]

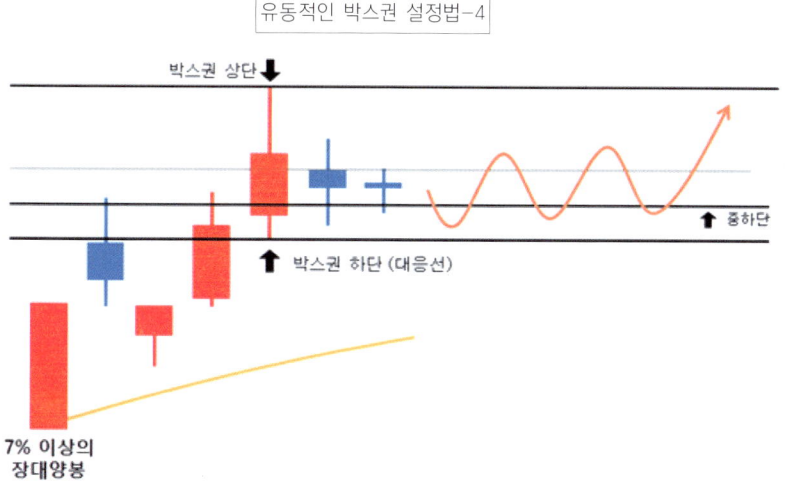

박스권 상단을 찍은 양봉 캔들의 '저가'를 박스권 하단으로 설정합니다. 주가가 3일 동안이 '저가'를 지켜주었기 때문에 앞으로도 주가가 이 '저가'를 지켜줄 확률이 높습니다. 그런데 주가가 '저가'를 이탈하게 된다면? 손절 매도로 대응합니다. 매도로 대응 후 기존의 박스권 중하단과 하단 영역에서 재매수를 하면 되겠습니다.

[그림289]

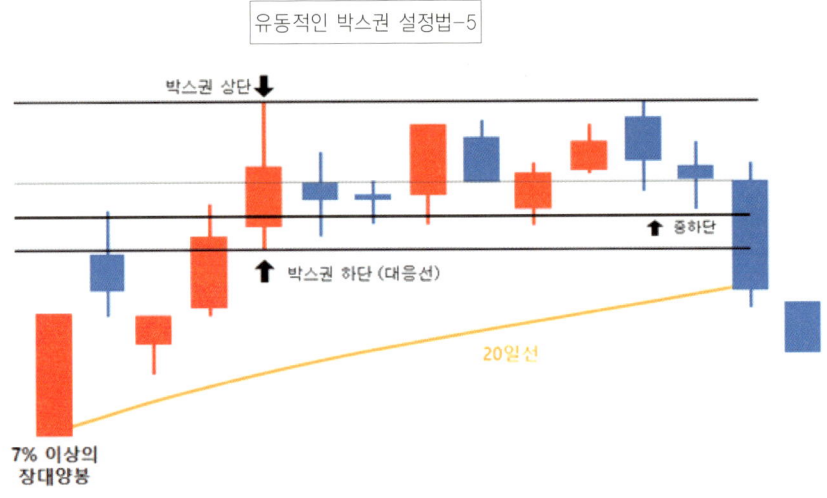

매매구간이 두 번 정도 발생했습니다. 결과론적인 얘기지만 주가의 흐름에 맞게 박스권도 알맞게 조정하는 것과 그렇지 않고 매매하는 것과는 큰 차이가 납니다.
예시 사례를 보겠습니다.

※ 예시 차트 사례 - 와이솔/후성

[그림290] 와이솔 일봉차트

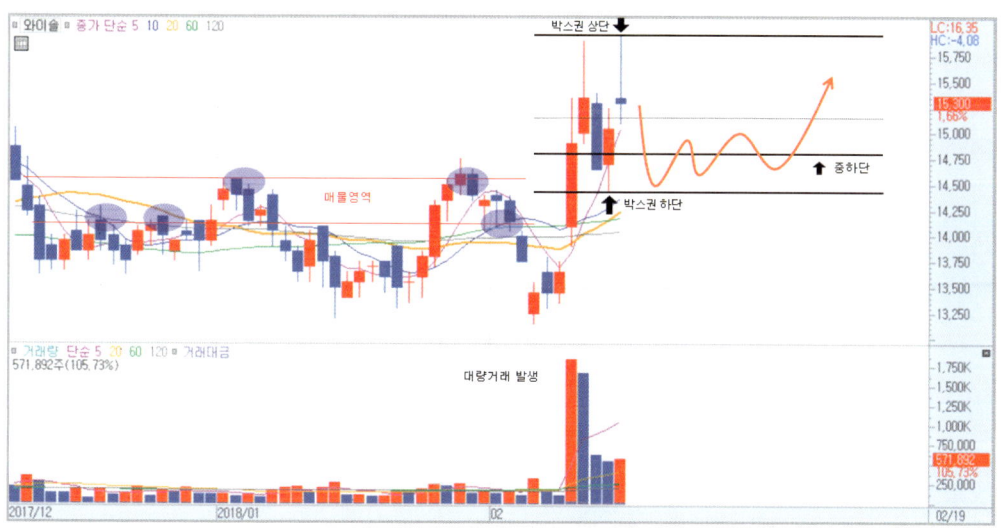

장대양봉 이후 셋째 날의 '저가'와 넷째 날의 '고가'를 기준으로 박스권 매매를 하게 되는데 박스권 폭이 큽니다. 이대로 박스권 중하단 영역 이하에서 매수한다고 가정해보겠습니다.

[그림291] 와이솔 일봉차트

앞서 예시와 비슷하게 주가는 20일선을 이탈하고도 박스권 중하단 영역에 오지 않았습니다. 주가의 등락이 일정한 구간에서 반복된 상황이었는데도 불구하고 매매구간을 놓치게 되었습니다.

[그림292] 와이솔 일봉차트

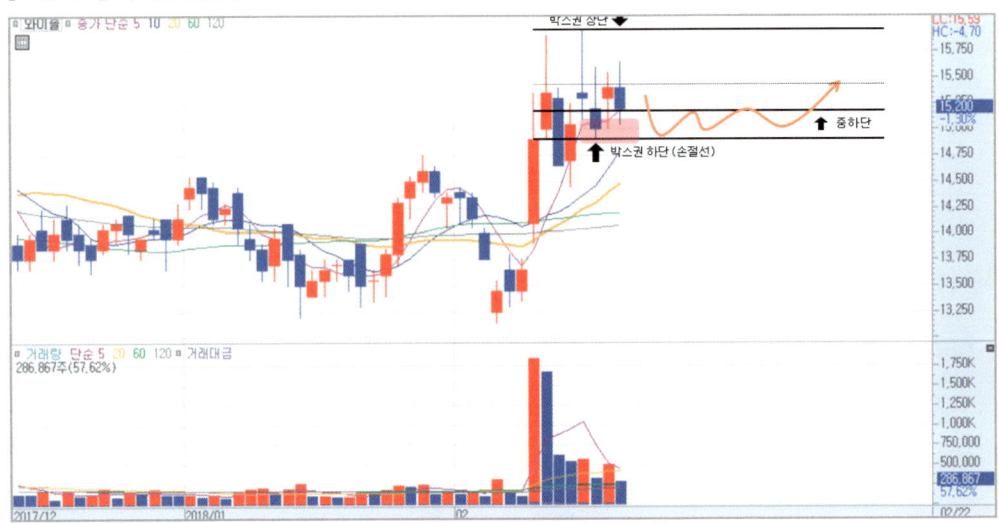

중요한 것은 최소한 3일 동안 '저가'가 지켜주어야 한다는 것입니다. 위 차트에서는 장대양봉 이후 다섯째 날의 '저가'를 지켜주고 있는 것을 발견할 수 있습니다. 이 '저가'를 박스권 하단으로 활용해 보겠습니다.

[그림293] 와이솔 일봉차트

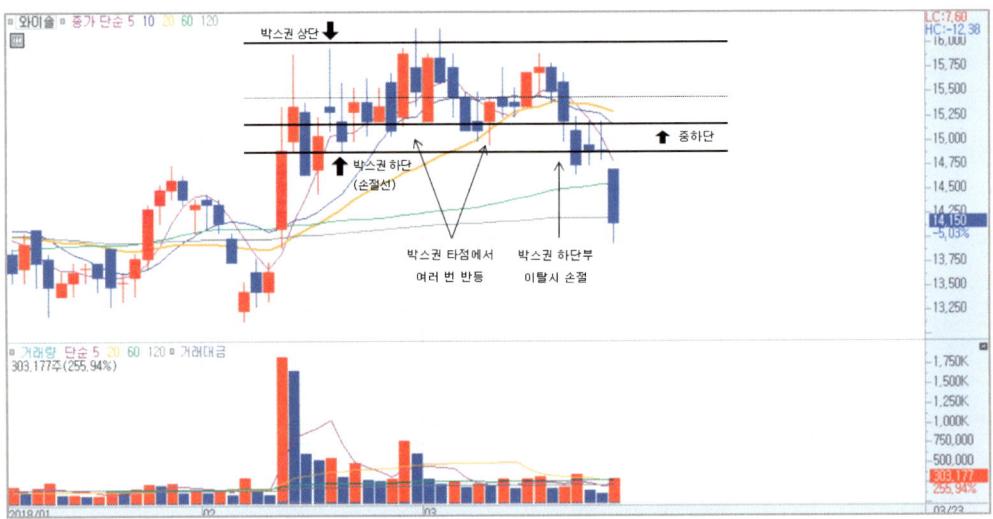

박스권 중하단 영역에서 여러 차례 매수기회가 왔었습니다. 이처럼 박스권을 주가의 흐름에 맞게 적용한다면 많은 매매의 기회가 생기게 된다는 것을 발견할 수 있습니다.

[그림294] 후성 일봉차트

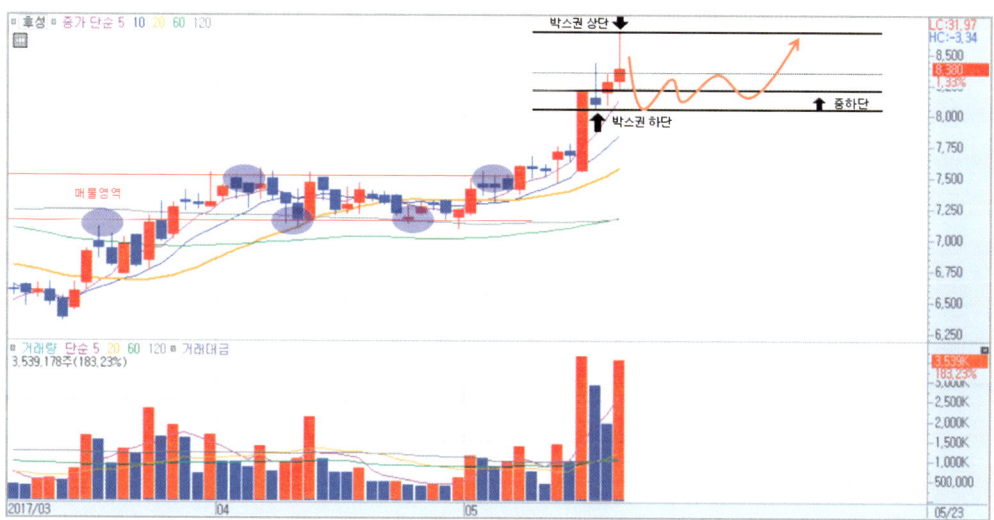

 박스권 폭이 큽니다만, 충분히 주가가 박스권 중하단 영역까시 올 수 있는 위치입니다. 박스권 상단돌파 대응법대로 매매를 하면 됩니다.

[그림295] 후성 일봉차트

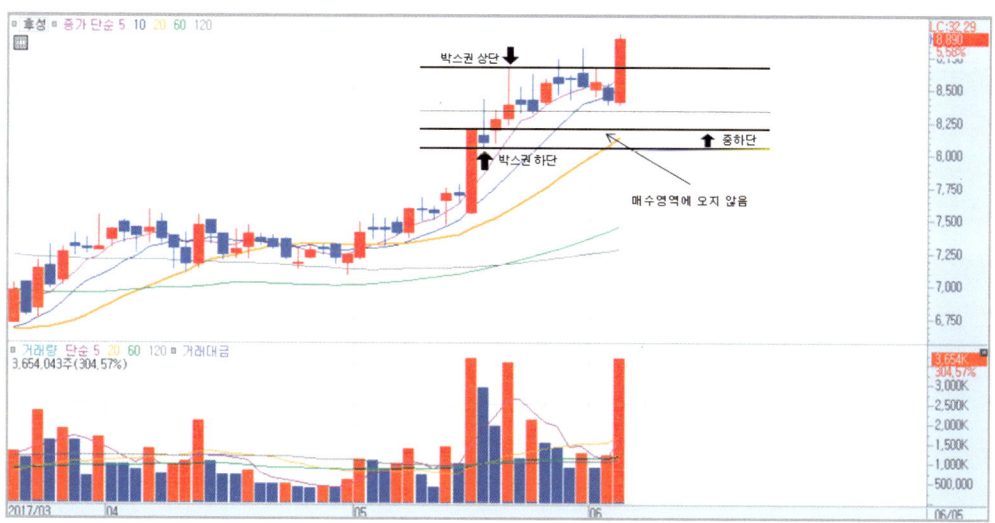

 그런데 주가는 매수구간에 오지 않고 5일선을 타면서 상승을 합니다. 실제로도 빈번히 출현하는 유형입니다.
 여러 차례 주가의 등락이 있었는데도 불구하고 이같이 좋은 매매기회를 놓치게 됩니다.

[그림296] 후성 일봉차트

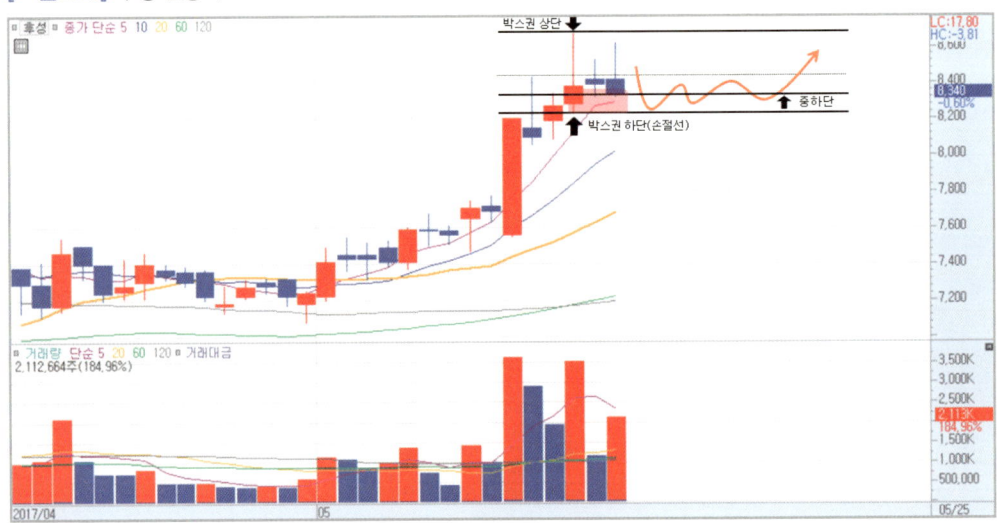

 이번에는 주가의 흐름에 맞춰 박스권을 설정해보겠습니다. 당시 박스권 상단을 찍을 당시 양봉 캔들의 '저가'를 3일 동안 지지를 하고 있습니다. 이 '저가'를 박스권 하단으로 설정하겠습니다. 만약, 이 '저가'를 이탈하면 손절로 대응하고 기존의 박스권 하단에서 재매수를 하는 시나리오로 매매계획을 짜봅니다.

[그림297] 후성 일봉차트

 박스권 상단이 계속 경신하는 상황에서 주가는 박스권 중하단 영역 부근까지 하락한 후 반등이 나옵니다. 물론 박스권 '중단' 이하에서 매수를 하면 매수기회가 더 많았겠지만 위와 같이

주가의 흐름에 따라 박스권의 폭을 적절히 조절하면 적어도 매수기회를 놓치지 않고 여러 차례 매매를 하여 수익을 누적시킬 수 있습니다.

5. 정리 – 구간별 패턴과 대응

[그림298] 상승추세의 장대양봉

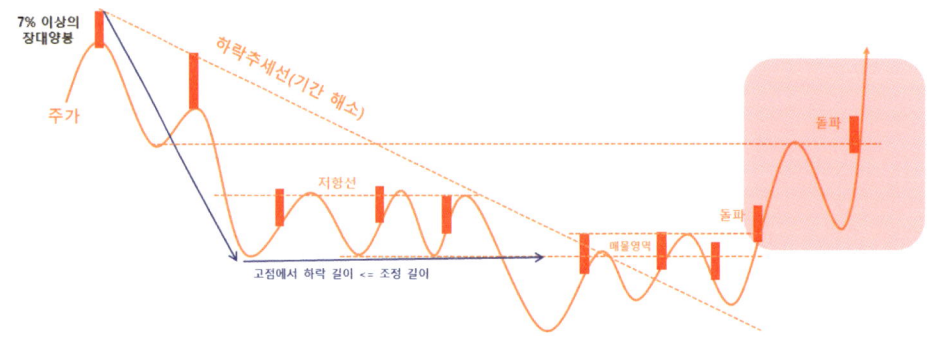

[그림299] 하락추세의 장대양봉

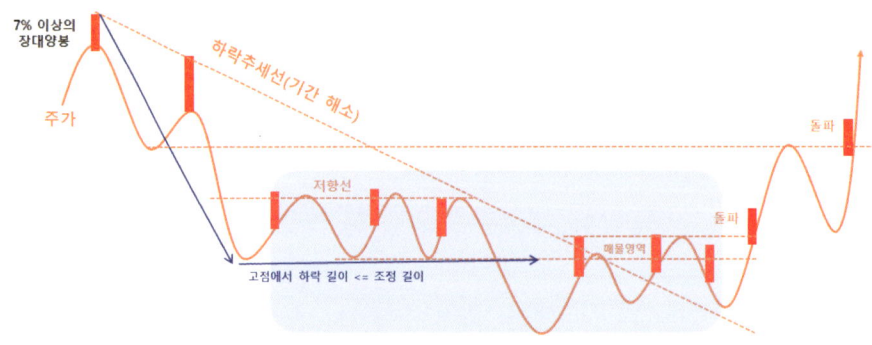

- 상승추세보다 횡보추세에서 장대양봉이 많이 발생함.
- 횡보추세에서 발생한 장대양봉은 손실에서 본전으로 회복된 보유자들의 매도물량을 받는 역할을 함.
- 더 이상 본전매도가 나오지 않게 될 때, '하락추세선'과 '매물영역'을 돌파해 본격적으로 주가를 끌어올림.

[그림300] 횡보구간에서 장대양봉 발행 이후 주가흐름

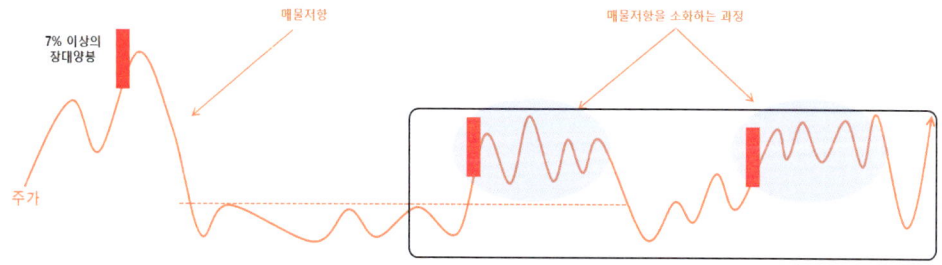

- 횡보구간에서는 상승추세보다 장대양봉 이후 상승 지속시간이 짧음
- 직전의 눌림목을 이용해 반등을 노리는 매매 전략이 유효

[그림301] 횡보구간에서 장대양봉 발행 이후 매매법

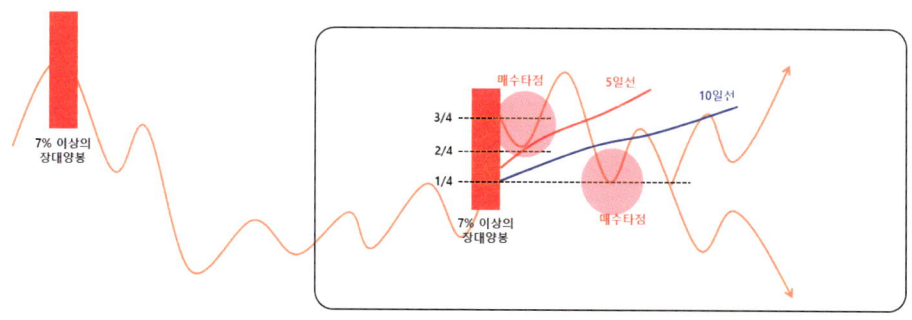

- 장대양봉 발생 이후, 3/4 ~ 2/4 구간에서 매수
- 5일선과 박스권 하단 이탈 시 손절 매도로 대응
- 이후 장대양봉 직전의 '전고점 언덕'에서 매수 가능
- 장대양봉의 시가 또는 20일선 이탈 시 손절 매도로 대응

[그림302] 하락형 캔들 패턴 시나리오

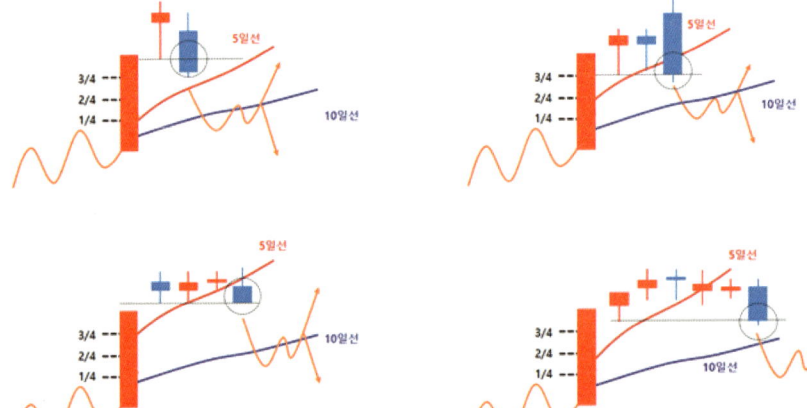

[그림303] 상승형 캔들 패턴 시나리오

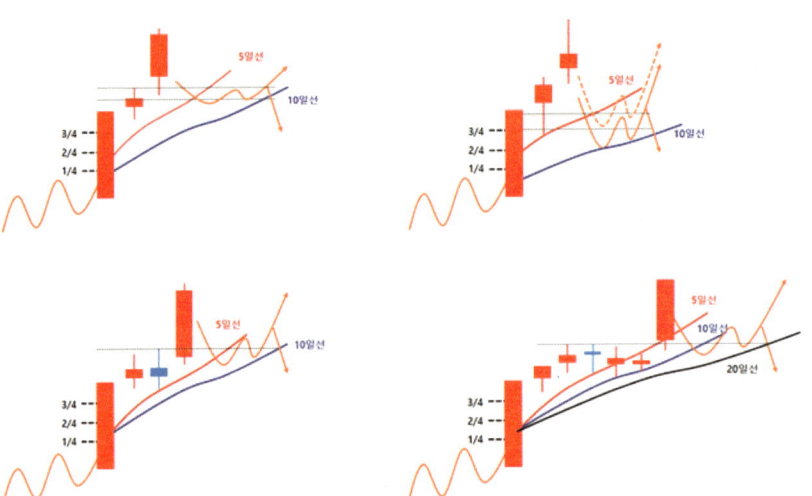

[그림304] 하락형 캔들 패턴 대응법

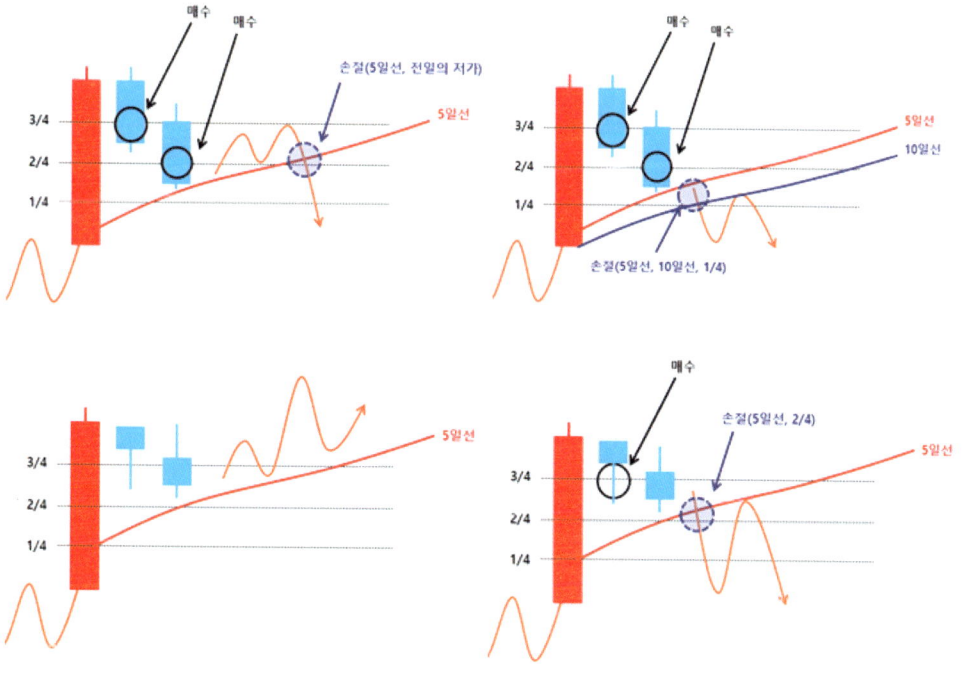

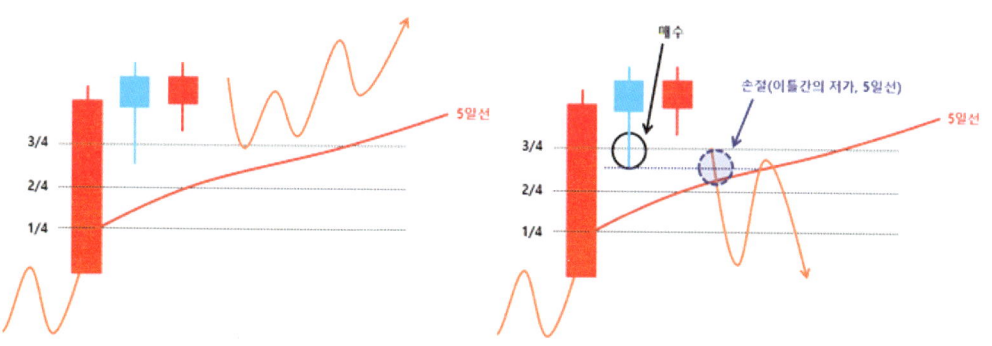

[그림305] 상승형 캔들 패턴 대응법

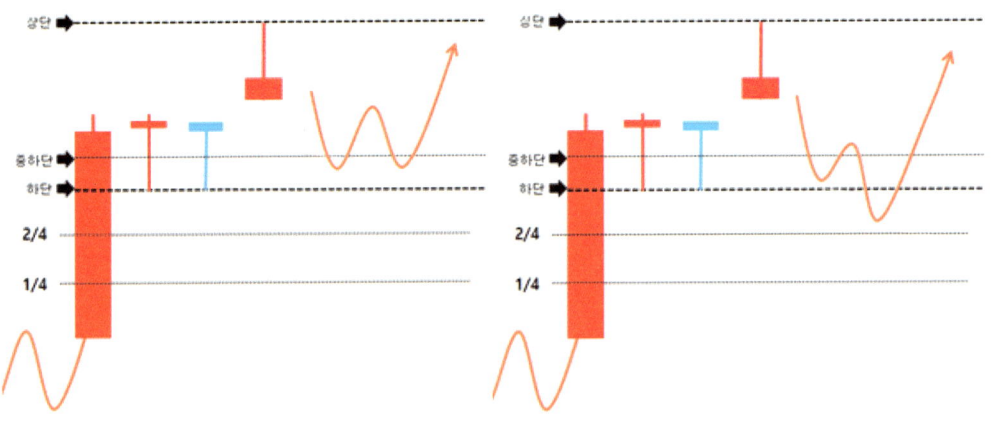

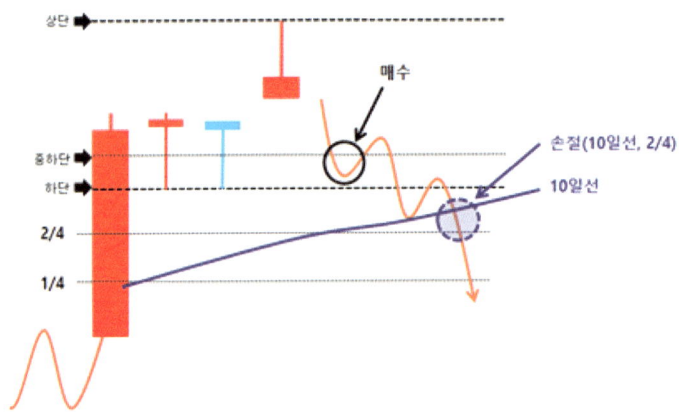

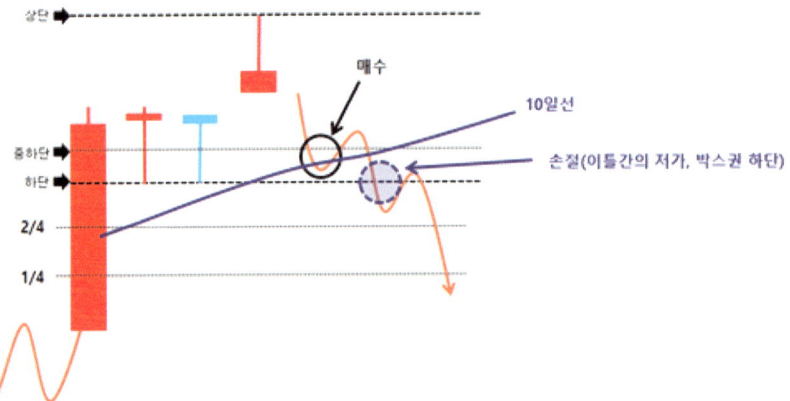

[그림306] 주가 흐름에 따른 박스권 설정법 (위 : 기존 박스권 적용, 아래 : 유동적인 박스권 적용)

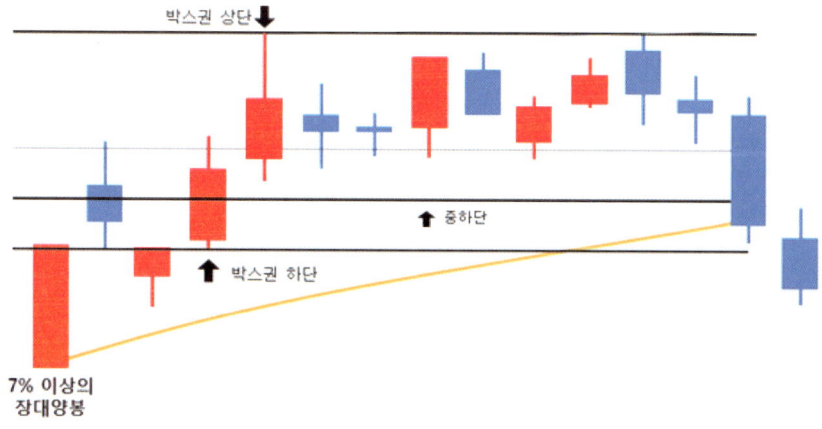

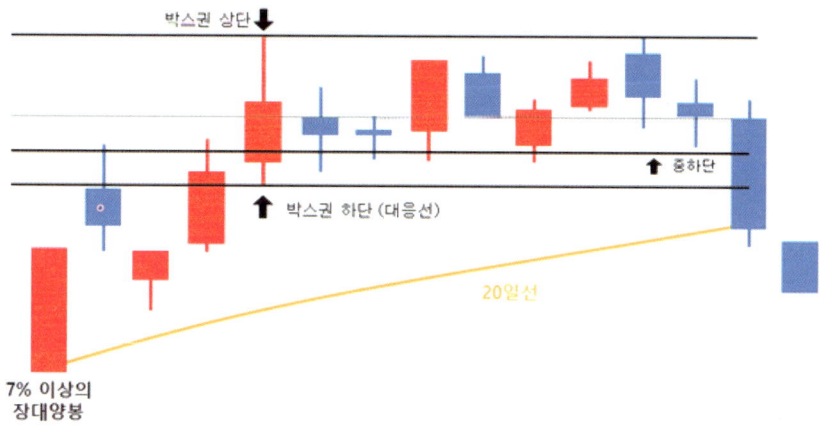

- 박스권의 폭이 넓어 주가가 매수영역인 '박스권 하단부'까지 내려오지 않을 수 있음.
- 박스권 설정 후 특정구간에서 주가가 최소한 3일 동안 저점을 지지한다면 그 구간의 '저가'를 박스권 하단으로 활용할 수 있음.
- 특정구간에서 3일간 지지 된 구간 이탈 시 손절매도로 대응 후 기존 박스권 중하단~하단에서 매수 가능

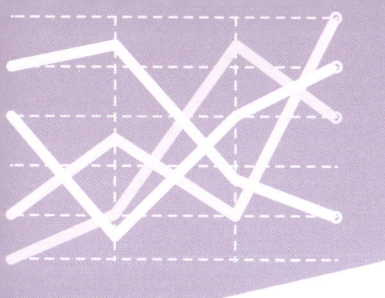

Chapter 3
비중관리

1. 비중관리

1) 총자본의 3%

이 책에 소개된 우량주 단기 매매법은 100%의 성공확률을 보장하지는 않습니다. 그렇기 때문에 이 매매법을 적용할 때는 종목을 3~4개 정도 분산하여 투자하는 편이 좋습니다. 한 종목에서 손실이 나면 다른 종목들로 수익을 내서 손실을 상쇄해야 한다는 것입니다. 위험을 분산화 시켜야 합니다.

일부 손실이 발생해도 계좌에서는 수익이 발생하도록 안정적인 수익모델을 만들어야 한다는 얘기인데 이 수익모델을 만들기 위해서는 먼저, 하루에 얼마만큼 손실을 용인할 수 있는지부터 파악해야 합니다.

우선 원금의 3%에 해당하는 금액까지만 용인해 줄 수 있다고 정하겠습니다. 예를 들어 원금이 3,000만 원이 있으면 3%인 90,000원까지 손실을 용인해 줄 수 있겠습니다. 원칙은 하루 손실금액인 90만 원이 넘어갈 때 그 즉시 매도를 하고 매매를 종료합니다.

[그림307] 총자산 3,000만 원의 3%의 금액

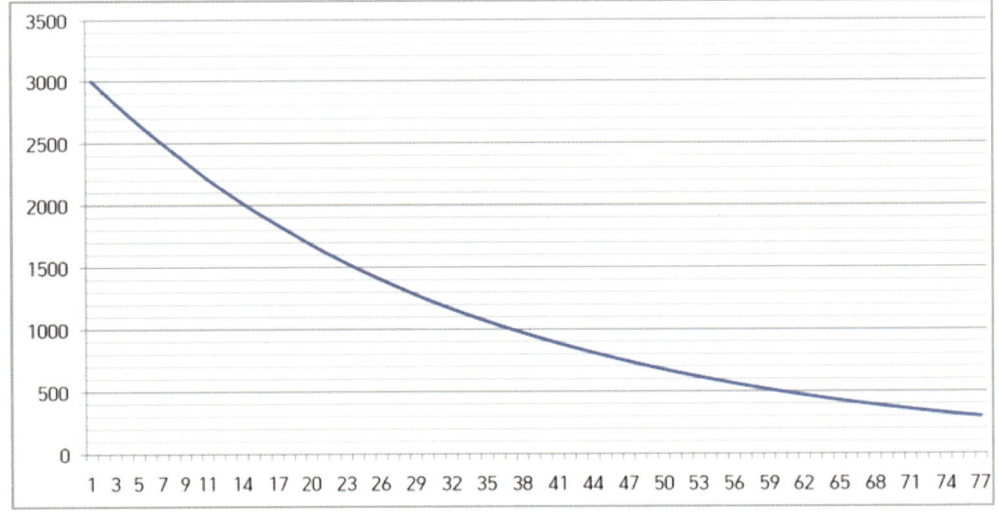

(x축 : 손실횟수, y축 : 투자원금)

　원금의 3%를 하루 최대 손실금액으로 설정하고 계속 손실난다고 가정할 때 투자원금 3,000만 원이 300만 원이 될 때까지 총 76번 정도 손실이 나야합니다. 반면 하루 손실금액을 90만 원으로 고정했을 때는 3,000만 원이 300만 원이 될 때까지 총 33번의 손실이 나야합니다.

　그렇다는 건 전자와 후자 중, 후자가 먼저 깡통을 차게 된다는 얘기입니다. 전자는 후자보다 43번의 매매기회를 더 얻게 됩니다. 이처럼 손실금액을 고정하는 것보다 원금의 %를 기준으로 손실금액을 조절하는 것이 리스크 관리에 보다 더 효율적이라고 할 수 있겠습니다.

2) 종목투자 금액

　위 예시에서 원금 3,000만 원의 3%인 90만 원이 하루의 손실을 용인할 수 있는 최대 손실금액으로 이 손실금액을 넘어갈 때 그 즉시 매도를 하고 매매를 종료한다고 했습니다.

　즉, 한 종목에 투자를 했을 때 손실이 90만 원 발생 시 손절을 하고 매매를 종료한다는 얘기인데요. 앞서 소개된 우량주 단타 매매법은 3~4개의 종목들로 분산투자해야 한다고 했기 때문에 손실금액을 투입 종목 수로 나눠야 합니다. 예를 들어 4개의 종목을 매매한다고 가정했을

때 90만 원을 4로 나눈 금액인 22만 원이 한 종목당 하루 최대 손실금액이 됩니다.

그렇다면 한 종목당 투입금액은 얼마 정도 될까요? 한 종목당 투입금액을 정하기 전에 해당 종목의 손실률을 정해야 합니다. 매수가에서 3% 손실률이 발생했을 때 손절을 한다고 정하면 투입금액은 733만 원이 됩니다(22만 원 ÷ 0.03 = 733만 원).

만약 손실률이 3%가 아닌 4% 또는 5%가 된다고 할 때 투입금액은 각각 550만원, 440만원입니다(22만 원 ÷ 0.04= 550만 원), (22만 원 ÷ 0.04=440만 원).

이런 식으로 한 종목당 비중은,
원금의 하루 최대 손실금액 설정 → 투입 종목 수 → 종목 손실률 → 한 종목당 투입금액 순으로 계산하는 것입니다. 하루에 4종목 모두 다 실패를 해도 최대 90만 원의 손실로 마무리 짓게 됩니다. 하지만 웬만해선 4종목 전부 손실이 나기 어렵습니다. 손실률을 길게 설정한다거나 한 종목에서 손실이 발생하면 다른 종목에서 수익이 발생해 손실을 상쇄해주기 때문입니다.

비중관리 메커니즘

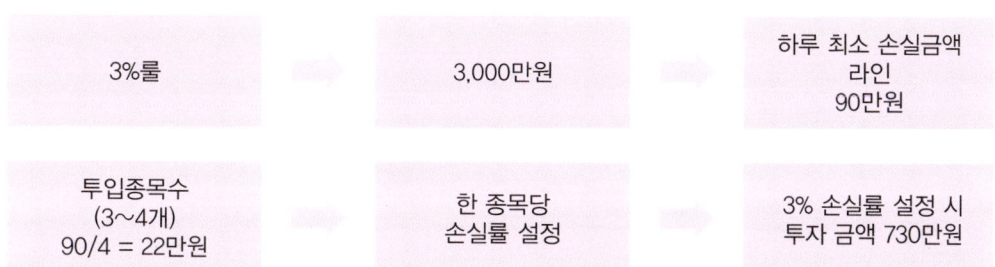

위의 메커니즘으로 계좌를 운용하는 것입니다. 수치는 개별적으로 조절하시길 바랍니다.

3) 매수하는 방법

우량주 단기 박스권 매매를 하는데 있어서 매수를 하는 것도 비중관리 만큼 중요하다고 할 수 있습니다. 박스권 중-하단부근에서 매수를 할 때 '일괄적'으로 매수를 할지 또는 '분할'로 매수를 할지 판단하기 어려울 때가 존재합니다.

[그림308] 박스권 중-하단부 매수영역, 매수방법

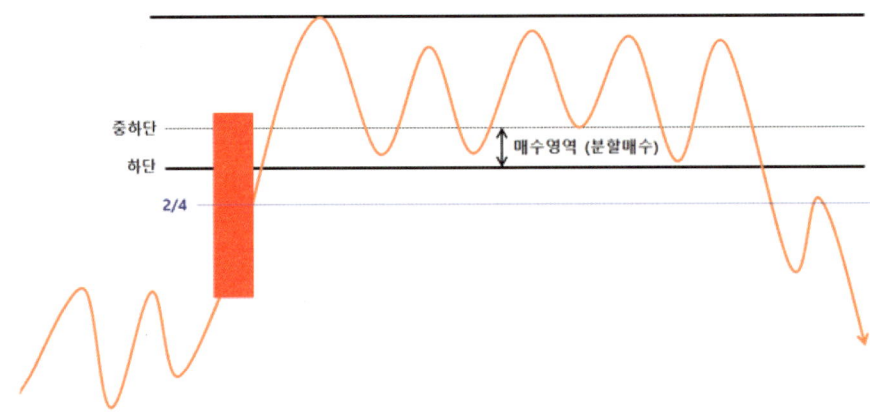

 박스권 중하단과 하단이 매수영역이기 때문에 일괄적으로 중하단에서 1차 매수, 하단에서 2차 매수를 할 수 있습니다. 그러나 이같이 일괄적으로 매수를 하게 되면 주가가 내 매수가 까지 내려오지 않고 올라갈 가능성이 다분합니다. 또한 최저점에서 매수를 하지 않는 이상 매수 후 저점대비 3% 이상 반등폭부터 매도를 하게 되는 경우 수익률이 저조할 수 있습니다.

[그림309] 박스권 중-하단부 매수영역, 일괄매수 방법

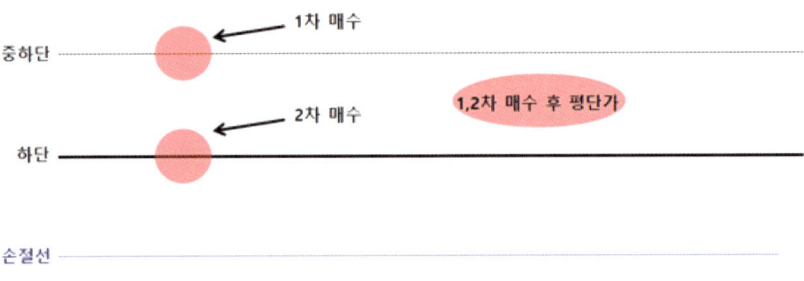

 일괄적으로 박스권 중하단과 하단에서 매수를 하게 된다면 위 그림처럼 정직하게 중하단에서 1차 매수, 하단에서 2차 매수를 하는 것입니다. 예를 들어 중하단인 5,000원에서 300주 매수, 하단인 4,800원에서 300주를 매수하는 것처럼 말입니다.

[그림310] 박스권 중-하단부 매수영역, 일괄매수 방법

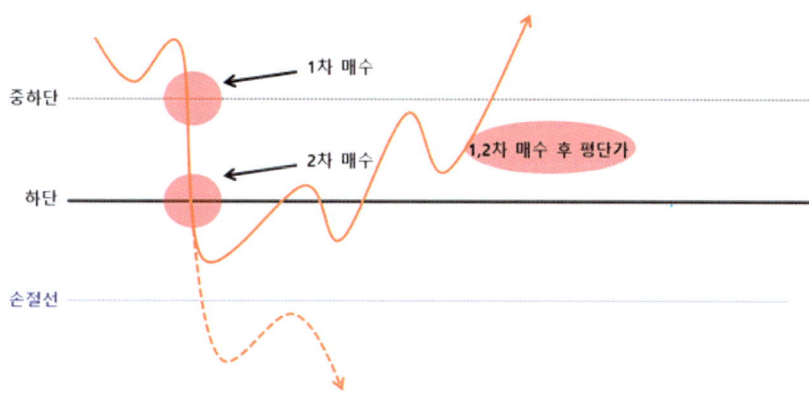

 주가가 박스권 하단부 근처까지 하락 한 후 반등이 나오면 저점대비 반등폭 3% 이상부터 매도로 차익실현을 히고 손절선을 이탈할 때는 일괄 매도로 내응을 하면 됩니다. 일괄적으로 매수, 매도를 하기 때문에 심플하다고 할 수 있겠습니다.

[그림311] 박스권 중-하단부 매수영역, 일괄매수 방법

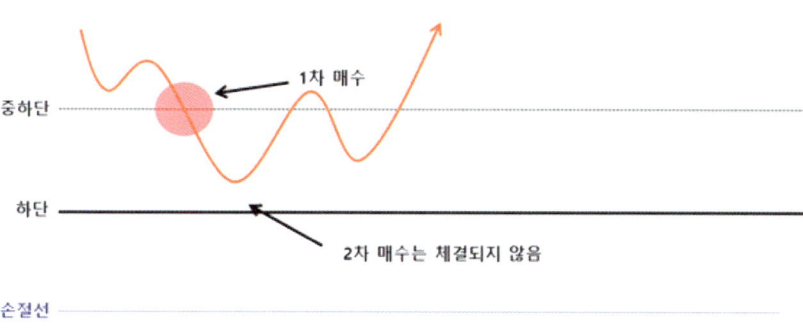

 그런데 일괄매수의 가장 큰 단점은 박스권 중하단에서 1차 매수만 되고 2차 매수는 아쉽게 체결되지 않고 올라갈 때입니다. 이러한 문제점을 개선하려면 분할로 매수를 해야 하는데 어떤 방식으로 분할매수를 할까요?

[그림312] 박스권 중-하단부 매수영역, 분할매수 방법

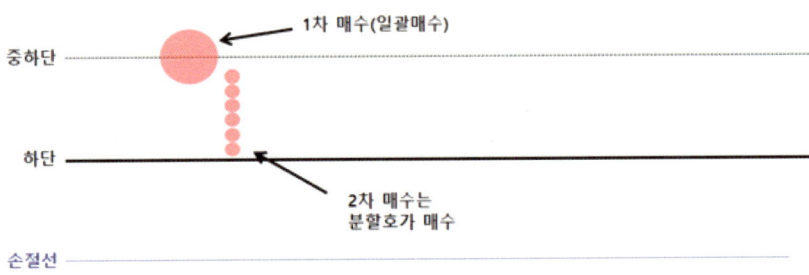

위 그림과 같이, 박스권 중하단에서 일괄로 1차 매수를 하되, 2차 매수는 박스권 중하단 이하부터 하단까지 분할로 매수를 하는 것입니다. 분할호가라는 것은 1호가, 2호가, 3호가에 같은 수량으로 주문을 넣는 것입니다. 이렇게 매수를 하게 되면 주가가 박스권 하단까지 내려오지 않더라도 일부 매수가 체결됩니다.

[그림313] 박스권 중-하단부 매수영역, 분할매수 방법

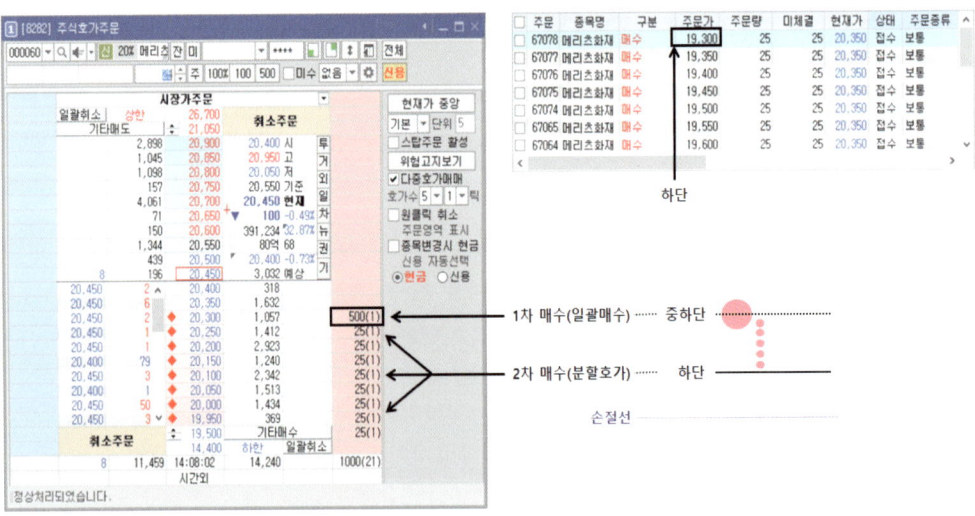

예시로 1000주를 박스권 중하단과 하단에서 매수를 한다고 가정해보겠습니다. 위 그림과 같이 박스권 중하단에서 일괄로 1차 매수, 박스권 중하단 이하부터 하단까지 분할로 2차 매수를 합니다.

좌측 호가주문창을 보면 20,300원이 박스권 중하단이죠. 이 가격에서 1차로 500주를 매수하고 2차 매수는 이 가격에서부터 박스권 하단인 19,300원까지 동일하게 25주씩 분할로 매수를 하는 것입니다. 우측 주문접수창을 보면 19,300원까지 25주씩 매수 주문이 접수가 된 것을 보실 수 있습니다.
이러한 방식으로 매수를 하는 것입니다.

이 책에 소개된 일괄과 분할을 병합해 매수를 하는 방법 외에도 각 증권사 HTS별로 쉽게 분할로 매수할 수 있는 기능이 있습니다. 호가 창을 기준으로 '삼각 형태', '역삼각 형태', '다이아몬드 형태'로 분할매수하는 방법도 있으니 각 증권사 HTS의 분할매수 기능을 참고하시길 바랍니다(키움증권에서는 [0319] 주식분할창을 참고하시길 바랍니다). ※꼭 분할매수를 하는 것이 아니라 주가의 흐름에 맞춰 다양한 매수전략을 구사할 필요가 있겠습니다.

2. 종목 대응법

비중관리와 분할매수에 대한 방법을 살펴봤다면 이 책의 단기 투자법에 대한 내용을 거의 다 설명해 드렸습니다. 다만, 주의해야 할 점이 있습니다. 본디 우량주 및 중소형 스몰캡 종목을 다루다보니 수급적인 요인을 무시할 수가 없습니다.

특히 전고점이나 신고가 또는 매물영역을 돌파한 장대양봉이 발생하면 향후 주가가 상승추세로 지속될 가능성이 높겠으나 예상외로 '특정의 수급주체가 대량으로 급하게 매도'를 하게 될 때가 있습니다. 그 날의 주가흐름은 하루 종일 약세를 보이게 되고 자칫 급락도 나오기도 합니다. 예시 사례를 보겠습니다.

※ 예시 차트 사례 - 이수페타시스/금호석유/노루페인트

[그림314] 이수페타시스 일봉차트

대량 거래량을 동반한 신고가 장대양봉은 또 한 번의 추가 상승의 가능성을 알리는 신호라 봐도 되겠습니다.
이때 당시의 수급을 보겠습니다.

[그림315] 이수페타시스 종목별투자자

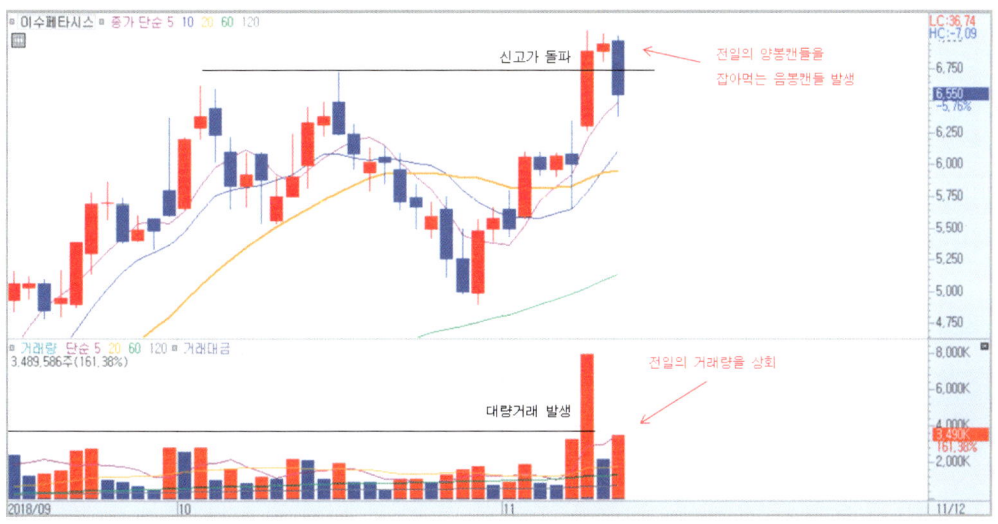

 당시 장대양봉이 발생한 11월 8일 외국인이 65억, 기관이 3억 매수를 했고 개인이 64억 매도를 했습니다. 개인과 외국인이 손바뀜 된 것을 알 수 있습니다. 수급은 크게 문제가 되지 않습니다.

[그림316] 이수페타시스 일봉차트

 장대양봉이 이후, 둘째 날에 긴 음봉캔들이 발생하면서 하락을 했습니다. 장대양봉 다음날 매매를 했었더라면 손실을 볼 수도 있었던 자리였습니다. 위 차트처럼 장대양봉 이후 갑자기 주가가 급락을 하게 되는 경우가 때때로 발생합니다.

[그림317] 이수페타시스 15분봉차트

분 차트에서 검정색으로 박스친 영역을 보면 거래량이 많이 터지면서 하락합니다. 누군가가 급하게 물량을 처분하기 위해 대량의 매물을 쏟아내고 있다는 것으로 해석되며 보통 이렇게 장 초반에 대량의 매물을 쏟아내게 될 때 주가는 하루 종일 약세의 흐름을 보이게 됩니다. 이런 날에는 매수를 지양해야 합니다.

[그림318] 이수페타시스 종목별 프로그램매매추이

1 [0778] 프로그램매매 - 종목일별 프로그램매매추이

차익잔고추이 | 차익잔고현황 | 일별차익잔고차트 | 프로그램매매누적추이 | 일별프로그램매매추이

007660 | 신 40% 이수페타시스 | ○시간별 ◉일별 | ○금액 ◉수량 | 전체 | 2018-11-12 | ☑종가

일자	현재가	전일대비	등락률	거래량	프로그램매매 (단위:주,백만원)			
					매도수량	매수수량	순매수수량	순매수증감
2018/11/12	6,550	▼ 400	-5.76	3,489,586	809,914	177,331	-632,583	-519,116
2018/11/09	6,950	▲ 60	+0.87	2,162,400	289,648	176,181	-113,467	-1,016,344
2018/11/08	6,890	▲ 890	+14.83	7,936,305	278,712	1,181,589	902,877	1,405,238
2018/11/07	6,000	▼ 70	-1.15	3,252,659	705,890	203,529	-502,361	-388,011
2018/11/06	6,070	▲ 110	+1.85	725,171	169,756	55,406	-114,350	82,372
2018/11/05	5,960	▼ 100	-1.65	854,444	267,296	70,574	-196,722	-350,076
2018/11/02	6,060	▲ 560	+10.18	1,883,382	129,868	283,222	153,354	245,270
2018/11/01	5,500	▼ 80	-1.43	915,512	181,098	89,182	-91,916	26,611
2018/10/31	5,580	▲ 100	+1.82	738,025	200,852	82,325	-118,527	-235,087
2018/10/30	5,480	▲ 480	+9.60	1,782,897	287,185	403,745	116,560	-220,370
2018/10/29	5,000	▼ 260	-4.94	1,619,911	174,481	511,411	336,930	96,626
2018/10/26	5,260	▼ 330	-5.90	1,286,817	131,435	371,739	240,304	148,366
2018/10/25	5,590	▼ 80	-1.41	871,126	113,724	205,662	91,938	-81,375
2018/10/24	5,670	▼ 40	-0.70	1,101,272	73,364	246,677	173,313	75,641
2018/10/23	5,710	▼ 310	-5.15	1,064,426	60,225	157,897	97,672	91,291
2018/10/22	6,020	0	0	517,788	71,505	77,886	6,381	-5,125
2018/10/19	6,020	▼ 60	-0.99	929,859	58,466	69,972	11,506	97,077
2018/10/18	6,080	▼ 160	-2.56	930,785	154,149	68,578	-85,571	133,570

급락이 발생한 12일 날 프로그램 매수수량이 17만주 가량, 매도수량은 80만주 가량 됩니다. 매수보다 매도수량이 그 어느 때보다도 압도적으로 많습니다. 주가 급락이 원인일 가능성이 높으니 이 날엔 매수를 지양해야하겠고 만약 보유중이라면 매도를 하여 리스크 관리에 신경을 써야하겠습니다.

[그림319] 이수페타시스 종목별투자자

1 [0796] 투자자별 매매동향 - 종목별투자자

투자자별매매종합 | 시간대별투자자 | 당일추이 | 일별동향/차트 | 순매수추이 | 업종별투자자순매수 | 당일매매현황 | 투자자별누적순매수 | 투자자별일별매매 | 종목별투자자

이수페타시스 | 2018/11/12 | ◉금액 ○수량 ○추정평균가 | ◉순매수 ○매수 ○매도 | ◉천주 ○단주 | ◉전일비 ○등락률 | 투자자안내 | 단위:백만원,천주 | 조회 | 다음 | 차트

기간 18/10/15 ~ 18/11/12

일자	현재가	전일비	거래량	개인	외국인	기관계	금융투자	보험	투신	기타금융	은행	연기금등	사모펀드	국가	기타법인	내외국인
누적순매수				-8,260	-3,247	+11,949	+1,783	+1,196	+5,642	+47	+569	-243	+2,292	+663	-388	-54
18/11/12	6,550 ▼	400	3,489,586	+5,799	-7,030	+1,352	+38	+15	+89			+176	+1,034		-114	-7
18/11/09	6,950 ▲	60	2,162,400	-1,778	+1,847	-39	+9	+30	+117		-35	-270	+111		-35	+5
18/11/08	6,890 ▲	890	7,936,305	-6,449	+6,540	+324	+189	+39	+1,432		-28	-1,351	+90	-47	-352	-64
18/11/07	6,000 ▼	70	3,252,659	+673	-3,584	+2,643	+1	+62	+1,363		+130	-51	+1,139		+255	+12
18/11/06	6,070 ▲	110	725,171	+410	-916	+514		+21	+238			-297	+552		+38	-45
18/11/05	5,960 ▼	100	854,444	+1,226	-1,510	+288	-6		+63			+44	+188		-12	+8
18/11/02	6,060 ▲	560	1,883,382	-2,340	+860	+1,583	-8	+224	+288		+58	+102	+920		-126	+22
18/11/01	5,500 ▼	80	915,512	+606	-776	+315	+208		+75	+33	+102		-103		-128	-18
18/10/31	5,580 ▲	100	738,025	+28	-756	+675	+1	+205	+49		+130	+1	+290		+91	-38
18/10/30	5,480 ▲	480	1,782,897	-1,781	+407	+1,175	+189	+99	+591	+47	+94	+71	-229	+313	+92	+107
18/10/29	5,000 ▼	260	1,619,911	-799	+1,725	-948	+40		+100	-17	-217	+1	-855		+35	-13
18/10/26	5,260 ▼	330	1,286,817	-450	+1,123	-582	-261	+130	-168				-283		-91	
18/10/25	5,590 ▼	80	871,126	-368	+471	-108	-2	+139	-229		+277	+189	-482		+11	-7
18/10/24	5,670 ▼	40	1,101,272	-1,487	+1,060	+555	+1	+554	+180				-275	+95	-87	-40
18/10/23	5,710 ▼	310	1,064,426	-379	+594	-310	-2		-308	-17	-51		+21	+48	+61	+34
18/10/22	6,020	0	517,788	+473	+11	-470	+203	-311	-402			-12	+51		-11	-2
18/10/19	6,020 ▼	60	929,859	-355	+109	+211	+336	-141	+57		+110		-152		+59	-25
18/10/18	6,080 ▼	160	930,785	+539	-454	-94	-35		+13			+12	-85		+12	-2
18/10/17	6,240 ▼	140	1,945,693	+856	-1,811	+970	+206		+1,168				-403		-21	+6
18/10/16	6,380 ▲	50	1,085,978	+684	-1,907	+1,201	+135	+48	+561				+456		+21	+1

12일에 외국인이 70억 가량 매도를 했습니다. 어떻게 보면 외국인이 단타를 친 것으로도 보이기도 합니다.

[그림320] 이수페타시스 일봉차트

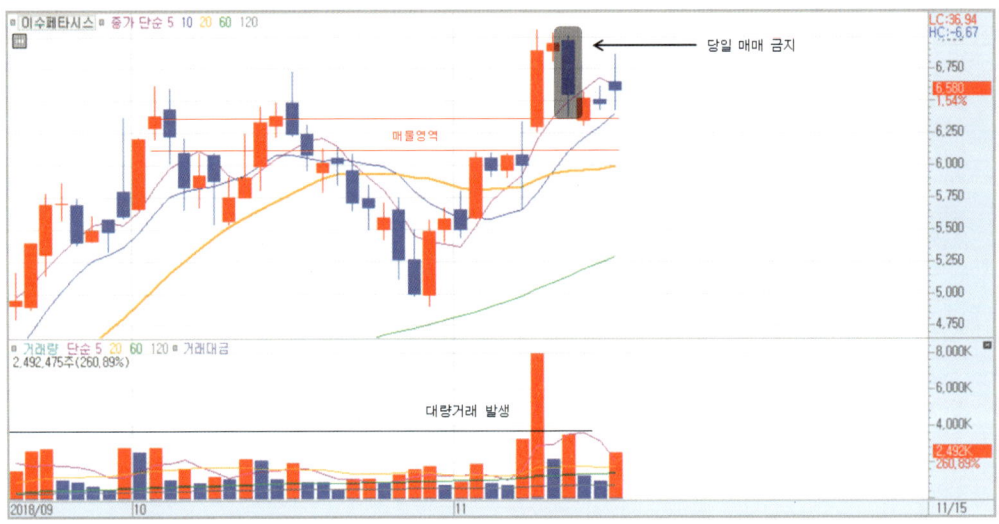

지나고 보니 주가는 장대양봉의 시가를 이탈하지 않고 매물영역에서 반등이 나오긴 했습니다만 해당 종목의 프로그램 매매를 체크했을 때 매수보다 매도 수량이 압도적으로 많다면 당일 매수는 지양해야 하겠습니다.

[그림321] 금호석유 일봉차트

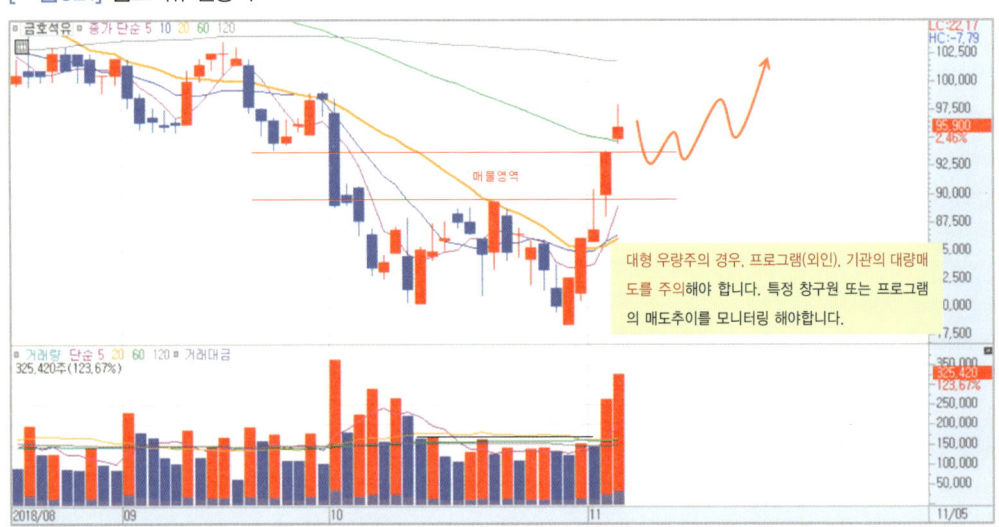

위 주가를 보면 매물영역을 돌파했습니다. 단기간 시세가 나올 수 있는 위치입니다. 수급을 체크해 보겠습니다.

[그림322] 금호석유 종목별투자자

매물영역을 돌파한 5일의 수급에는 외국인과 기관이 각 31억, 29억씩 대량으로 매수를 했습니다. 수급도 양호하고 주가의 위치도 단기적으로는 괜찮습니다.

[그림323] 금호석유 일봉차트

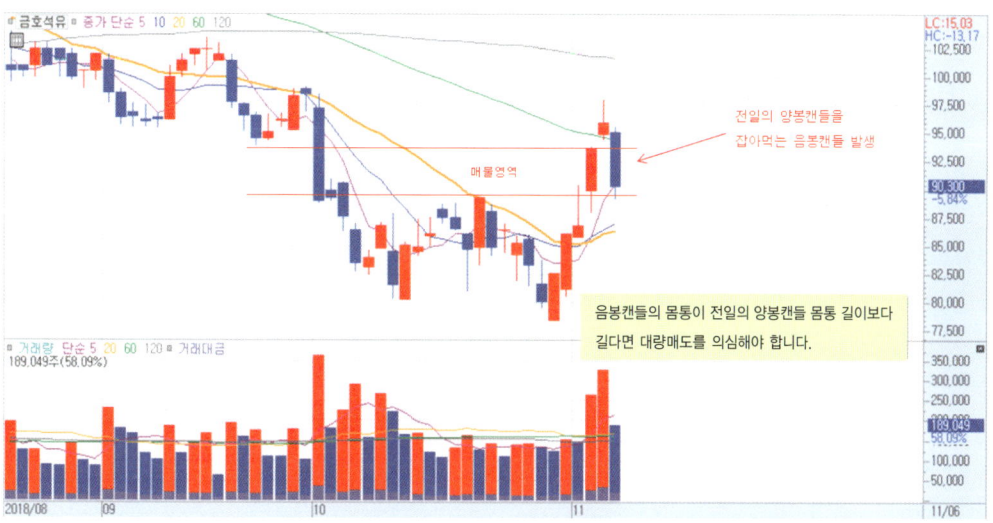

그러나 다음날 주가는 긴 음봉캔들이 발생했습니다. 전일의 시세를 반납해버렸습니다. 이번에도 프로그램의 대량매도가 그 영향일까요?

[그림324] 금호석유 종목별 프로그램매매추이

 다른 날에 비해서 매수수량에 비해 매도수량이 2배 이상 정도 많습니다. 거래량이 약 18만주에서 매도 수량이 10만주이니 주가는 약세를 보일 수밖에 없습니다.

[그림325] 금호석유 종목별투자자

 급락이 나온 11월 6일 당시에는 외국인이 34억 매도를 했습니다. 기관은 소폭 매수를 했으나 주가는 외국인의 매도에 반응해 하락한 것으로 판단됩니다.

[그림326] 금호석유 일봉차트

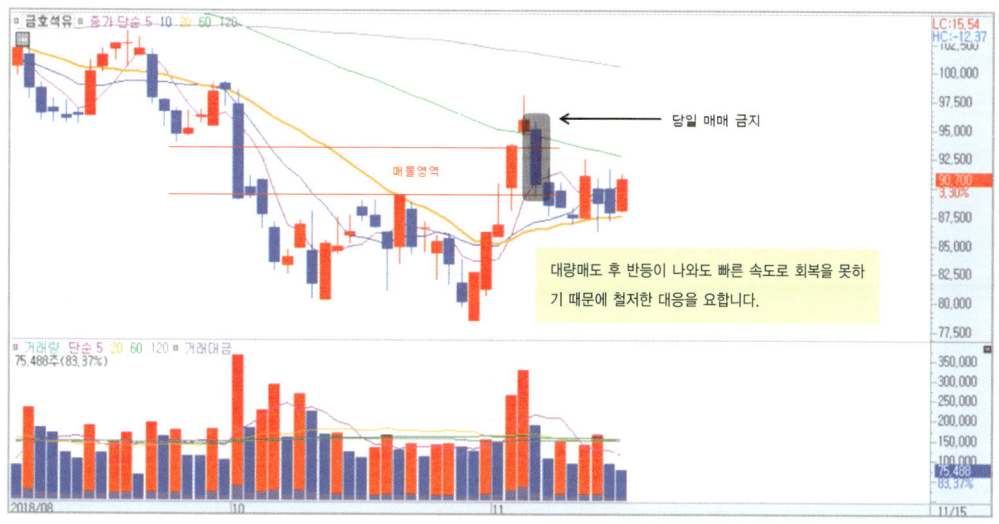

장대음봉이 발생한 날 이후로 주가는 반등이 나오긴 했습니다만 쉽사리 반등을 이어나가지는 못합니다.

[그림327] 노루페인트 일봉차트

이번에는 신고가를 장대양봉으로 달성한 종목입니다. 다음날부터 단기 매매를 하면 되겠지만 대량의 프로그램 매도세가 나오는지 항시 체크를 해야 합니다.

[그림328] 노루페인트 종목별투자자

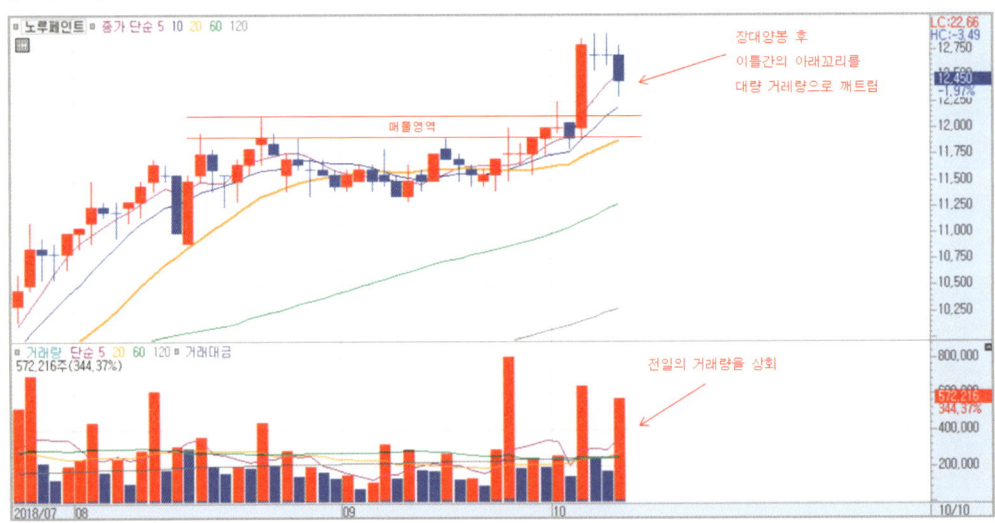

외국인이 9월 21일부터 순매수를 해왔습니다. 그리고 장대양봉이 나온 날 12억 가량 매수를 했습니다. 수급은 꽤나 양호합니다. 특별히 흠잡을 것이 없습니다. 중요한 건 이 다음날의 수급입니다. 언제든 외국인과 기관이 대량의 매도를 쏟아 낼 수 있음을 경계해야 합니다.

[그림329] 노루페인트 일봉차트

장대양봉 발생 이후 셋째 날에 거래량이 실리면서 5일선과 박스권 하단을 이탈했습니다. 매수를 했었으면 전량 정리를 했어야 합니다.

[그림330] 노루페인트 종목별 프로그램매매추이

[0778] 프로그램매매 - 종목일별 프로그램매매추이

차익잔고추이 | 차익잔고현황 | 일별차익잔고차트 | 프로그램매매누적추이 | 일별프로그램매매추이

090350 | 신 40% 노루페인트 | ○시간별 ◉일별 | ○금액 ◉수량 | 전체 | 2018-10-10 | ☑종가

일자	현재가	전일대비	등락률	거래량	프로그램매매 (단위:주,백만원)			
					매도수량	매수수량	순매수수량	순매수증감
2018/10/10	12,450	▼ 250	-1.97	572,216	146,252	35,427	-110,825	-83,584
2018/10/08	12,700	0	0	166,163	34,310	7,069	-27,241	1,352
2018/10/05	12,700	▼ 100	-0.78	243,145	46,066	17,473	-28,593	-121,029
2018/10/04	12,800	▲ 900	+7.56	642,477	24,903	117,339	92,436	90,016
2018/10/02	11,900	▼ 100	-0.83	138,856	3,298	5,718	2,420	-22,013
2018/10/01	12,000	0	0	255,007	11,736	36,169	24,433	-17,313
2018/09/28	12,000	▲ 100	+0.84	192,195	20,309	62,055	41,746	34,873
2018/09/27	11,900	▲ 150	+1.28	234,935	14,418	21,291	6,873	-6,065
2018/09/21	11,750	0	0	183,684	6,022	18,960	12,938	69,446
2018/09/20	11,750	▲ 50	+0.43	806,296	124,348	67,840	-56,508	-46,365
2018/09/19	11,700	▲ 150	+1.30	290,950	31,007	20,864	-10,143	-8,239
2018/09/18	11,550	0	0	86,941	7,857	5,953	-1,904	-2,479
2018/09/17	11,550	▼ 100	-0.86	129,828	15,275	15,850	575	3,935
2018/09/14	11,650	▼ 50	-0.43	123,017	16,544	13,184	-3,360	-6,512
2018/09/13	11,700	▼ 50	-0.43	264,983	16,782	19,934	3,152	-49,059
2018/09/12	11,750	▲ 250	+2.17	170,034	6,387	58,598	52,211	29,419
2018/09/11	11,500	0	0	172,223	3,279	26,071	22,792	-73,896
2018/09/10	11,500	▲ 150	+1.32	291,440	1,249	97,937	96,688	90,918

10월 10일이 5일선과 박스권 하단을 이탈한 날입니다. 역시 매수수량보다 매도수량이 3배 가량 많습니다.

[그림331] 노루페인트 종목별투자자

[0796] 투자자별 매매동향 - 종목별투자자

투자자별매매종합 | 시간대별투자자 | 당일추이 | 일별동향/차트 | 순매수추이 | 업종별투자자순매수 | 당일매매현황 | 투자자별누적순매수 | 투자자별일별매매 | 종목별투자자

090350 | 신 노루페인트 | 2018/10/10 | ◉금액 ○수량 ○추정평균가 | ◉순매수 ○매수 ○매도 | ◉천주 ○단주 | ◉전일비 ○등락률 | 투자자안내 | 단위:백만원,천주 | 조회 | 다음 | 차트

일자	현재가	전일비	거래량	개인	외국인	기관계	금융투자	보험	투신	기타금융	은행	연기금등	사모펀드	국가	기타법인	내외국인
기간 18/10/15 ~ 18/11/15			누적순매수	-4,627	+3,041	+1,565	+1	+24	+18		+90	+5	-1	+1,428	+27	-7
18/10/10	12,450	▼ 250	572,216	+1,894	-1,388	-511	-17		+10			-499	-4			+5
18/10/08	12,700	0	166,163	+427	-441	+15	+11		+4							-1
18/10/05	12,700	▼ 100	243,145	+441	-399	-46	+35	+16			-2	-95			-2	+5
18/10/04	12,800	▲ 900	642,477	-1,162	+1,274	-144	-4		+1	-13	-1	-127			+28	+5
18/10/02	11,900	▼ 100	138,856	-20	+29	-8	-8								-2	
18/10/01	12,000	0	255,007	-128	+320	-194	+10		+36		-1	-240				+2
18/09/28	12,000	▲ 100	192,195	-374	+249	+126	-10	+3	+252		-1	-118				
18/09/27	11,900	▲ 150	234,935	+112	+102	-224	+1	+8				-233			+10	
18/09/21	11,750	0	183,684	-238	+160		+8				-7				+78	
18/09/20	11,750	▲ 50	806,296	+986	-936	-121	+6		-7		-3	-116			+65	+6
18/09/19	11,700	▲ 150	290,950	+265	-105	-213			-4		-2	-115	-92		+40	+13
18/09/18	11,550	0	86,941	+67	-19	-48					-3		-46			
18/09/17	11,550	▼ 100	129,828	+339	+7	-347					-2	-345				
18/09/14	11,650	▼ 50	123,017	+277	-39	-236					-4	-231				-3
18/09/13	11,700	▼ 50	264,983	-34	+12	-4	+3				-7					+27
18/09/12	11,750	▲ 250	170,034	-590	+606			+3			-3					-16
18/09/11	11,500	0	172,223	+166	+291	-457						-457				
18/09/10	11,500	▲ 150	291,440	-1,211	+1,160	+52		+1	+56		-6					
18/09/07	11,350	▼ 150	126,127	+67	+54	-117	-2				-1	-114				-5
18/09/06	11,500	0	320,723	+30	-102	+51	-2		+8		-1	+46			+16	+5

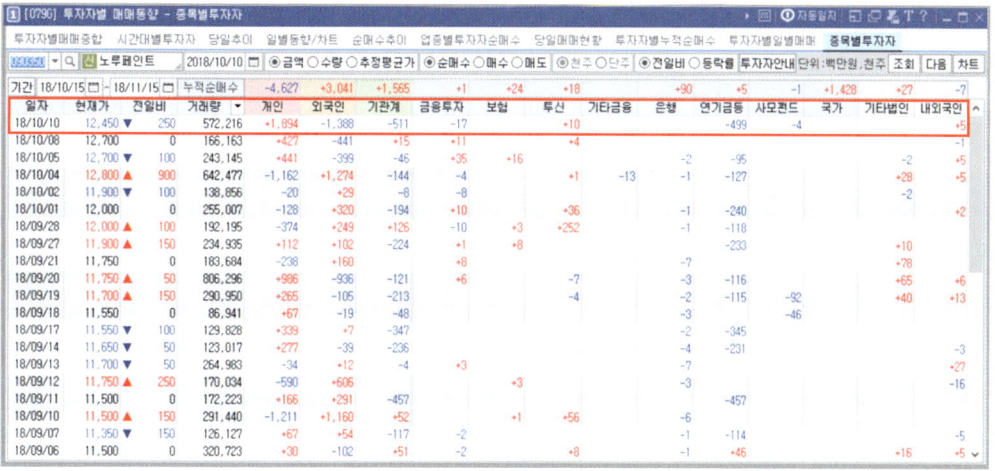

아니다 다를까 이번에도 외국인이 약 13억 순매도를 했습니다. 역시 외국인이 단타를 쳤다고 봐도 무방합니다.

Chapter 3 비중관리

[그림332] 노루페인트 일봉차트

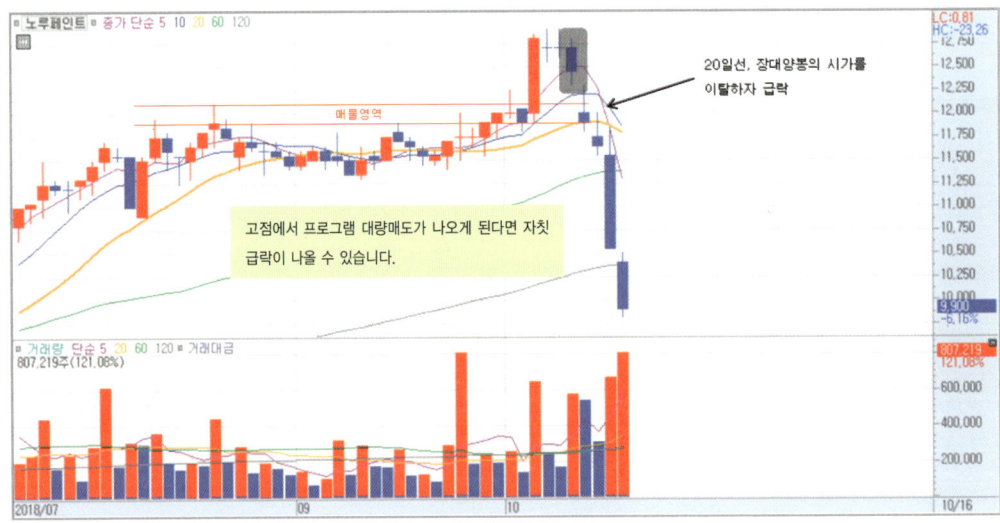

대량의 프로그램 매도이후 주가는 매물영역에서 반등이 나오지 않고 급락이 발생했습니다. 복수한답시고 매물영역에서 매수를 하였으면 손실을 볼 수밖에 없었습니다. 이렇게 대량으로 프로그램 매도가 쏟아진 종목은 자칫 급락이 발생할 수 있습니다.

[그림333] 파트론 일봉차트

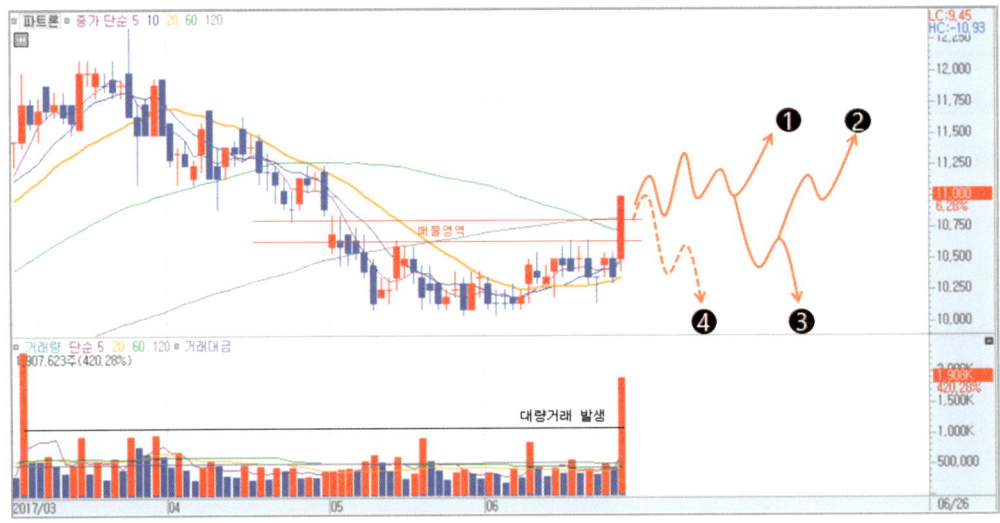

이번에는 매물영역을 장대양봉으로 돌파했습니다. 웬만해서는 매물영역을 대량의 거래량을 수반하여 돌파한 종목은 장대양봉의 시가를 쉽게 이탈하지 못합니다.

[그림334] 파트론 종목별투자자

기관이 이틀간 11억, 39억 대량으로 매수를 했습니다. 금융투자의 수급이 두드러집니다. 대체로 기관투자자들 중에서 투신, 기금, 금융투자, 사모펀드가 시세 견인력이 있는 수급주체들입니다. 이들의 수급이 대량으로 유입되면 단기간 시세가 발생할 가능성이 있으니 눈여겨봐야 합니다.

[그림335] 파트론 일봉차트

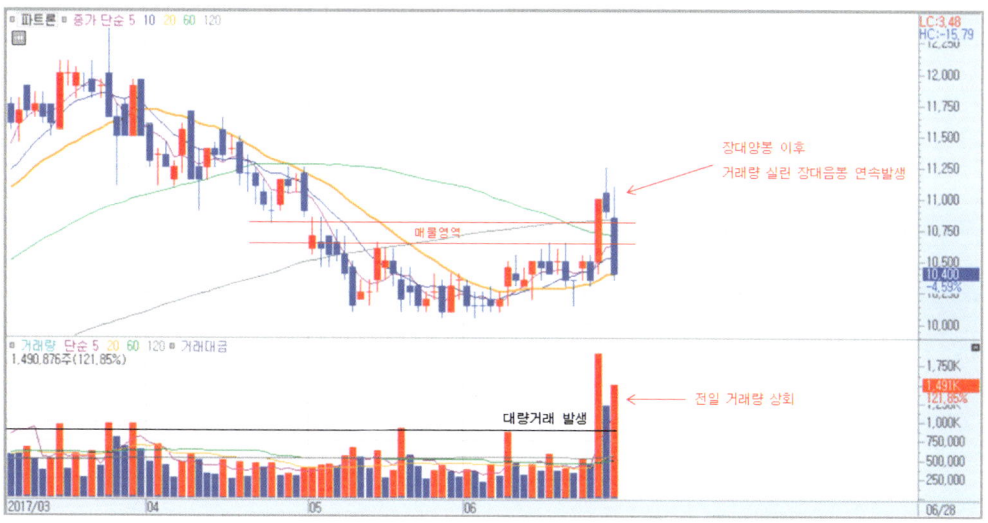

또다시 예상을 뒤엎고 장대양봉의 시가를 단 이틀 만에 이탈해버립니다. 해당 종목에 악재가 없는데도 유독 거래량이 터지면서 하락을 하게 된다면 프로그램 매도를 의심하라고 했습니다.

[그림336] 파트론 종목별 프로그램매매추이

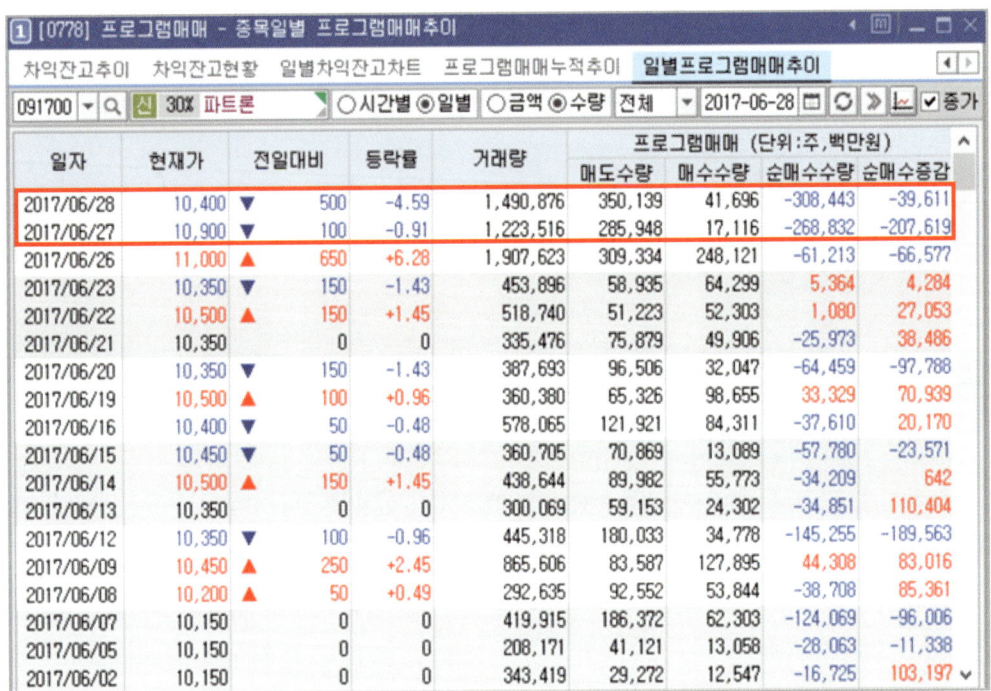

　매수수량 보다 매도수량이 압도적으로 많습니다. 하루 종일 프로그램이 매수를 하기보다 대량 매도를 퍼부으니 하락을 할 수밖에 없습니다. 이 프로그램 매매동향은 실시간으로 조회되기 때문에 이 같은 대량매도 조짐이 보이면 즉각 매도로 대응하거나 관망해야 하겠습니다.

[그림337] 파트론 종목별투자자

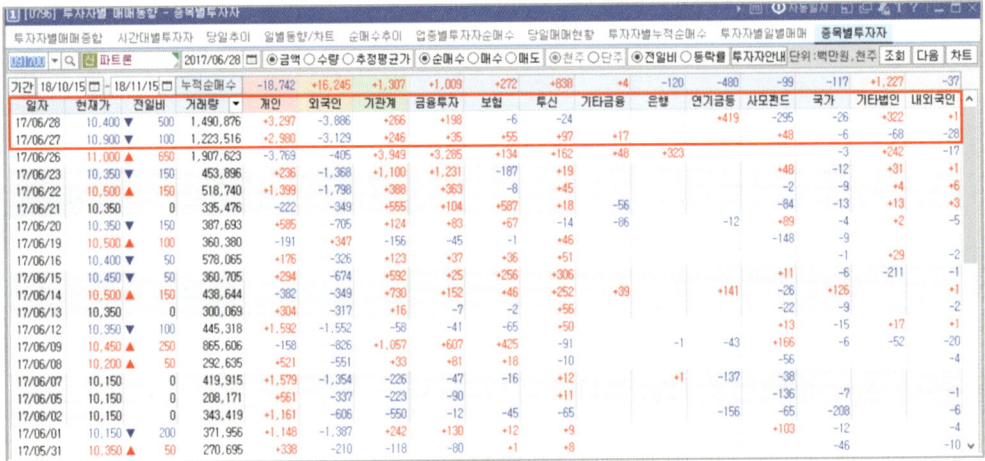

외국인의 대량매도를 개인이 받아준 모습입니다. 기관도 매수를 하긴 했지만 개인보다는 미미한 수준입니다.

[그림338] 파트론 일봉차트

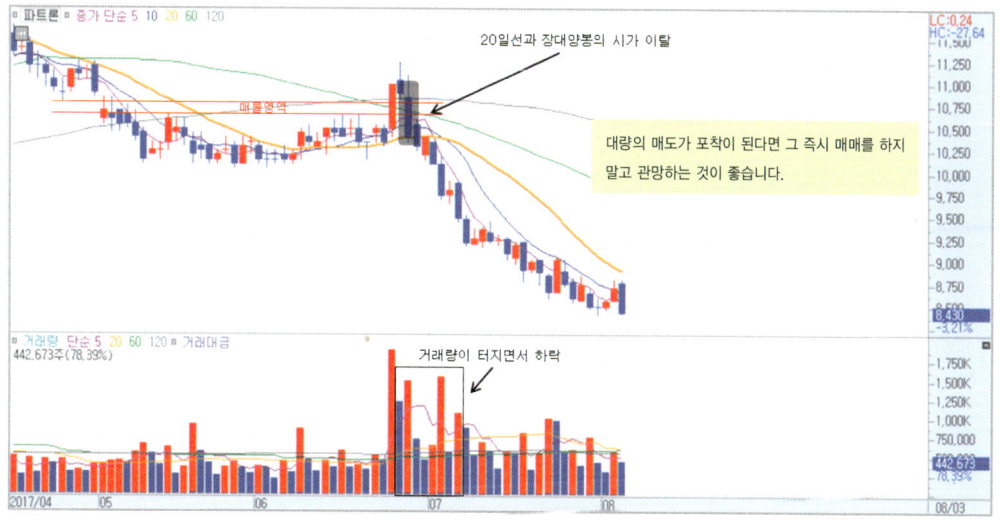

외국인의 대량매도를 개인이 받아 준 후 주가는 급락을 이어갔습니다. 이처럼 외국인 또는 기관이 개인한테 대량으로 물량을 떠넘기는 게 포착될 때에는 상당한 주의를 요합니다. 아무리 장대양봉의 위치가 좋고 수급도 좋다고 할지라도 언제든 외국인 또는 기관이 매도폭탄을 퍼부을 수 있습니다. 항시 프로그램 매매동향 또는 창구원을 확인해 대량의 매도가 나오는지 모니터링을 해야 하겠습니다.

3. 정리 – 3%룰, 비중관리 메커니즘

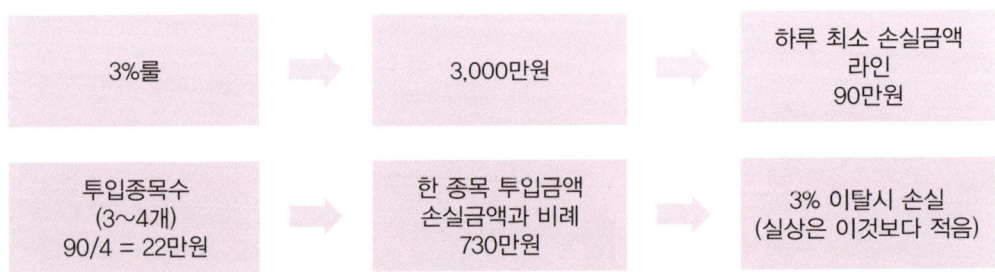

- 원금의 하루 최대 손실금액 설정 → 투입 종목 수 → 종목 손실률 → 한 종목당 투입금액 순으로 계산

[그림339] 박스권 중하단 ~ 하단 영역에서의 분할매수 방법

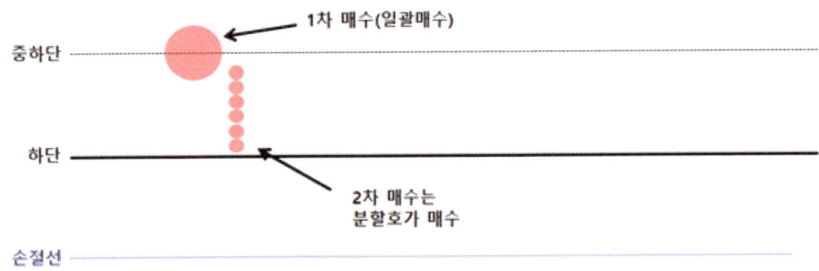

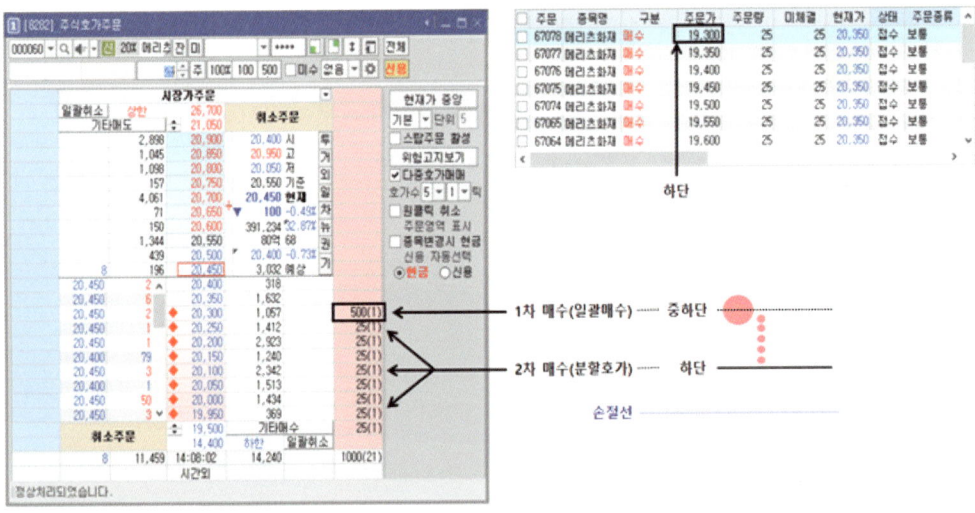

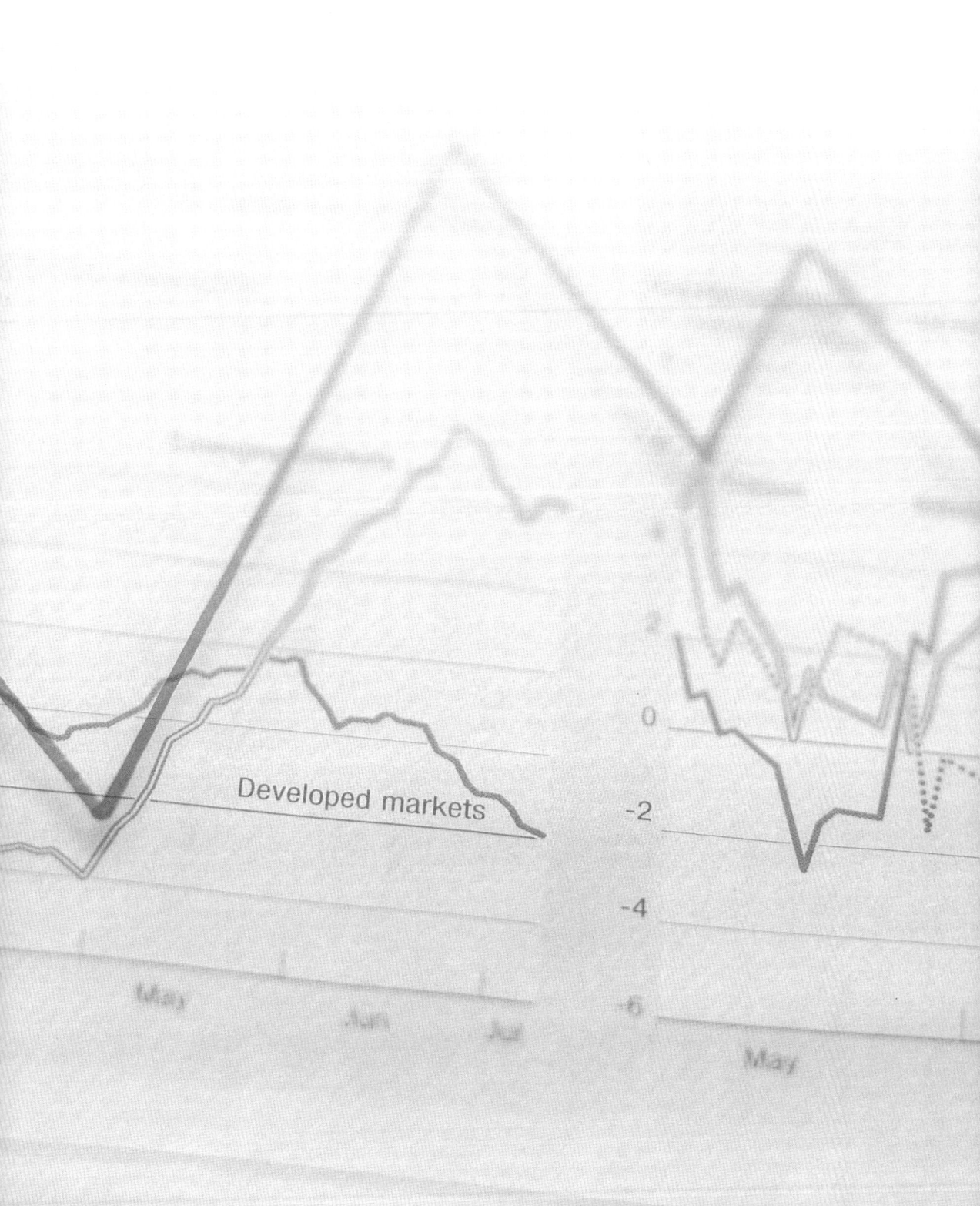

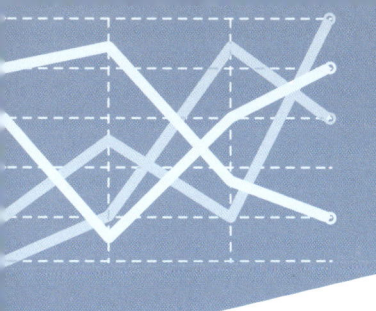

Chapter 4
우량주 스윙/중기 매매법

1. 어닝 서프라이즈 패턴

주가가 1년 이상의 장기 매물영역을 돌파하면 가파른 상승추세가 발생한다는 것을 page89[그림132]에서 확인하였습니다. 이렇게 발생된 가파른 상승추세는 단기 매매뿐 아니라 스윙, 중기 투자로 길게 보유를 하여 높은 수익률을 달성할 수 있습니다.

문제는 page89 [그림132]처럼 장기간의 매물영역을 돌파한 자리를 찾아내야 되는데 이왕이면 주가 '바닥'에서 장기 매물영역을 돌파한 종목에 투자하는 것이 안정적이지 않겠습니까? 주가가 어정쩡한 위치에 있는 것보다는 상승 초입에서 투자를 하는 편이 높은 수익률을 달성할 수 있고 손절할 때도 손실의 폭도 좁습니다.

특히나 주가가 매물영역을 돌파한 상승 초입에서는 회사의 실적이 증가하거나 또는 정체구간을 "탈피"할 것이라는 기대감, 즉 실적 기대감이 나타나는 때이기도 합니다. 게다가 회사가 새로운 사업을 추진한다든지, 자구책으로 재무구조를 개선한다든지, 인수합병, MOU체결, 신제품 개발 등등의 재료가 나올 것이라는 암시를 나타내기도 합니다.

[그림340] 주가 흐름에 따른 실적, 재료노출 관계도

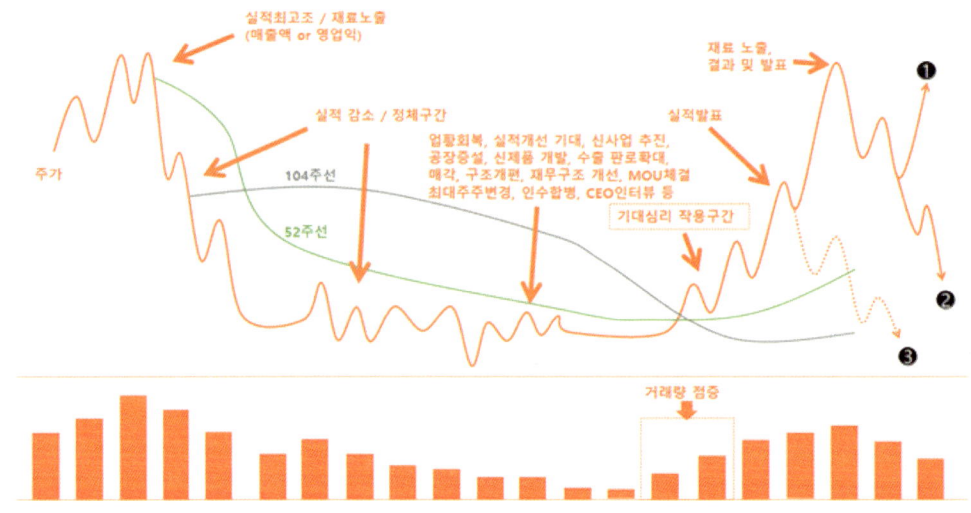

　주가는 크게 3단계의 구간을 거치게 됩니다. 급락 → 횡보 → 상승의 단계입니다.
　주가가 상승 후 급락을 하는 첫 번째 단계에서는 실적이 최고조이거나 재료가 노출됩니다. 기대감이 소멸된 상태로 주가는 상승 모멘텀 부재에 의해 급락을 맞이합니다. 카드 게임에서 보여줄 패를 다 보여준 상태라 보면 되겠습니다. 패를 다 보여준 이상 추가로 베팅을 할 투자자들이 존재할까요? 이 급락의 끝은 대체로 시세가 발생했던 초입 부근 또는 신저가까지 내려오게 됩니다. 비유를 하자면 게임을 다시 시작하기 위해서 패를 걷는 과정이라고 봐도 무방합니다.

　두 번째 횡보의 단계는 주가가 상당히 긴 시간동안 오르지도 내리지도 않는 긴 정체구간을 겪습니다. 실제 회사에서도 실적 부진으로 급락을 한 경우에는 실적 부진을 탈피하기 위해 회사 자체적으로 자금조달을 하여 신사업을 한다든지, R&D를 한다든지, 인수합병을 한다든지 등등의 노력을 하게 됩니다. 이러한 재료들로 인해 주가는 시세가 발생하긴 하지만 급락에 의해 발생한 악성매물을 뚫지 못하고 단발성 시세로 끝나게 됩니다.
　마지막 세 번째 단계에선 주가가 급락에 의해 발생한 악성매물을 뚫게 되는 단계입니다. 이때서부터 회사의 재료가 구체화되거나 실적이 증가할 것이라는 기대심리가 나타납니다. 패를 일부만 공개한 상태가 되겠죠. 카드 패의 일부만 공개했는데 그 패가 나머지 패를 다 공개하지 않아도 좋은 패라면? 카드게임에서 승리할 확률이 높아집니다.

이 패에 따라서, 주가는 크게 ①신고가를 돌파해 대시세가 발생하거나 ②전고점 수준까지 상승 후 다시 원점으로 회귀하거나 또는 ③공개한 패만큼 상승합니다.

[그림341] 주가 흐름에 따른 실적, 재료노출 관계도

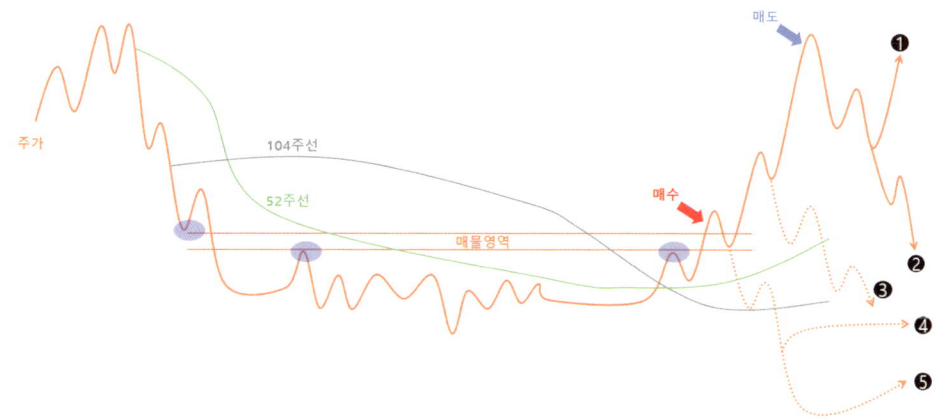

대시세를 내는 종목의 특징은 위 그림처럼 주봉차트에서 주가가 52주선과 104주선을 장악한 후, 매물영역을 장대양봉으로 돌파하면 장기간의 상승랠리가 나오게 됩니다.

물론 매물영역을 돌파한 시세초입 단계라고 해서 주가가 무조건 상승하는 것은 아닙니다. 오히려 ④~⑤처럼 급락이 발생하기도 합니다. 회사에 예상치 못한 돌발 악재가 나오거나 주식시장이 무너질 때 이러한 현상이 나타납니다. 또는 상승의 모멘텀이 부재할 때, 즉 재료가 부실하거나 없을 때 주가는 다시 한 차례 급락을 합니다. 대체로 대부분 종목은 위와 같은 주가 흐름을 보이는 특성이 있으니 주가가 매물영역을 돌파하거나 돌파 후 조정을 받을 때 매수를 하면 되겠고 매물영역의 하단을 이탈할 때는 손절로 대응하면 되겠습니다.

※ 예시 차트 사례 - 신세계인터내셔날/티에스이/위닉스/웅진/이지웰페어/씨티씨바이오

[그림342] 신세계인터내셔날 주봉차트

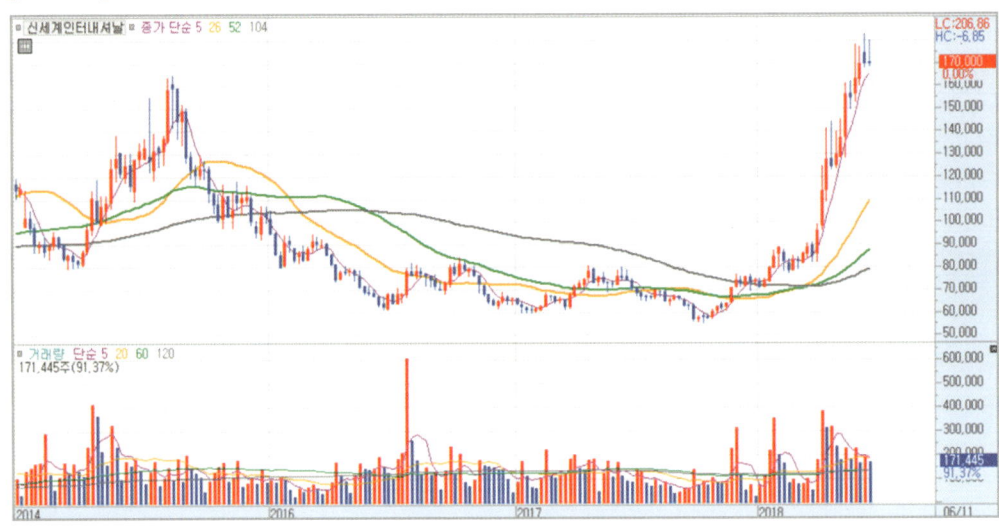

 스윙, 중장기 투자법의 매매기준은 주봉차트의 이동평균선과 매물영역, 거래량, 재료, 실적입니다. 먼저 위의 주봉차트에서 이동평균선을 좀 더 매끄럽게 바꾸겠습니다.

[그림343] 이동평균선 설정

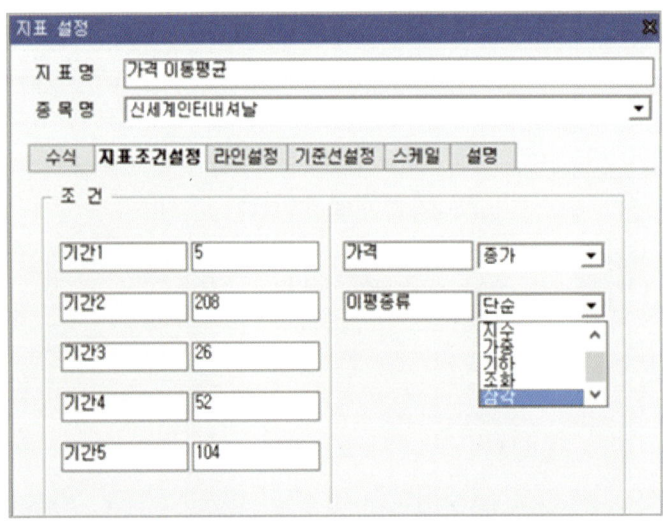

 기존의 '단순' 이동평균선에서 '삼각' 이동평균선으로 바꾸겠습니다.
 단순 이동평균에 비해 삼각 이동평균은 통계의 정규분포와 같은 가중치를 부여하는 방법으

로 데이터의 가운데 부분에 많은 가중치를 두는 반면 양끝의 데이터에는 가중치를 적게 두어 계산하기 때문에 주봉차트에서 장기적이고 경직된 흐름을 띈 이평선이 곡선 형태로 나오게 되는 특징이 있습니다.

[그림344] 신세계인터내셔날 주봉차트

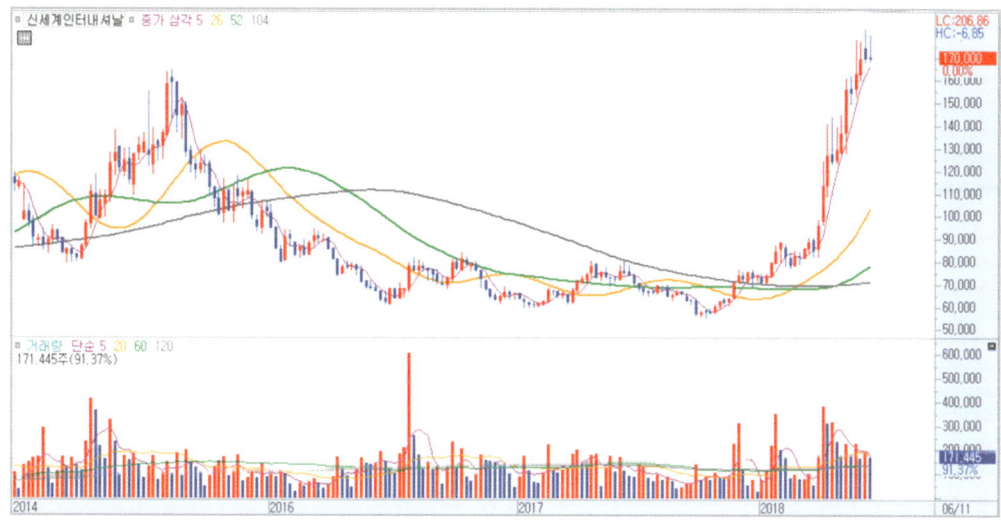

이동평균선이 매끄럽게 바뀌게 되었습니다. 여기서 중점으로 봐야할 이동평균선은 52주선과 104주선입니다. 1년이 약 52주라면 2년은 104주가 되겠죠? 주가가 이 두 개의 이동평균선을 완전히 장악했을 때부터 관심을 가져야 합니다.

[그림345] 신세계인터내셔날 주봉차트

　주가는 ①의 매물영역을 대량 거래량으로 돌파한 후 이내 매물영역에서 지지를 받고 ②를 돌파하자 급등시세가 발생했습니다. 거래량을 보면 2016년~2017년에서는 거래량이 20여 만주정도로 평균정도 거래되었으나 2017년 말부터 대량 거래량이 발생하면서 점차 증가하고 있는 것을 확인할 수 있습니다.
　매수를 하게 된다면 ①매물영역을 돌파할 때 또는 매물영역에서 지지를 받을 때 매수를 하거나 본격적인 급등시세가 발생했던 ②를 돌파했을 때 매수를 하면 되겠습니다.

[그림346] 신세계인터내셔날 일봉차트

 당시, 주가가 2번의 매물 영역인 100,000만원을 돌파하기 직전의 일봉차트 모습입니다. 대시세가 발생하기 이전부터 어떠한 징후가 있었는지 그에 대한 이유를 뉴스를 통해 찾아보겠습니다. 또한 실적도 어떠한 흐름을 보여 왔는지 체크를 해보겠습니다.

[그림347] 신세계인터내셔날 실적추이

구분	2010	2011	2012	2013	2014	2015	2016	2017
매출액 (억원)		7,923	7,902	8,031	9,119	10,052	10,211	11,025
영업이익 (억원)		532	309	221	159	199	270	254

구분	2015/9	2015/12	2016/3	2016/6
매출액 (억원)	2,300	3,065	2,482	2,360
영업이익 (억원)	-18	100	35	75
구분	2016/9	2016/12	2017/3	2017/6
매출액 (억원)	2,448	2,922	2,721	2,394
영업이익 (억원)	6	154	44	44
구분	2017/9	2017/12	2018/3	2018/6
매출액 (억원)	2,688	3,222		
영업이익 (억원)	9	157		

 연간 매출액은 꾸준하게 늘어나게 있는 추세입니다. 문제점을 찾기 어렵습니다. 그러나 매출액 증가율로 따져보면 2014년부터 2015년도까지 10% 이상을 유지하고 있었으나 2016년과 2017년도에는 한 자리수를 기록하고 맙니다. 매년 실적을 잘 내고 있더라도 매출액이나 영업이익의 증가율이 정체되거나 감소하면 주가가 부진에 빠지기도 합니다.

분기 실적도 특별히 문제가 될 만한 것 없습니다. 2018년의 1분기와 2분기 실적이 아직 공개되지 않았죠. 뉴스를 보고 향후 2018년 1분기와 2분 실적이 대강 얼마 정도 나오는지는 예측할 수 있어야 하겠습니다.

[그림348] 신세계인터내셔날 뉴스 ①

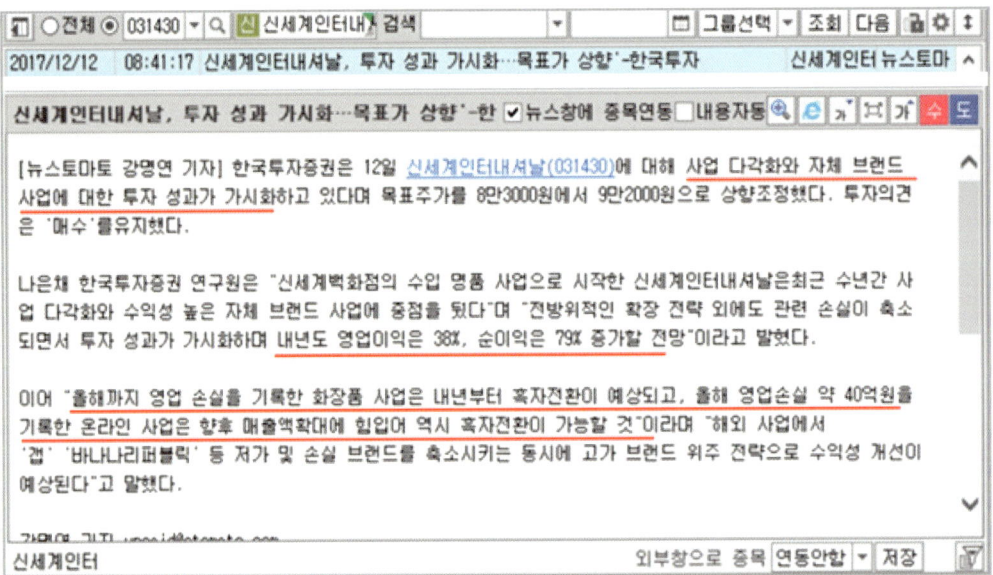

매물영역을 돌파하기 전의 뉴스 내용입니다. 핵심적인 내용만 추려보면 1) 사업 다각화 및 자체 브랜드 사업 투자 성과 가시화 2) 실적 턴어라운드 예상 (화장품 사업 + 온라인 사업)입니다. 2017년 한 해 동안 영업 손실이 흑자로 전환이 예상된다고 합니다. 만약 그렇게 된다면 최소 1분기 실적이 발표되는 5월 15일 이내(12월 결산법인)에 실적 기대감에 의해 상승할 가능성이 있습니다.

[그림349] 신세계인터내셔날 뉴스 ②

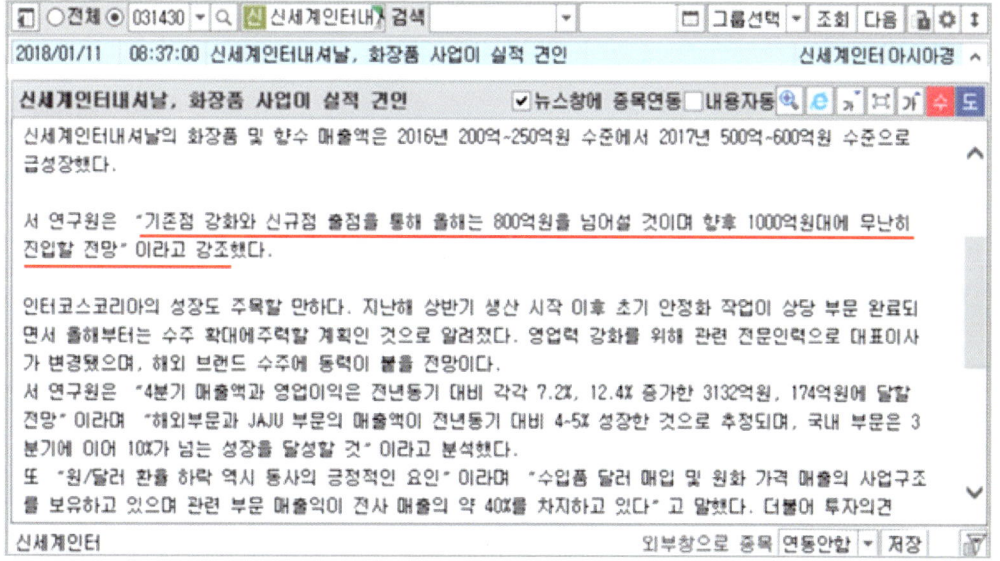

4분기 실적이 발표되기 몇 주 전 각 증권사의 실적전망 리포트가 나옵니다. 위 내용을 보니 화장품 사업이 1,000억 원을 무난히 달성할 것이라 했는데 상당히 낙관적인 뉴스입니다. 이 뉴스 이후로 주가는 1번의 매물영역을 돌파하게 됩니다.

[그림350] 신세계인터내셔날 뉴스 ③

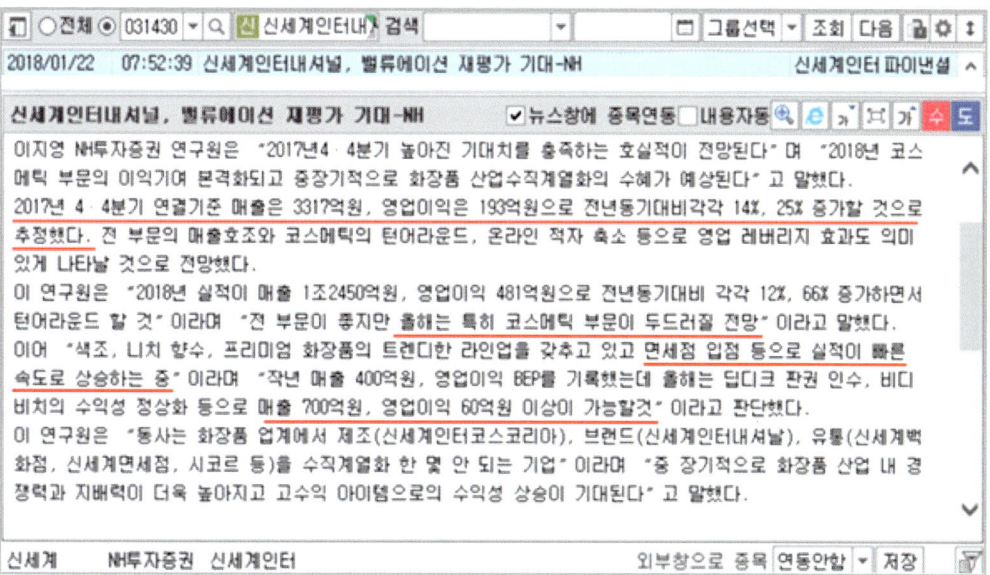

1) 2018년에는 특히 코스매틱 부문이 두드러질 전망, 면세점 입점 등으로 실적이 빠른 속도로 상승
2) 화장품 부문 매출 700억 원, 영업익 60억 원 가능

지난 11월 뉴스에 비해 화장품 부문 매출이 800억 원에 비해 100억 원 낮은 수치지만 어쨌든 700~800억 원 매출액 예상입니다.

[그림351] 신세계인터내셔날 뉴스 ④

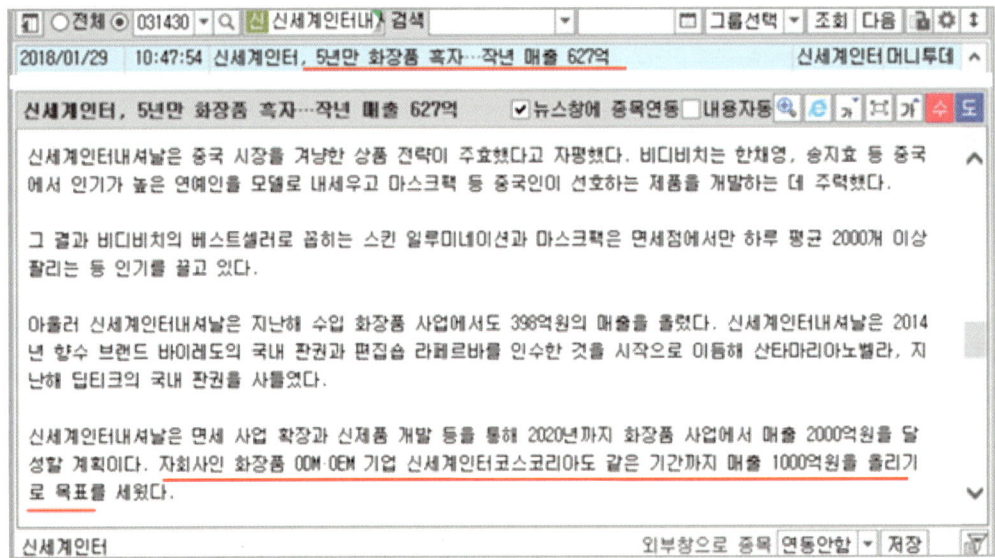

4분기 실적이 발표되었습니다. 작년 화장품 사업에서 영업이익 흑자를 달성했다고 합니다. 매출액은 627억으로 기존 증권사 전망치보다 낮은 수치입니다. 이 뉴스가 나온 후 주가는 1번의 매물영역 부근까지 조정을 받습니다.

[그림352] 신세계인터내셔날 뉴스 ⑤

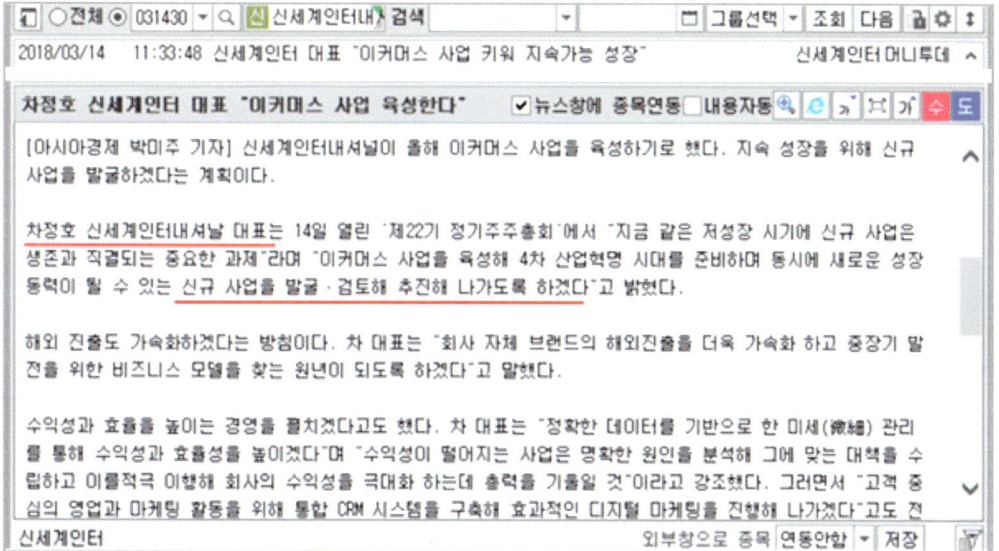

3월에 CEO 인터뷰 기사가 나왔습니다. 신규 사업을 발굴 검토해 추진해 나가도록 하겠다고 하는데 향후 주가가 상승하는데 새로운 재료가 나올 수 있음을 암시합니다.

[그림353] 신세계인터내셔날 뉴스 ⑥

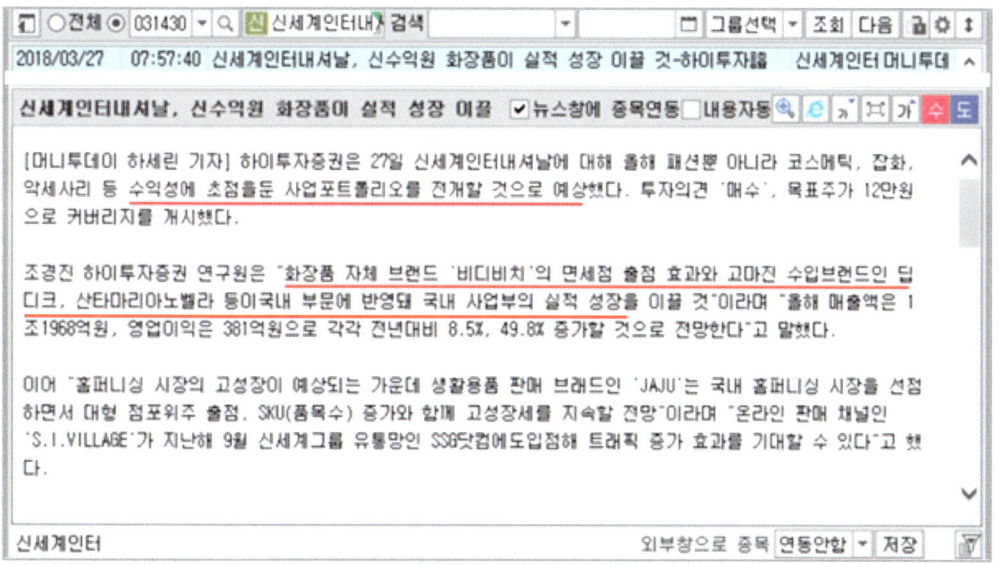

수익성을 초점을 둔 사업포트폴리오 전개, 화장품 자체 브랜드, 고마진 수입브랜드 등이 국내 부문에 반영돼 국내 사업부의 실적 성장을 이끌 것이라 하며 목표주가를 10만 원 이상인 12만

원으로 올려 잡았습니다. 이렇게 여러 증권사에서 전망치를 앞 다퉈 높게 조정하니 1분기 실적이 발표될 때까지 실적 기대감이 작용할 수밖에 없습니다. 이 리포트가 나온 후로 주가는 2번의 매물영역을 돌파하며 본격적인 상승추세 구간으로 진입을 하게 됩니다.

[그림354] 신세계인터내셔날 일봉차트

매물영역을 돌파한 이래로 주가는 계속 상승하더니 최고점까지 약 110% 정도 상승을 했습니다. 과연 실적이 잘 나와서 이렇게 상승을 한 것인지? 2018년 1분기, 2분기 실적을 확인해 보겠습니다.

[그림355] 신세계인터내셔날 실적추이

재무차트 - 상세데이터				
구분	2015/9	2015/12	2016/3	2016/6
매출액 (억원)	2,300	3,065	2,482	2,360
영업이익 (억원)	-18	100	35	75
구분	2016/9	2016/12	2017/3	2017/6
매출액 (억원)	2,448	2,922	2,721	2,394
영업이익 (억원)	6	154	44	44
구분	2017/9	2017/12	2018/3	2018/6
매출액 (억원)	2,688	3,222	3,044	2,834
영업이익 (억원)	9	157	118	143

2018년 1분기, 2분기 영업이익이 전년인 2017년 1분기, 2분기 실적보다 최소 2배 이상 실적을 기록했습니다. 물론 매출액도 늘었지만 영업이익이 괄목한 만한 성과를 기록했습니다. 시장의

실적전망 기대치 이상으로 부합한 모습입니다. 뉴스를 체크해보겠습니다.

[그림356] 신세계인터내셔날 뉴스 ①

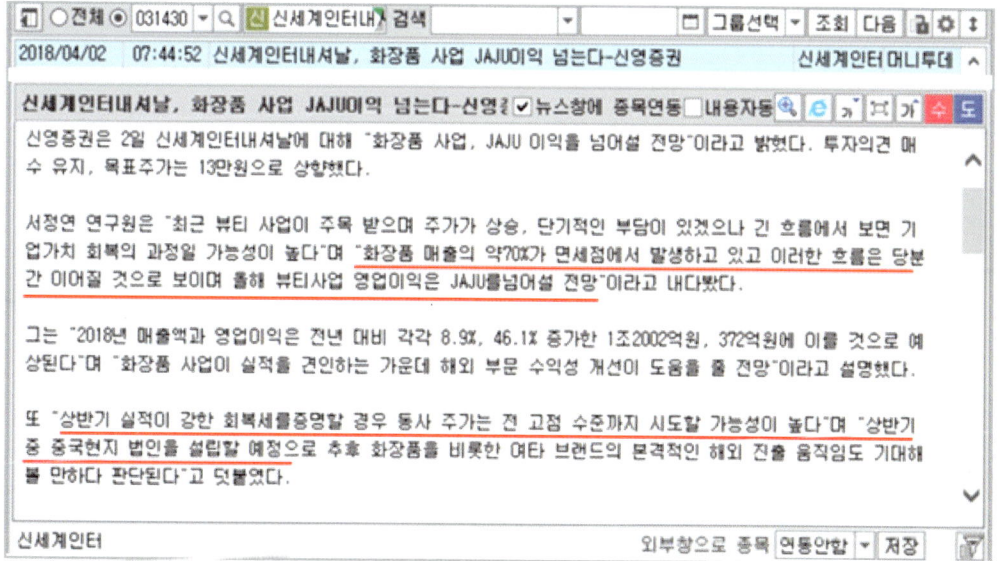

1)화장품 매출사업이 JAJU를 넘어설 전망 2)상반기 중 중국현지 법인을 설립할 예정이라고 합니다. 또한 상반기 실적이 강한 회복세를 증명할 경우 전고점 수준까지 시도할 수 있다고 합니다. 그렇다면 상반기까지 실적과 중국법인 설립 기대감에 의해 주가가 먼저 움직일 가능성이 높습니다. 대체로 일정이 상반기에 집중돼 있습니다.

[그림357] 신세계인터내셔날 뉴스 ②

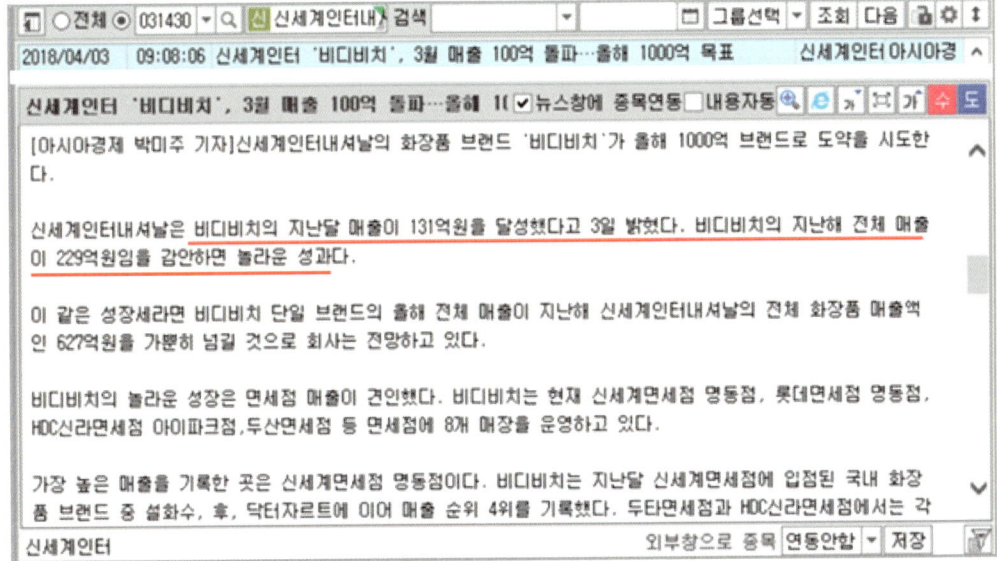

 다음날에도 뉴스가 나왔는데 신세계인터네셔날의 화장품 단일 브랜드인 비디비치가 3월 매출이 100억을 돌파했다고 밝혔습니다. 벌써 작년 전체 매출의 절반 이상을 기록했고 이 같은 성장이 지속될 경우 작년의 전체 화장품 매출액 627억을 가볍게 넘길 수도 있습니다.

[그림358] 신세계인터내셔날 뉴스 ③

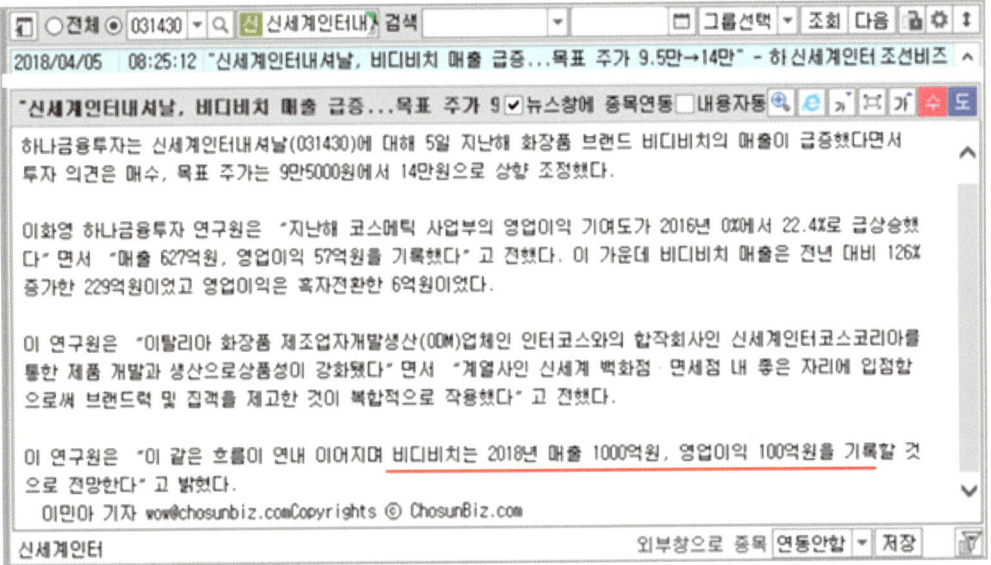

단일 브랜드 3월 매출액이 공개되자마자 기다렸다는 듯이 증권사 리포트가 나왔습니다. 목표

주가를 14만 원으로 상향 조정을 했는데 보고서의 내용인즉 2018년 비디비치의 매출액과 영업이익이 1000억 원, 100억 원을 기록할 것으로 전망합니다.

[그림359] 신세계인터내셔날 뉴스 ④

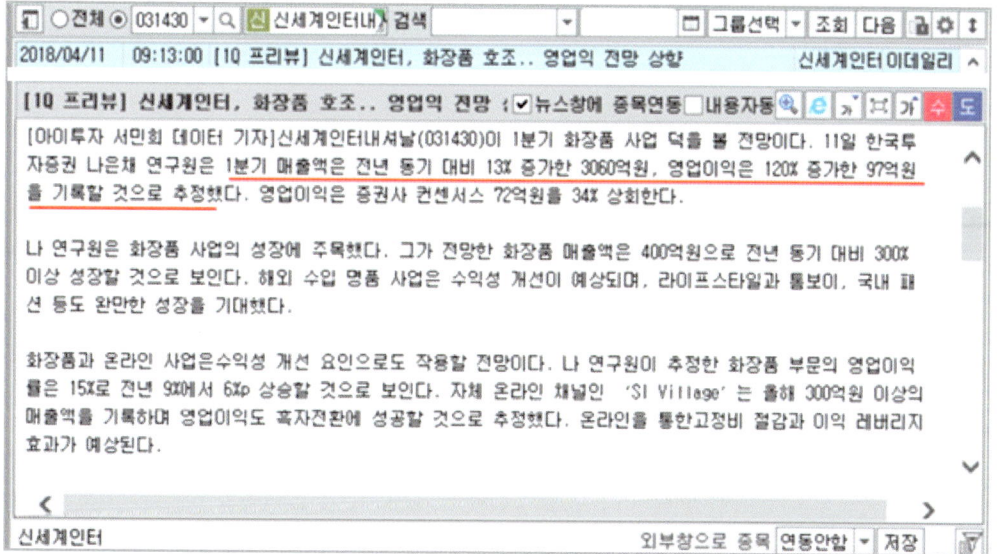

증권사에서 신세계인터내셔널의 1분기 매출액과 영업이익 전망치가 각 3060억 원, 97억 원이 될 것으로 추정하는데, 여기까지가 매물영역을 돌파한 시세초입에서 발생한 뉴스입니다. 주가가 상승을 하는 와중에 실적 전망치와 목표주가를 상향조정하는 증권사 리포트들이 마구 쏟아집니다.

[그림360] 신세계인터내셔날 뉴스 ⑤

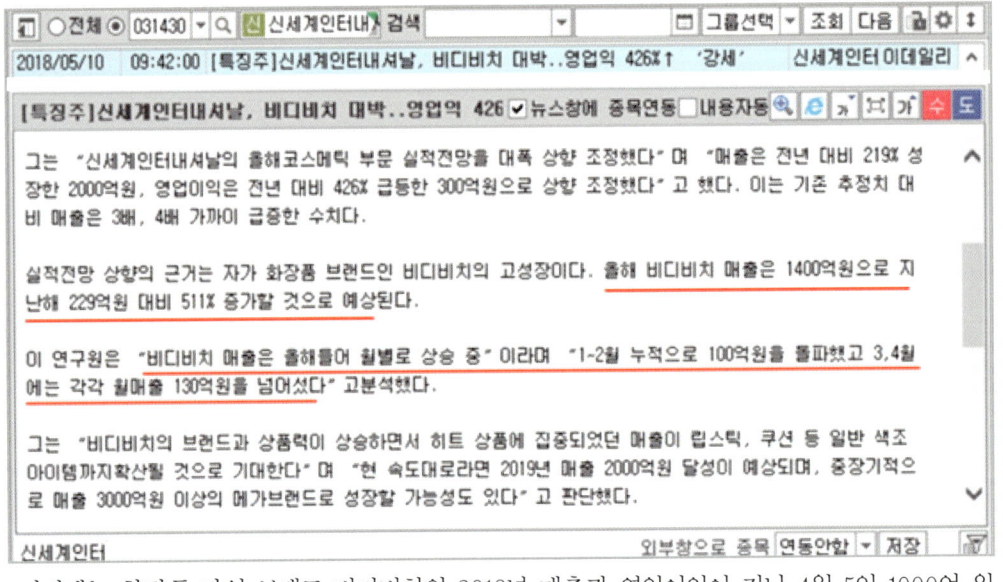

이번에는 화장품 단일 브랜드 비디비치의 2018년 매출과 영업이익이 지난 4월 5일 1000억 원을 기록할 것으로 전망했던 것에 비해 더 많은 수준인 1400억 원을 기록할 것이라 전망 했습니다. 예상외로 이 비디비치가 빠른 고성장을 하는 것 같습니다.

이 뉴스가 나오고 얼마안가 1분기 실적이 발표되었습니다. 신기하게도 주가는 1분기 실적이 발표 된 후에도 큰 폭의 조정 없이 상당기간 상승을 합니다. 보통 실적이 발표되면 실적 기대감이 소멸돼 주가는 조정을 받는데도 이 회사는 오히려 상승을 합니다.

실적이 어닝 서프라이즈를 달성할 경우, 실적이 발표된 후에도 주가는 조정을 받기보단 실적에 수렴하는 가격까지 올라가게 됩니다. 외국인 또는 기관투자자들이 납득이 갈 만한 기업의 가치에 맞는 수준으로 주가를 끌어올리는데 소위 주가와 실적과의 키 맞추기 과정이라 보면 되겠습니다.

또한 아직 상반기 실적이 공개되지 않았습니다. 1분기뿐만 아니라 2분기 실적이 남아있죠.

[그림361] 신세계인터내셔날 뉴스 ⑥

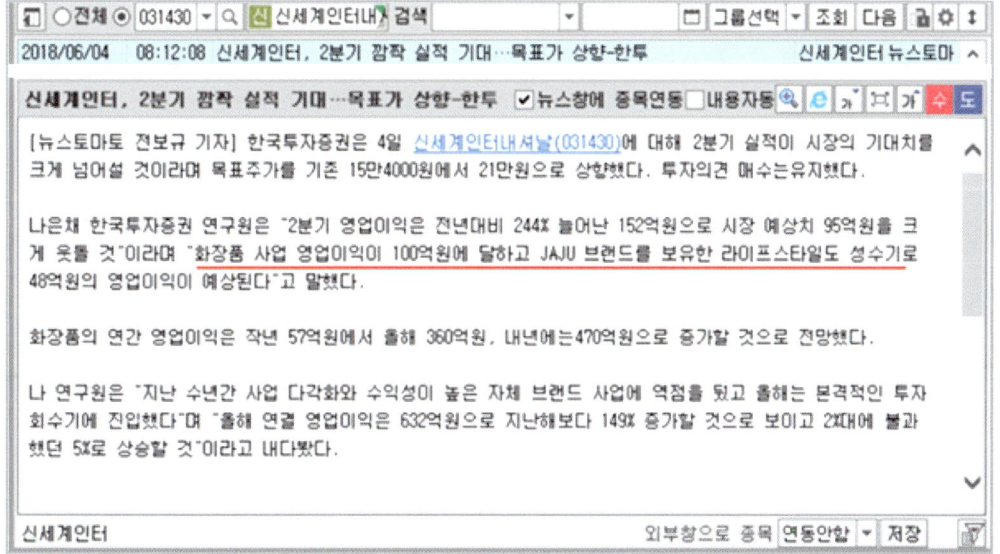

1분기 실적이 공개된 후 주가의 상승추세가 끝난 게 아니라 2분기 실적 기대감이 남아 있다고 했습니다.

증권사에서 목표주가를 한 차례 더 15만 원에서 21만 원으로 상향 조정합니다.

[그림362] 신세계인터내셔날 뉴스 ⑦

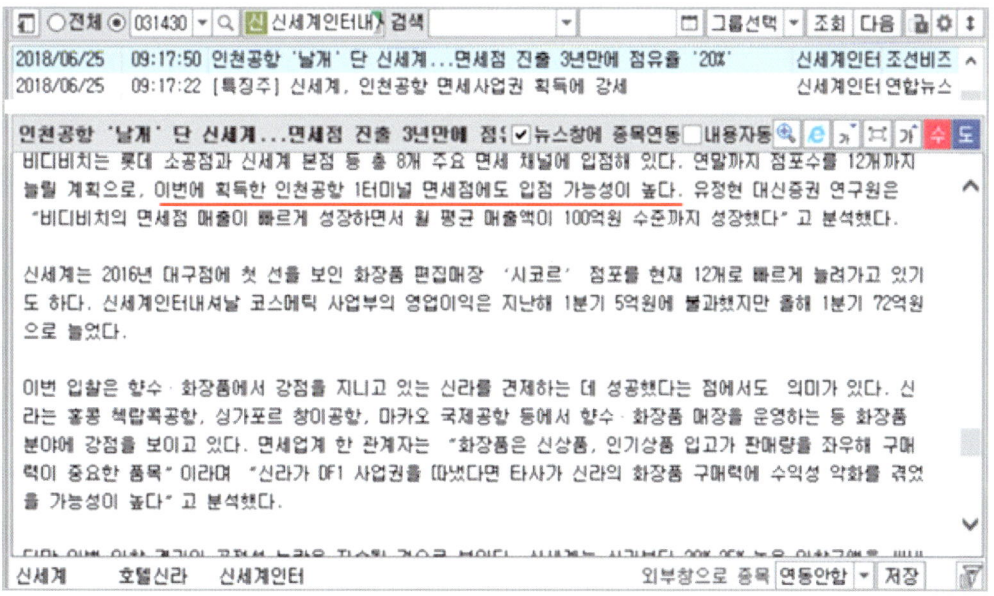

신세계그룹이 인천공항 면세사업권 획득으로 신세계인터내셔날이 수혜를 볼 것이란 전망에 의해 주가는 깜짝 강세 흐름을 보였습니다.

[그림363] 신세계인터내셔날 뉴스 ⑧

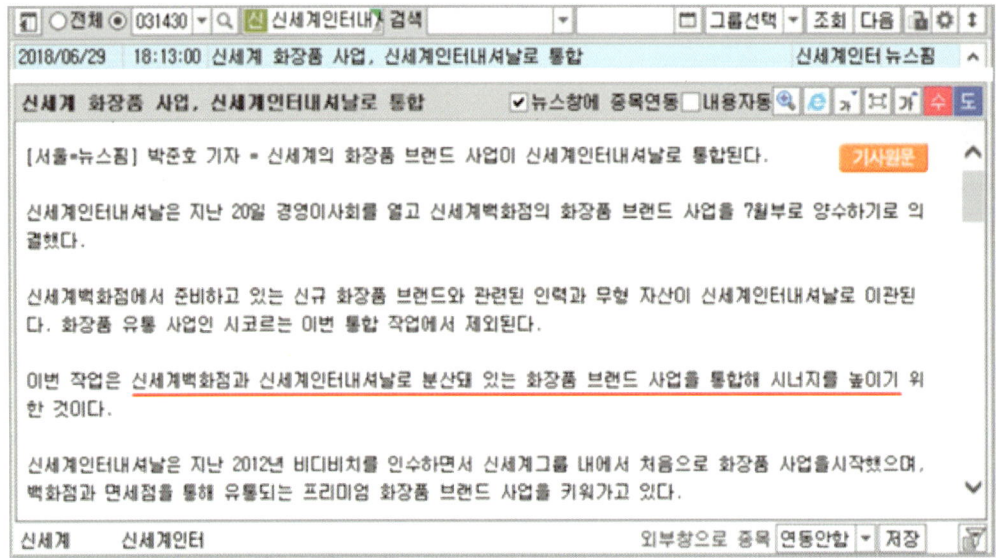

 화장품 사업이 잘되다 보니 신세계의 화장품 사업을 아예 신세계인터내셔날로 통합했습니다. 이 뉴스 이후로 주가는 조정을 받습니다. 면세점과 화장품 사업통합 재료가 노출이 돼 주가가 단기간 많이 상승하기도 했던 것이 조정을 받게 된 주요한 원인으로 판단됩니다.

[그림364] 신세계인터내셔날 뉴스 ⑨

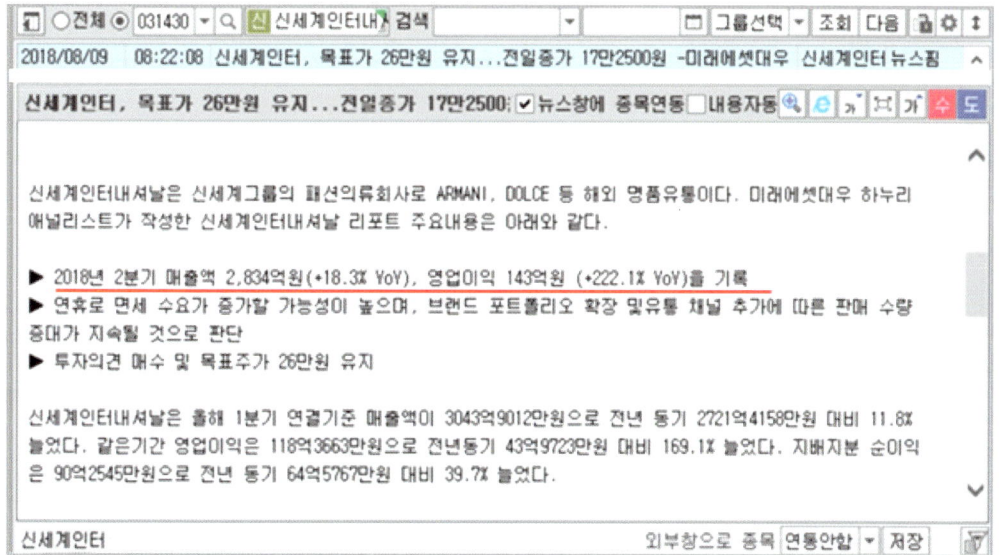

　8월 9일 2분기 실적을 발표했습니다. 영업익이 143억으로 전년 동기 3배 이상 급증했습니다. 상반기 실적이 시장 기대치에 부합했습니다. 상반기 실적이 강한 회복세로 증명되었는데 이 뉴스 이후로 주가는 조정을 마치고 2차 상승을 합니다.
　주가가 매물영역을 돌파하기 이전, 이후에 나온 증권사 리포트와 뉴스 그리고 실적을 체크해 봤습니다. 보통 주가가 상승하는 와중에 증권사 리포트와 실적이 나오면 기대감 소멸로 주가가 하락하는 경향을 보이곤 하지만 오히려 위 사례처럼 여러 증권사들이 앞 다퉈 목표주가와 실적 전망치를 대폭 상향 조정을 하면 급등의 시그널이 되기도 합니다. 단, 실적도 예상치와 부합하거나 기대 이상일 경우가 되겠지요.

　중요한 것은 매물영역을 돌파하기 전, 후의 뉴스를 통해 실적이 어떻게 나올 것인지? 또는 어떤 호재가 나올 것인지를 정확하지는 않더라도 어느 정도 유추를 할 수 있다는 것입니다.

　이렇게 실적 기대감을 지닌 재료가 나오고 주가가 매물영역을 돌파하였더라면 분명 좋은 매수기회가 될 것입니다.

[그림365] 티에스이 주봉차트

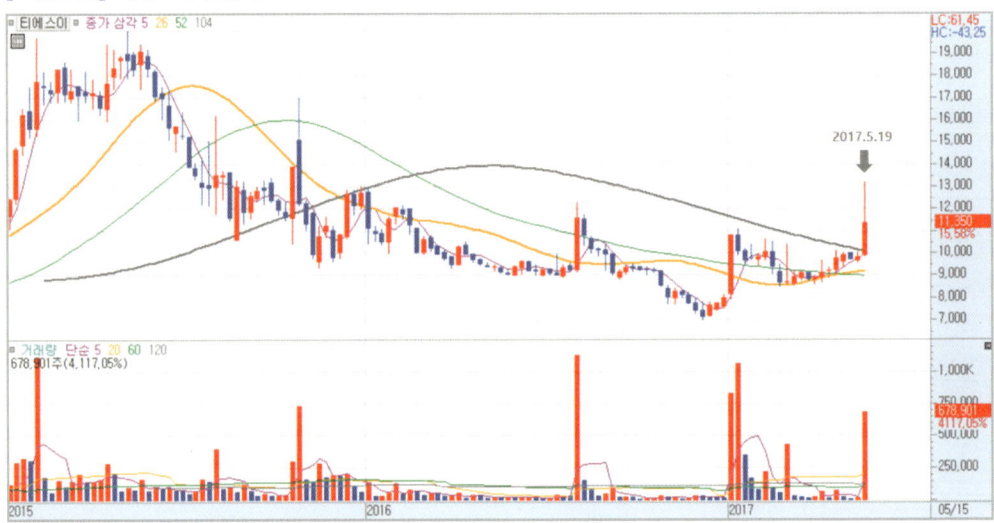

 이번에도 차트의 모양이 비슷합니다. 주가가 급등을 한 후에 급락을 맞고 상당기간 횡보를 거쳤습니다. 이후 주가는 52주선과 이격을 좁히고 104주선을 완전히 안착했습니다. 위와 같은 차트의 모습이 스윙, 중장기 투자의 대상이 됩니다.

[그림366] 티에스이 일봉차트

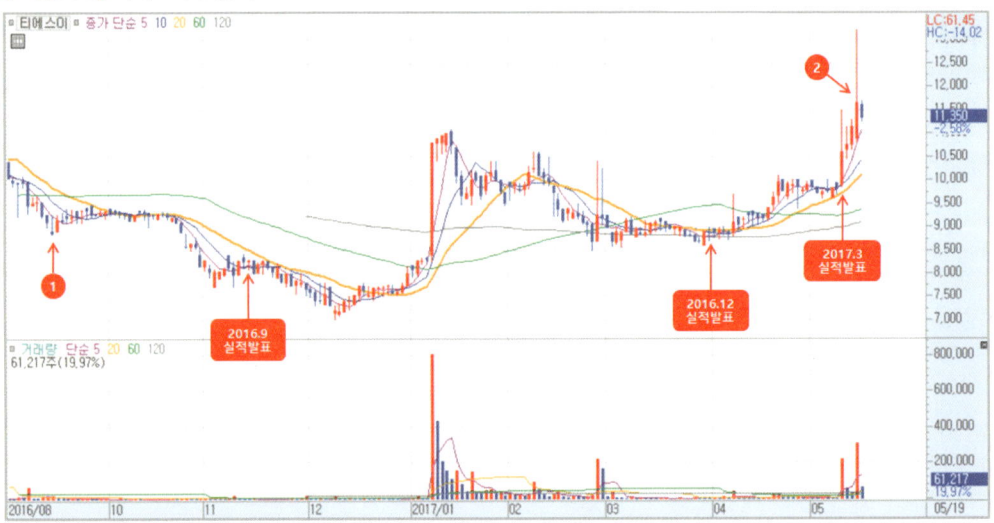

 당시 2017년 5월 19일의 일봉차트입니다. 104주선을 돌파하기 전 실적과 뉴스를 보고 시세가 나올 수 있는 종목인지 판단해 보겠습니다.

[그림367] 티에스이 연간 분기 실적추이

재무차트 - 상세데이터				
구분	2014/12	2015/3	2015/6	2015/9
매출액 (억원)	342	368	307	343
영업이익 (억원)	10	23	-13	8
구분	2015/12	2016/3	2016/6	2016/9
매출액 (억원)	304	283	303	351
영업이익 (억원)	-13	-59	-5	-30
구분	2016/12	2017/3	2017/6	2017/9
매출액 (억원)	330	428		
영업이익 (억원)	-33	59		

　연간 영업이익을 계산해 보면 2015년에는 5억, 2016년에는 대폭 127억 원의 적자를 기록했습니다. 당시 2016년도에 주가가 부진한 것을 보면 납득이 가는 실적입니다.

　이후 2017년 1분기에 매출액과 영업이익이 눈에 띄게 개선된 걸 확인할 수 있습니다. 전년 동기에 비해 매출액이 283억에서 428억이 되었고 영업이익이 59억 적자에서 59억 흑자로 전환되었습니다. 만약 2분기와 3분기에도 1분기처럼 실적이 좋게 나오게 된다면 주가에도 당연히 긍정적으로 반응할 수 있지 않을까요?

　이제 할 일은 2분기와 3분기 영업실적이 1분기처럼 흑자로 전환되는지 알아봐야 합니다.

　알아보는 방법은 첫째, 기본적인 뉴스 정보를 통해 업황의 회복·호황이 찾아왔는지? 신제품을 개발했다든지 등을 파악하여 실적이 흑자전환이 가능한지 여부를 파악하는 것입니다. 둘째, 해당 회사의 주식담당자한테 전화를 해서 물어보는 것입니다. 정확한 실적을 가르쳐 주지는 않지만 실적이 흑자로 왜 돌아섰는지? 이 분위기가 계속 유지 될 수 있는지? 등에 대해서 간접적으로 정보를 알아낼 수 있습니다.

[그림368] 티에스이 뉴스 ①

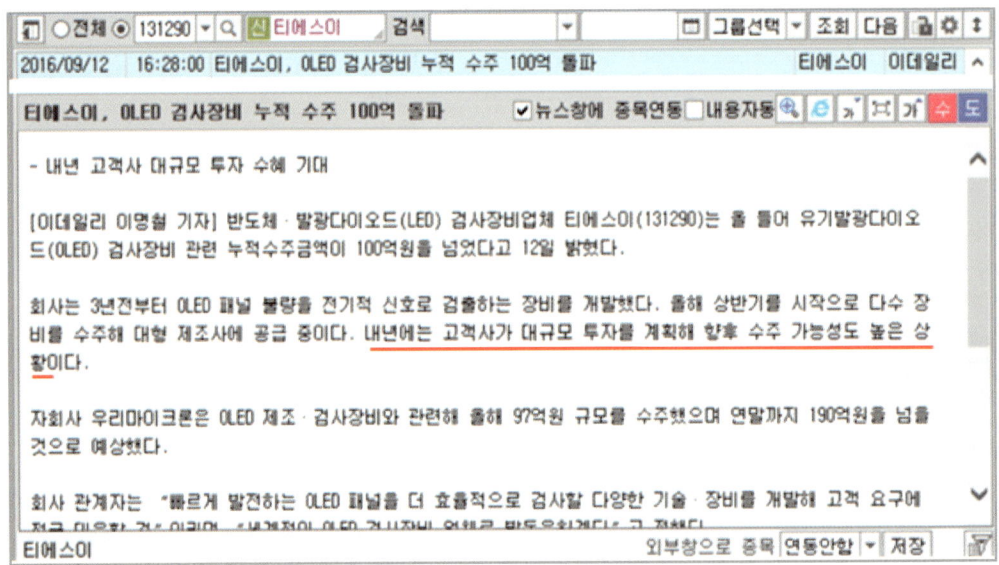

2016년 9월 당시, 중요한 단서가 나왔습니다. "내년에는 고객사가 대규모 투자를 계획해 향후 수주 가능성이 높은 상황"이라고 합니다. 재료를 따져보자면 내년인 2017년도에 호재가 발생할 수 있음을 암시합니다.

[그림369] 티에스이 뉴스 ②

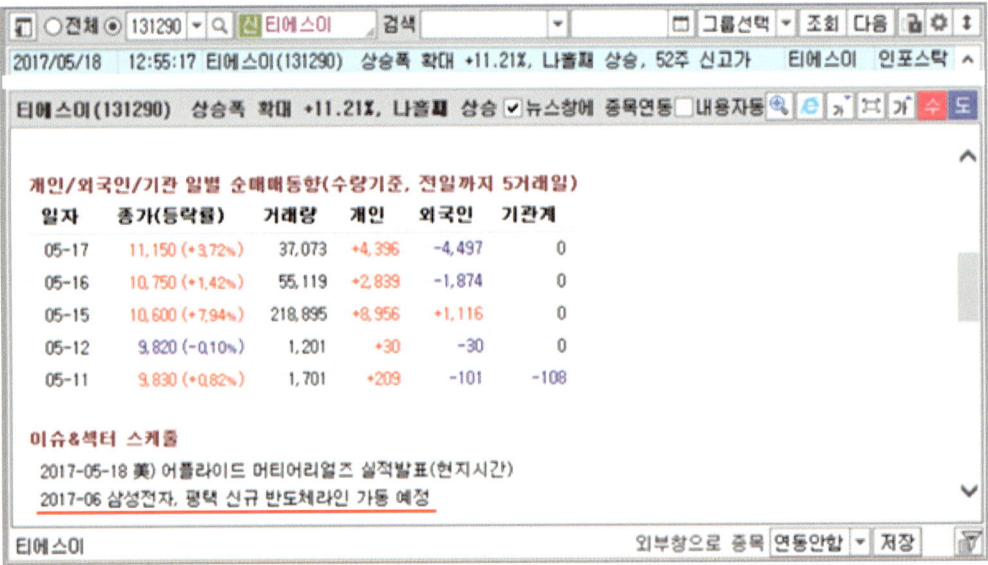

한 해가 지나고 당시 해당 종목에 관련한 뉴스가 거의 나오지 않았습니다. 중소형 스몰캡 종

목이라 정보가 별로 없기 때문입니다. 그렇다고 할지라도 HTS에 노출된 뉴스를 꼼꼼히 보면 해당 종목과 연관성이 있는 일정에 대한 정보를 찾을 수 있습니다.

뉴스 하단에 이슈&스케줄에서 6월에 삼성전자가 평택 신규 반도체라인을 가동할 예정이라고 합니다. 고객사의 대규모 투자가 삼성전자를 말하는 거였습니다. 이와 관련된 정보를 자세히 찾아보겠습니다.

[그림370] 티에스이 뉴스 ③

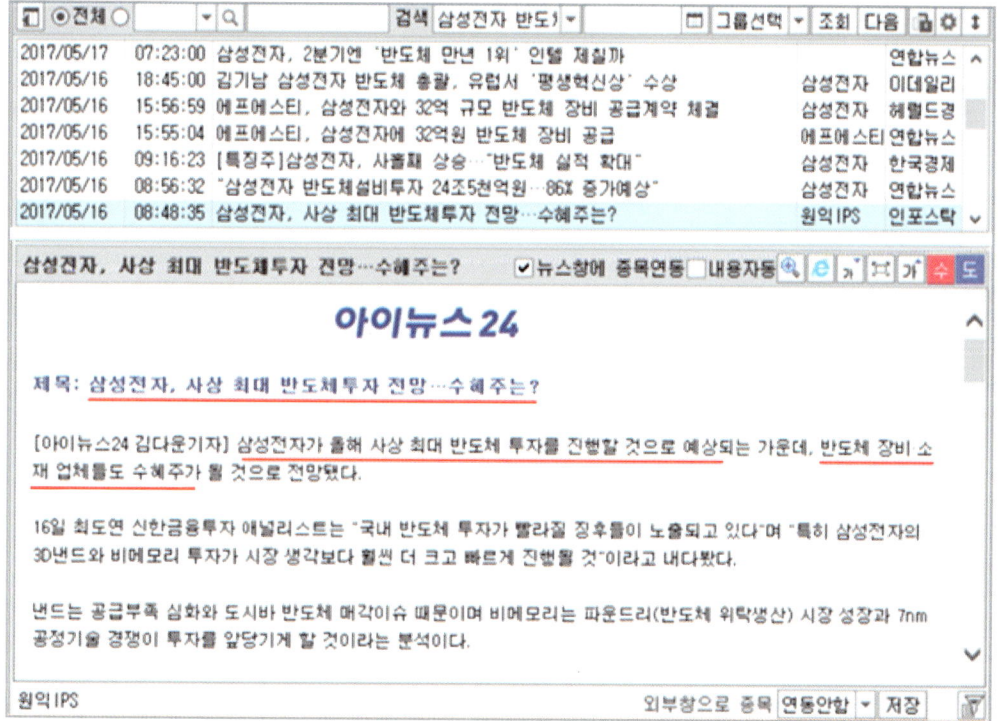

삼성전자 반도체 투자라고 검색을 해보니 삼성전자가 사상최대 반도체 투자를 진행할 것으로 예상되는 가운데 반도체 장비 소재 업체들도 수혜주가 될 것이라고 합니다. 지난 9월 12일자 뉴스에 고객사의 대규모 투자를 계획해 향후 수주 가능성이 높은 상황이라고 했는데 위 뉴스 기사의 내용하고 일맥상통합니다.

이 정도의 정보만 가지고도 충분히 투자할 수 있겠지요? 단, 주가가 52주선과 104주선 위에 있고 매물영역을 완전히 안착한 상태여야 하겠습니다. 정보도 정보 나름이지만 주가도 상승을 하기 쉬운 여건이 만들어져야 합니다.

[그림371] 티에스이 일봉차트

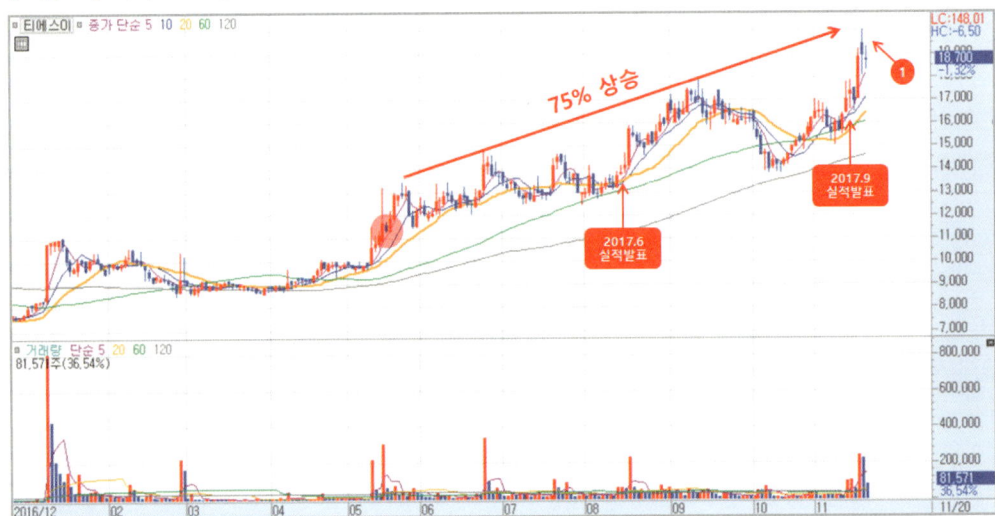

104주선을 돌파한 날로부터 주가는 약 75%가량 상승했는데 2분기, 3분기 실적이 발표된 이후로도 주가는 계속 상승을 했습니다. 앞서 신세계인터네셔널처럼 실적이 단발로 끝나지 않고 다음분기, 그 다음분기도 좋게 나올 수 있을 것이란 기대감이 존재하는 것 같습니다. 실적을 체크해보겠습니다.

[그림372] 티에스이 연간 분기 실적추이

재무차트 - 상세데이터				
구분	2014/12	2015/3	2015/6	2015/9
매출액 (억원)	342	368	307	343
영업이익 (억원)	10	23	-13	8
구분	2015/12	2016/3	2016/6	2016/9
매출액 (억원)	304	283	303	351
영업이익 (억원)	-13	-59	-5	-30
구분	2016/12	2017/3	2017/6	2017/9
매출액 (억원)	330	428	467	532
영업이익 (억원)	-33	59	64	78

분기별로 살펴보면 2016년 2분기와 3분기에 각각 5억과 30억 영업 손실이 발생했었지만 2017년 들어서는 64억과 78억 원의 영업이익을 달성했습니다. 흑자전환뿐 아니라 어닝 서프라이즈 수준의 실적입니다.

매출액도 400억 수준에서 500억 수준으로 매 분기마다 증가하고 있습니다.

[그림373] 티에스이 뉴스 ①

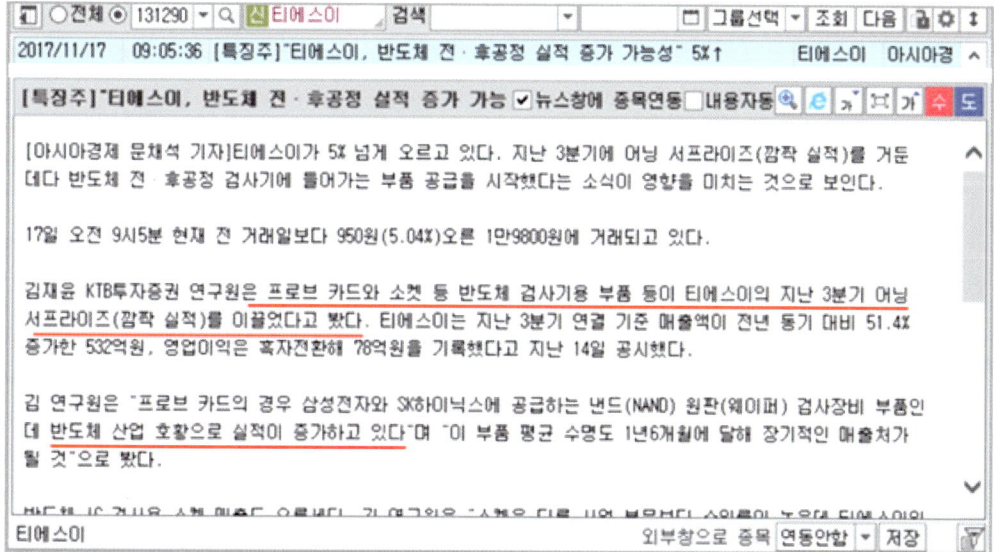

당시 위의 뉴스가 나오기 전까지 해당 종목과 관련한 뉴스가 아예 나오지 않았습니다.

이 뉴스기사가 나간 이후로 주가는 고점을 찍고 하락하는데 내용인 즉, "티에스이의 지난 3분기 어닝 서프라이즈를 이끌었다고 봤다." "산업 호황으로 실적이 증가하고 있다."라고 완료형 시제로 설명합니다. 실적이 공개된 마당에 기대감을 나타낼 수 있는 내용이 없습니다. 즉, 미래에 "뭘 할 것이다"라는 구체적인 계획이나 일정 등을 찾아볼 수가 없습니다. 재료가 더 이상 없다는 것을 암시합니다.

이 같이 주가가 바닥에서 많이 오른 상태에서 완료형 시제로 종결을 짓는 내용이 나오면 주가 고점의 신호로 조심할 필요가 있습니다.

[그림374] 티에스이 주봉차트

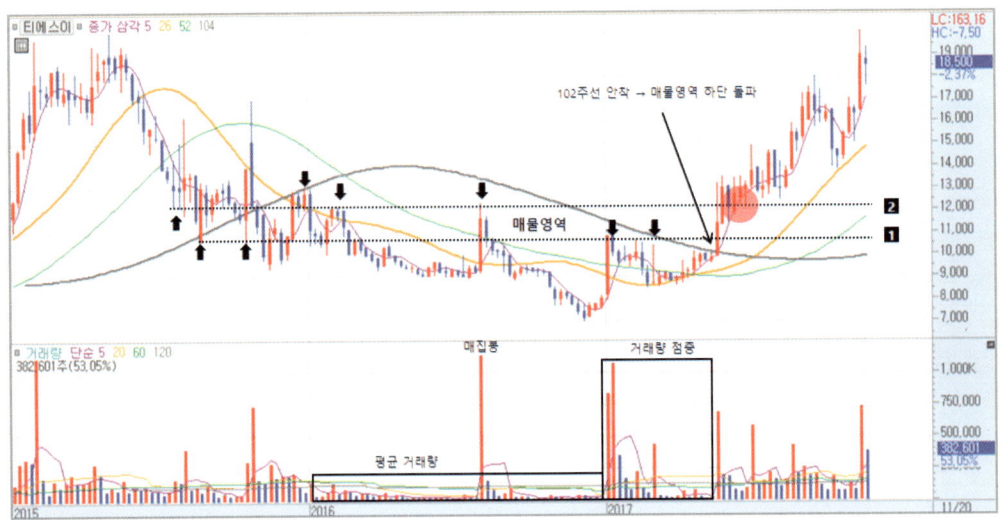

page224 [그림345]의 신세계인터내셔널 주봉차트의 모습과 매우 흡사합니다. 정말로 주가가 52주선과 104주선을 모두 장악하고 매물영역을 돌파하자 주가는 긴 상승시세를 이어나갑니다. 특히 주가가 매물영역이나 104주선을 넘어서기 직전에 대량의 거래량이 여러 차례 발생되거나 거래량이 점증된다면 의심을 해봐야 합니다. 급등의 전초단계로 상승랠리가 나올 가능성이 있기 때문입니다. 위와 같은 차트형태를 주의 깊게 보시길 바랍니다.

[그림375] 위닉스 주봉차트

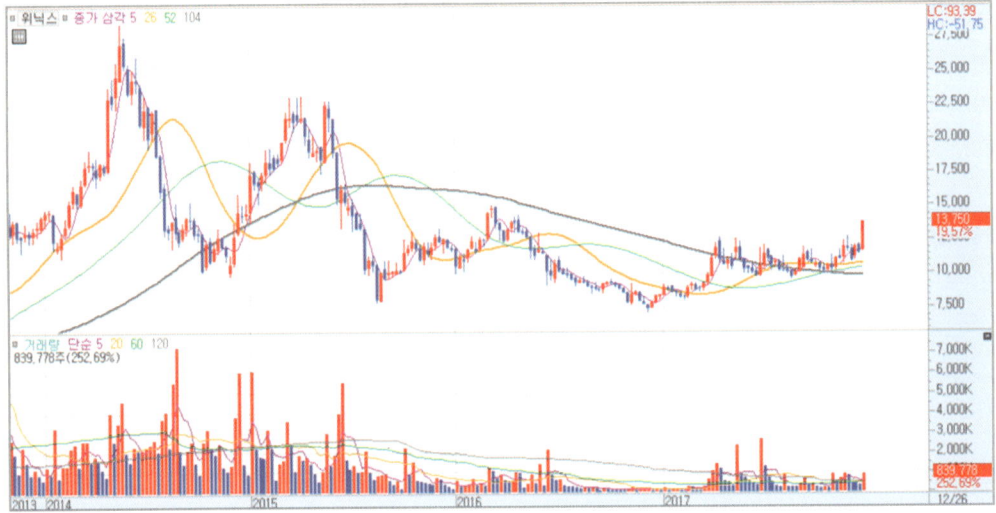

위 차트에서도 주가가 급등 후 급락을 맞고 장기간 횡보를 이어갔습니다. 오랜 시간이 지난 후

에야 52주선과 104주선을 안착했습니다. 물론 매물영역도 돌파를 했습니다(매물영역을 직접 차트에 그려보시길 바랍니다).

[그림376] 위닉스 일봉차트

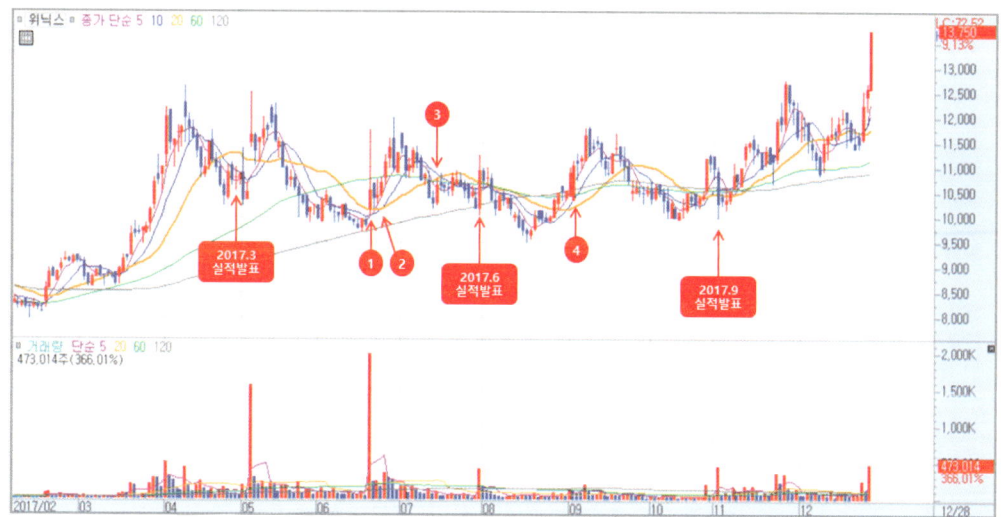

당시 일봉차트 모습입니다. 주가가 13,750원으로 매물영역을 돌파한 초입입니다. 매물영역을 돌파하기 전에 어떤 재료가 있고 실적추이가 어떻게 되는지 확인해 보겠습니다. 실제로 스윙, 중장기 투자를 할 때 과거의 정보를 통해 투자를 할지 안 할지 판단을 해야 합니다.

[그림377] 위닉스 분기실적 추이

재무차트 - 상세데이터				
구분	2015/6	2015/9	2015/12	2016/3
매출액 (억원)	711	425	402	477
영업이익 (억원)	15	-42	-87	24
구분	2016/6	2016/9	2016/12	2017/3
매출액 (억원)	740	537	377	532
영업이익 (억원)	27	-26	0.29	44
구분	2017/6	2017/9	2017/12	2018/3
매출액 (억원)	791	732		
영업이익 (억원)	83	41		

매출액과 영업이익 추이를 보면 통상적으로 2분기가 성수기입니다. 4월~6월까지 실적이 다른 분기 실적보다 매우 좋습니다. 그 외에 3분기나 4분기가 비수기로 실적이 그다지 좋지는 않습니다.

그런데 2017년 3분기 실적을 보면 작년분기 실적보다 잘 나온 것을 확인할 수 있습니다. 26억 영업 손실에서 41억 원으로 흑자로 전환했고 매출액도 약 200억 가량 증가했습니다. 만약, 4분기 실적도 이와 비슷한 수준이 예상된다면? 매수를 고려해 봐도 되겠죠.

[그림378] 위닉스 뉴스①

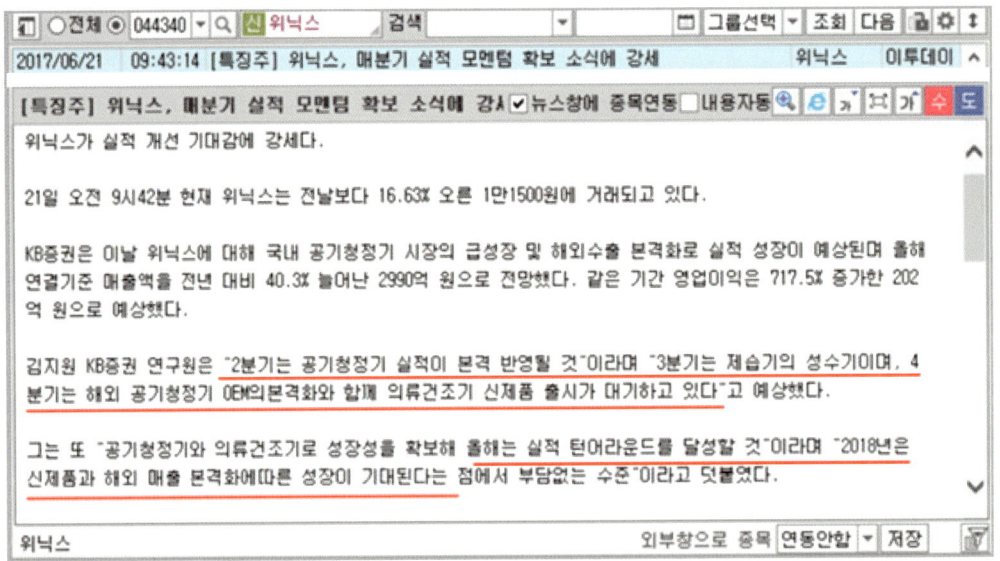

2분기 실적 발표를 두 달 앞두고 증권사 리포트가 나왔습니다. 내용인즉, 매 분기마다 실적 모멘텀 확보를 했다고 합니다. 2분기 공기청정기 실적 본격반영, 3분기 제습기 성수기, 4분기 해외 제품 OEM 본격화, 신제품 출시 대기입니다. 그리고 올해 실적 턴어라운드를 달성할 것이라고 하면서도 2018년에도 신제품 해외 매출 본격화에 따라 성장이 기대된다고도 합니다.

위 내용에 따르면 매 분기마다 재료가 있다고 봐도 무방합니다. 깜짝 실적이 아니라 장기적으로 호실적이 이어질 것이란 기대감이 존재합니다.

[그림379] 위닉스 뉴스②

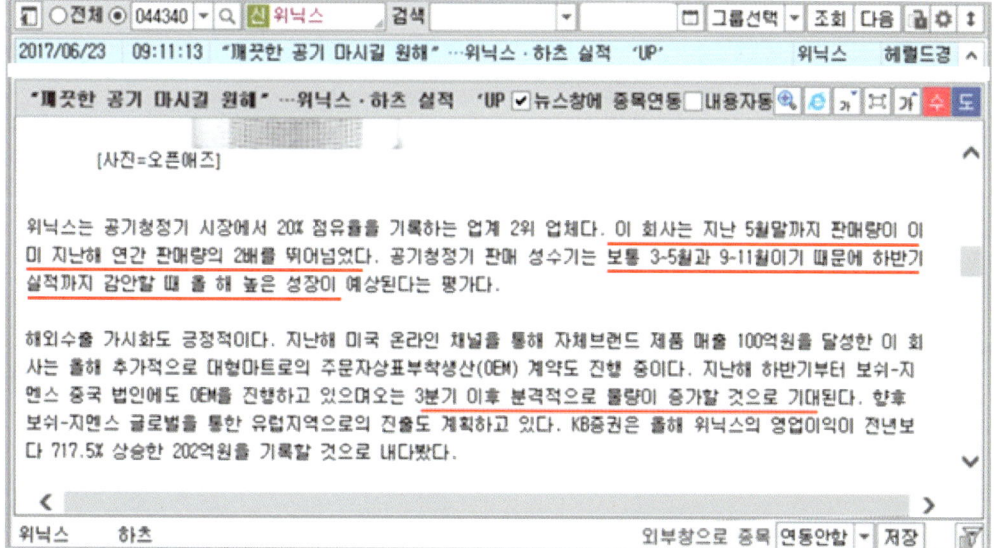

앞으로 실적에 대한 구체적인 정보가 나왔습니다. 1)지난 5월말까지 판매량이 지난해 연간 판매량의 2배를 뛰어넘음. 2)3분기 이후 본격적으로 물량이 증가할 것으로 기대

 이후 7월말 2분기 실적이 발표되었는데 영업이익이 작년분기 대비 3배 정도 급증했습니다. 무려 27억에서 83억으로 껑충 뛰었습니다. 실적 발표 후 주가는 강세 흐름이 나타났으나 다음날 추가 상승을 이어나가지 못했습니다. 당시 주가의 위치를 보면 급등이 나올 위치가 아니었습니다.

[그림380] 위닉스 뉴스③

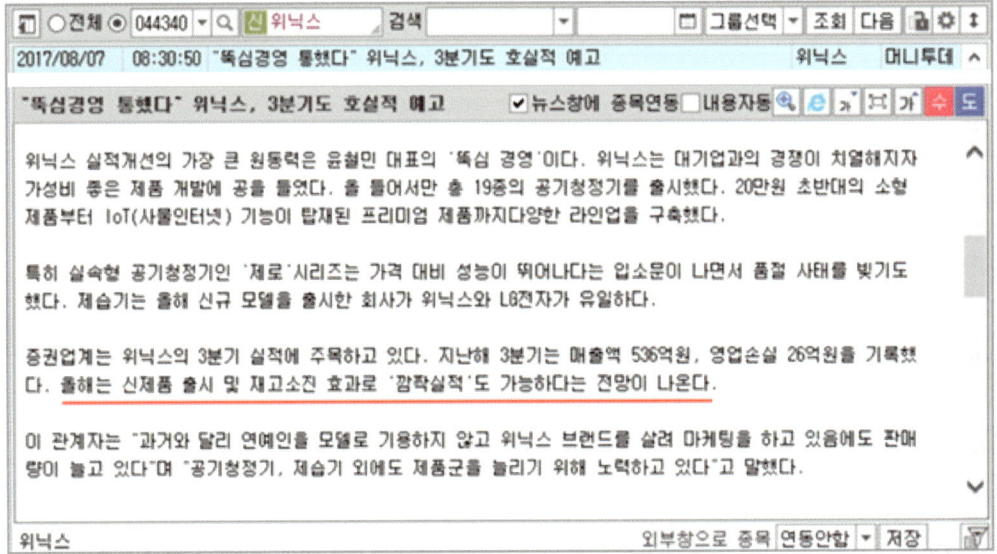

 이번에는 3분기 실적에 주목하고 있다면서도 올해 신제품 출시, 재고소진 효과로 깜짝 실적도 가능하다는 전망을 합니다.

[그림381] 위닉스 뉴스④

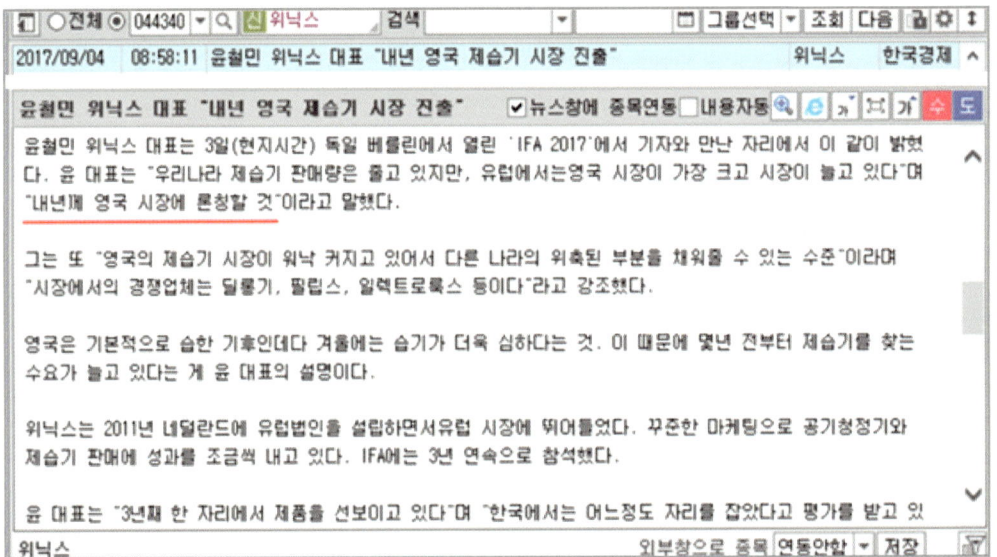

 CEO인터뷰를 한 기사로 2018년에 영국 시장에 자사의 제습기를 론칭할 것이라고 합니다. 해외매출이 발생할 것이란 기대감이 존재하죠? 주가상승의 모멘텀이 될 만한 재료입니다.

여기까지의 정보를 정리해보겠습니다.
- 지난 5월말까지 판매량이 지난해 연간 판매량의 2배를 뛰어 넘음.
- 3분기 이후 본격적으로 물량이 증가할 것으로 기대
- 4분기 해외 제품 OEM, 신제품 출시 대기
- 2017년 연간실적, 실적 턴어라운드 가능
- 2018년 영국 제습기 시장에 자사제품 론칭, 신제품&해외매출로 실적성장 본격화

 위 정보에 따르면 다가오는 4분기, 내년 1분기 실적이 증가할 가능성이 높습니다. 주목해야할 점은 2017년 3분기까지 누적 실적이 2016년의 연간실적보다 굉장히 좋습니다. 그런데 **주가는 2016년의 고점 밑에 위치해 있죠**. 실적대비 상당한 저평가라고 할 수 있겠습니다. 결국 주가는 올라올 만한 여건만 만들어 지면 실적에 수렴하는 가치만큼 상승을 하게 됩니다.
※주가가 올라올 만한 여건이란 것은 장기간의 매물영역을 돌파했을 때를 뜻합니다.

[그림382] 위닉스 일봉차트

매물영역을 돌파한 날로부터 세 달도 채 지나지 않아 약 57% 가량 상승했습니다.

[그림383] 위닉스 분기실적 추이

재무차트 - 상세데이터				
구분	2015/6	2015/9	2015/12	2016/3
매출액 (억원)	711	425	402	477
영업이익 (억원)	15	-42	-87	24
구분	2016/6	2016/9	2016/12	2017/3
매출액 (억원)	740	537	377	532
영업이익 (억원)	27	-26	0.29	44
구분	2017/6	2017/9	2017/12	2018/3
매출액 (억원)	791	732	552	766
영업이익 (억원)	83	41	5	90

4분기 실적은 비수기라 직전분기 실적보다 덜 나왔지만 작년분기로 비교를 해보면 월등히 높은 실적을 기록했습니다. 2018년 1분기 실적도 작년분기보다 약 2배 정도의 영업이익을 달성했습니다.

[그림384] 위닉스 뉴스①

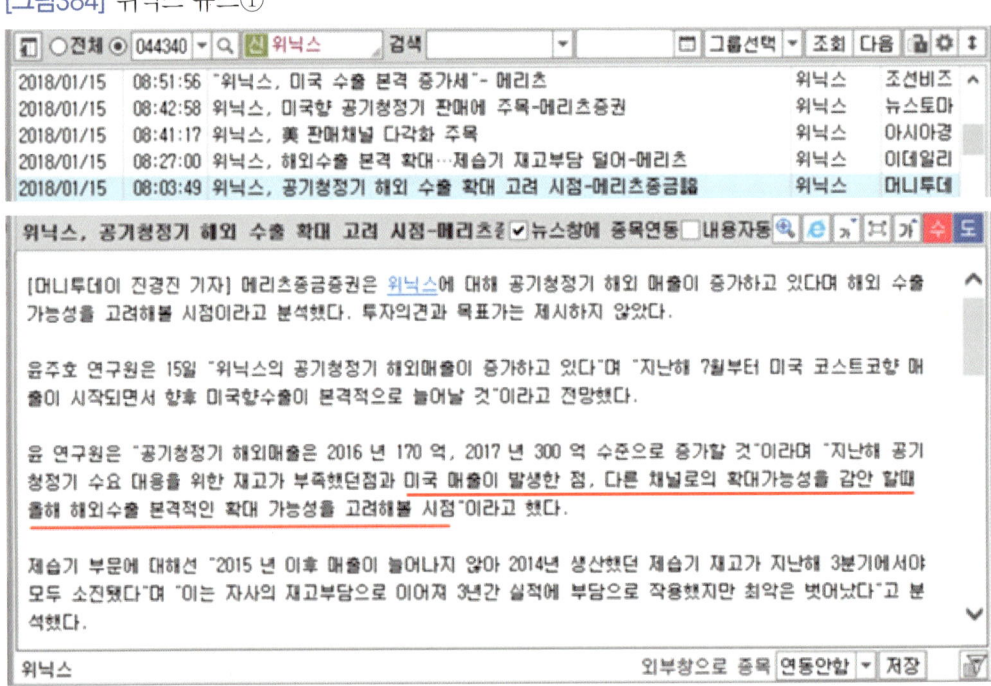

주가가 상승하고 있는 동안 증권사 리포트가 나왔습니다. 해외 제품 매출이 올해 본격적으로 늘어날 것이라는 내용입니다. 그렇다는 것은 해외 매출이 공개되는 1분기 실적이 발표되기 전까지 기대감으로 인해 주가가 움직일 가능성이 있습니다.

[그림385] 위닉스 뉴스②

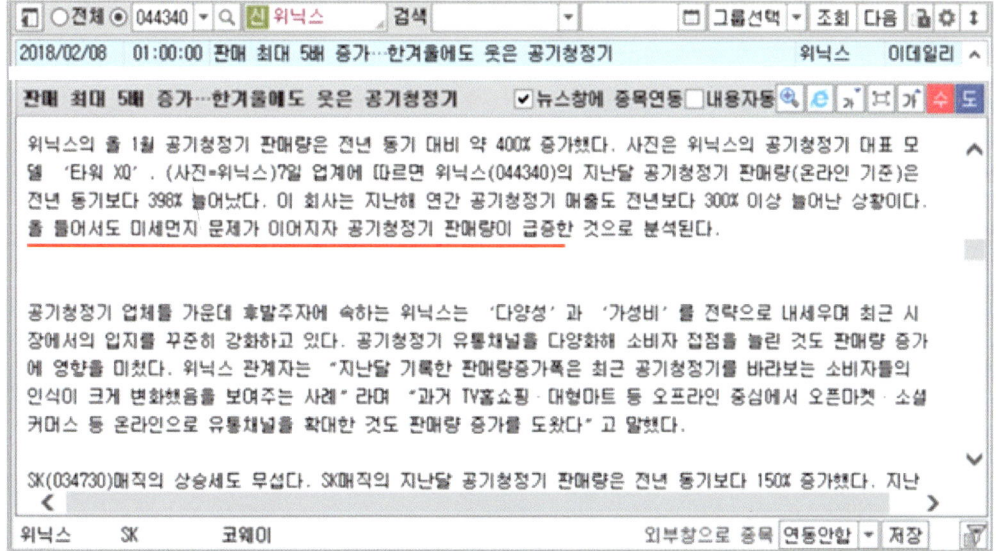

 이날 연간실적이 발표됐는데 미세먼지로 인해 공기청정기가 급증해 매출이 전년보다 300% 이상 늘어났다고 합니다. 이 미세먼지가 심한 날에 공기청정기가 잘 팔린다 하니 앞으로도 이 미세먼지가 지속된다면 실적과 주가에 긍정적인 영향을 미칠 수 있음을 암시합니다.

[그림386] 위닉스 뉴스③

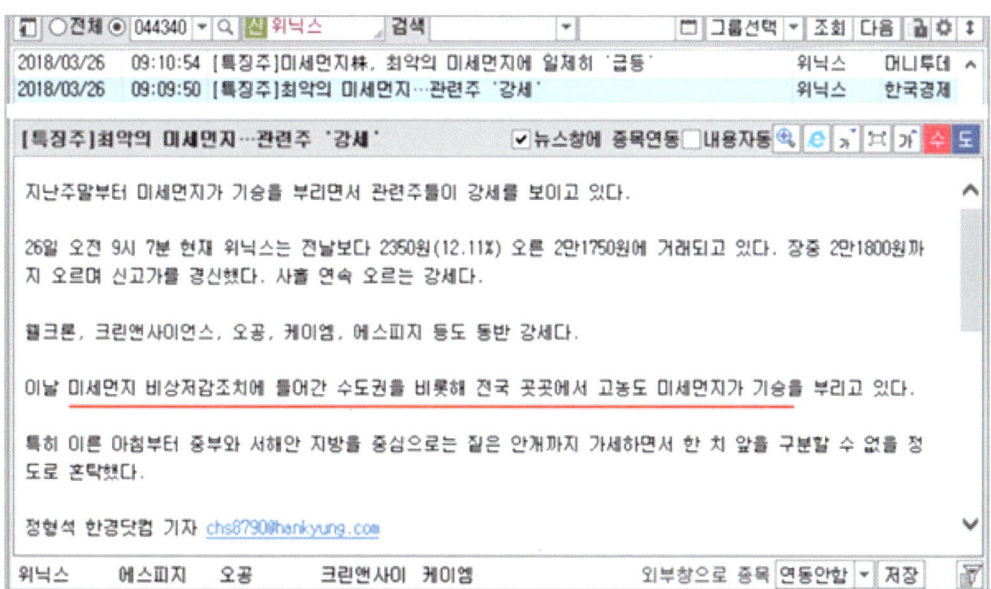

3월 들어서 고농도 미세먼지 발생에 의해 미세먼지 관련주들이 동반 급등했습니다. 이 뉴스가 나온 후로 주가는 최고점을 기록하고 조정을 받습니다.

[그림387] 위닉스 주봉차트

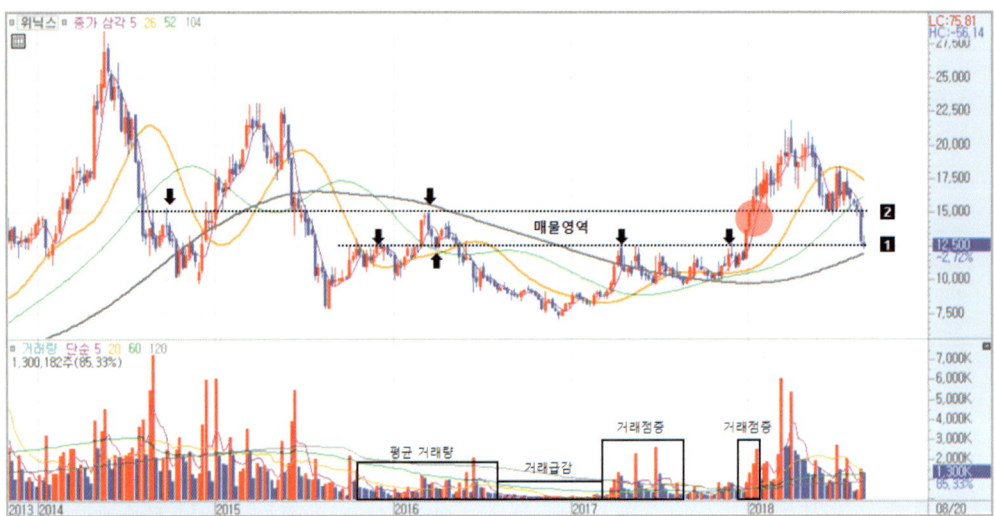

1번의 매물영역을 돌파하자 주가는 본격적으로 상승을 했고 곧 이어 2번의 매물영역도 가볍게 넘었습니다. 만약 주가가 매물영역을 돌파 했을 때 매수를 했었더라면 높은 수익률을 달성할 수 있었습니다.

그러나 주가는 2015년의 고점을 넘지 못한 채 조정을 크게 받습니다. 더 이상의 상승의 모멘텀이 없으면 직전 고점부근까지 상승 한 후 하락하게 됩니다. page221 [그림341]에서 ③으로 흘렀죠.

대체로 주가가 매물영역을 돌파한 이래로 50% 이상의 상승률을 기록한 상태에서 '기대감이 소멸된 뉴스' 즉, 완료형 시제로 ~했다. 식의 내용이 나오면 고점의 신호로 보고 보수적으로 대응해야 하겠습니다.

[그림388] 웅진 주봉차트

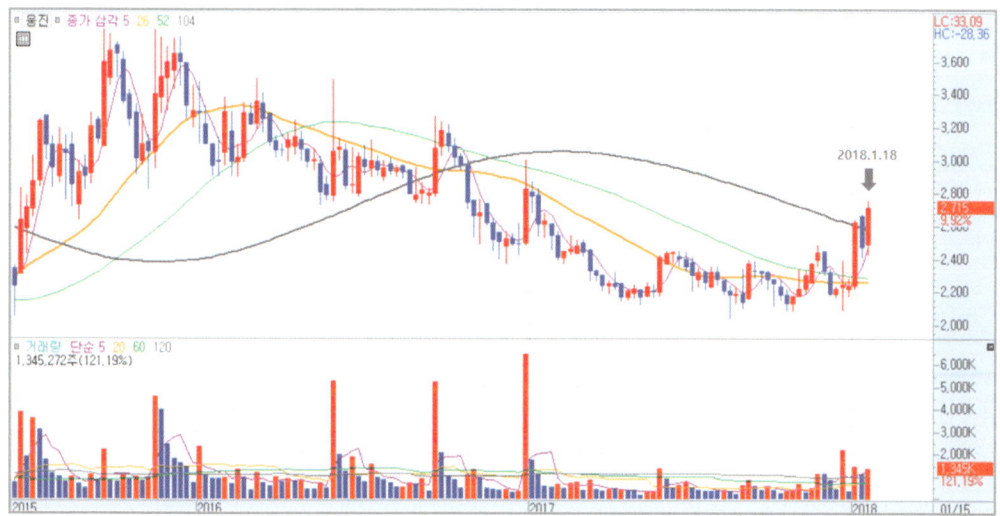

 급락 후 횡보를 거치고 주가는 52주선과 104주선을 장악했습니다. 그 전에 2400원의 매물영역도 장대양봉으로 뚫었습니다. 주가의 움직임이 종목들마다 제각기 다를지라도 상승랠리가 나오기 전의 모습은 거의 대동소이 합니다. 주가가 상승을 하려면 52주선, 104주선, 매물영역을 반드시 지나가야 합니다. 만들어지는 차트의 모습은 앞선 사례와 비슷하길 마련입니다.

[그림389] 웅진 일봉차트

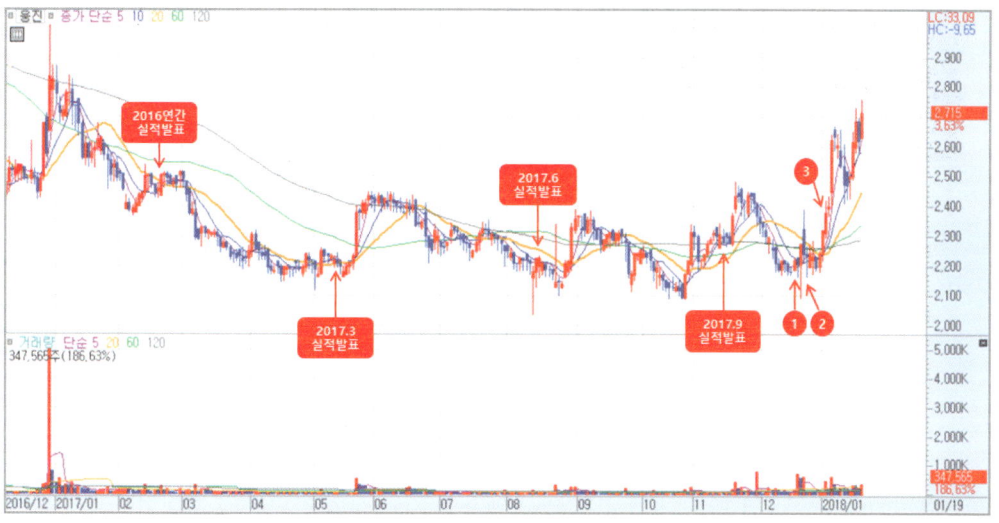

 당시 주가가 104주선을 장악한 날 일봉차트의 모습입니다. 과거 실적과 뉴스를 체크해보겠습니다.

[그림390] 웅진 분기실적 추이

구분	2015/6	2015/9	2015/12	2016/3
매출액 (억원)	1,168	1,156	730	604
영업이익 (억원)	80	61	22	-21
구분	2016/6	2016/9	2016/12	2017/3
매출액 (억원)	696	602	527	672
영업이익 (억원)	21	-14	-103	29
구분	2017/6	2017/9	2017/12	2018/3
매출액 (억원)	691	747		
영업이익 (억원)	13	39		

2015년 하반기 들어서부터 매출액이 감소했고 2016년에는 큰 영업 손실이 발생했습니다. 주가는 큰 폭의 하락을 겪게 되는데요. 이후 회사가 다시 살아나는가 싶더니 2017년에 3분기까지 흑자전환에 성공한 모습입니다. 주가도 그에 보답하듯이 하락을 멈추긴 했습니다. 앞으로 실적이 어떻게 나올지 또는 어떤 재료가 나오는가에 따라서 주가의 향방이 결정될 수 있습니다.

[그림391] 웅진 뉴스①

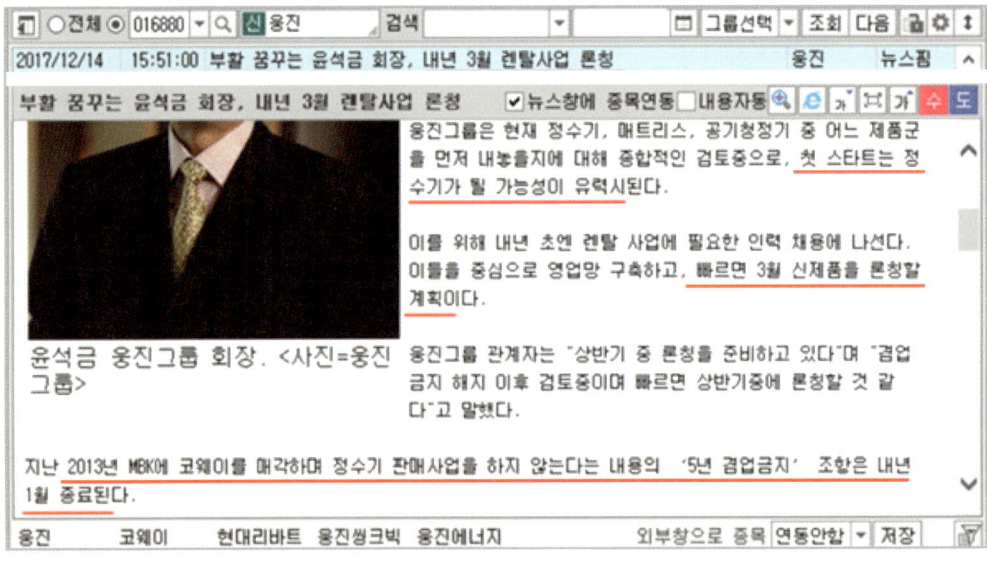

아주 중요한 재료가 나왔습니다. 떡하니 뉴스 기사 제목에 내년 3월 렌탈사업 론칭한다고 합니다. 사실 이렇게 뉴스 제목에 기한이 정해져 있고, 그 기간에 ~할 것이다. 란 미래 시제를 나타내는 내용이 나오면 아주 좋습니다. 기사 내용인 내년 상반기, 즉 3월 전에 신사업 기대감으로 주가가 움직일 가능성이 높습니다.

[그림392] 웅진 뉴스②

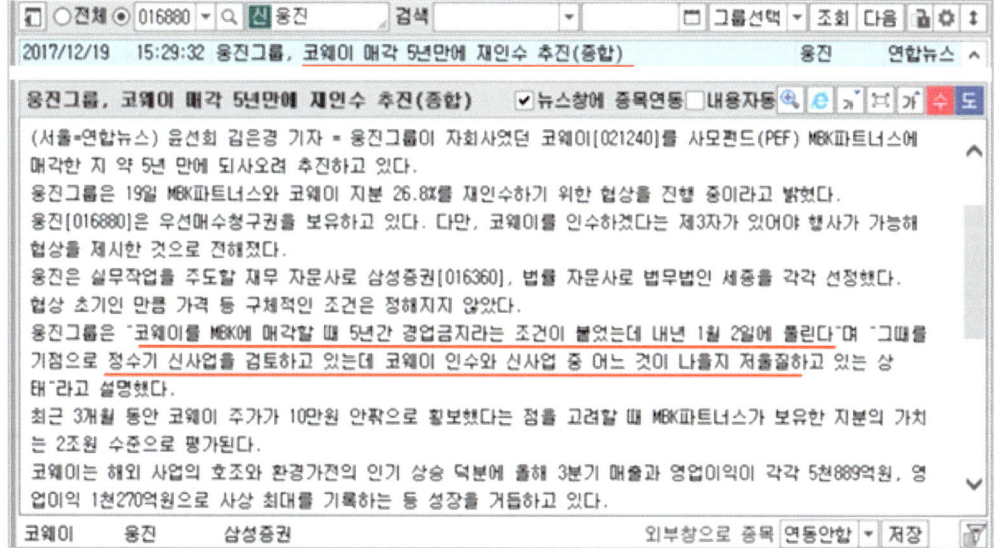

 며칠 후 웅진그룹이 코웨이 매각 5년 만에 재인수를 타진한다고 뉴스가 나왔습니다. 5년간의 겸업금지가 내년 1월 2일에 풀린다 했으니 그때를 기점으로 정수기 신사업을 검토해 코웨이 인수나 또는 자체 신사업 중 어느 것을 할지 저울질하고 있다고 합니다. 어떻게 될지 모르겠지만 구체적인 재료가 나왔다는 점에 긍정적입니다.

[그림393] 웅진 뉴스③

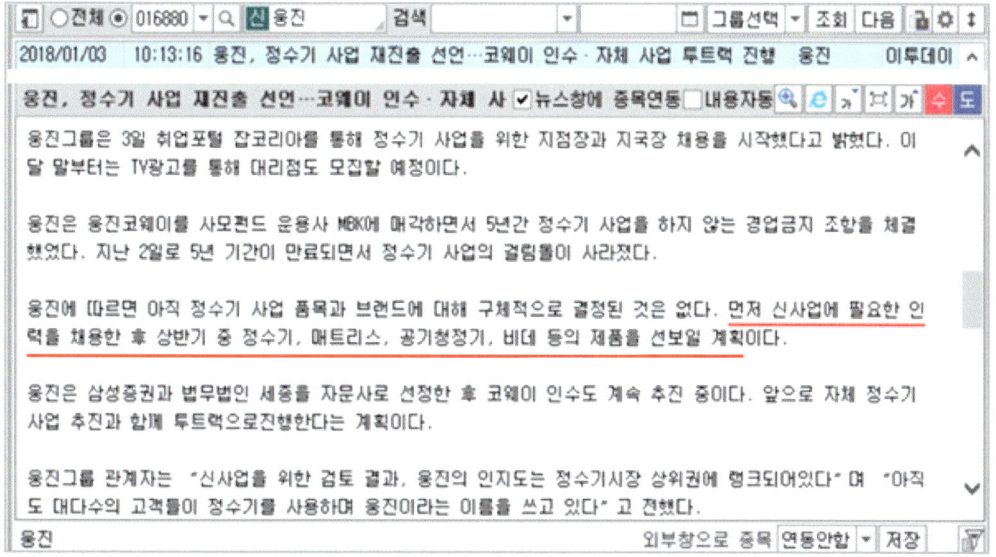

1월 웅진그룹이 코웨이 인수와 자체 사업을 한다고 결정을 내린 모양입니다.

아무튼 사업이 본격적으로 시작되는 3월안에는 신사업 기대감으로 주가가 움직일 수 있겠습니다. 재료가 구체화 되었기 때문입니다. 이제 주가가 올라간 여건만 된다면 상승랠리가 나올 가능성이 다분합니다.

[그림394] 웅진 일봉차트

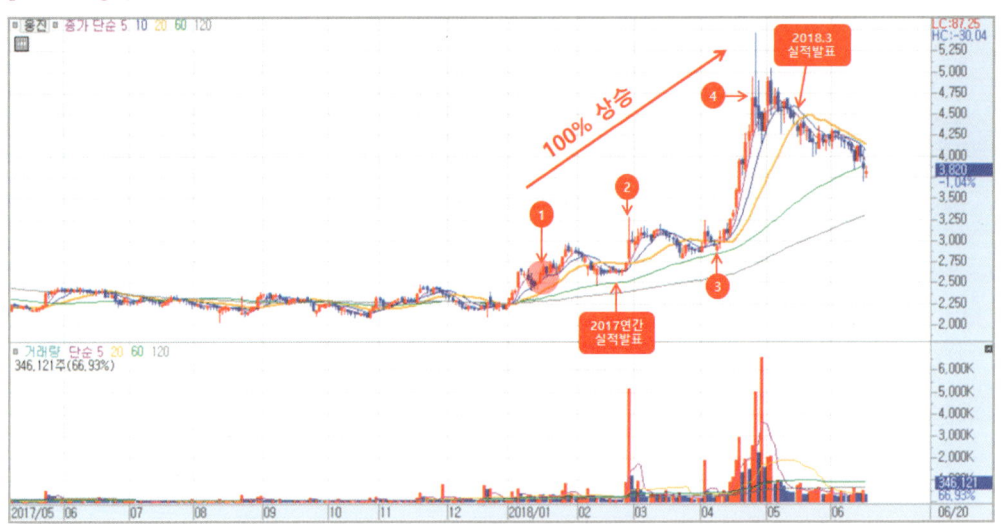

1월 3일 뉴스가 나오고 주가는 약 100% 급등을 했습니다. 3월에도 주가가 움직이긴 했으나 본격적인 시세는 4월부터 나왔습니다. 실적과 재료가 너무 좋아서 이렇게 급등이 나왔을까요? 한번 알아보겠습니다.

[그림395] 웅진 분기실적 추이

구분	2015/6	2015/9	2015/12	2016/3
매출액 (억원)	1,168	1,156	730	604
영업이익 (억원)	80	61	22	-21
구분	2016/6	2016/9	2016/12	2017/3
매출액 (억원)	696	602	527	672
영업이익 (억원)	21	-14	-103	29
구분	2017/6	2017/9	2017/12	2018/3
매출액 (억원)	691	747	718	701
영업이익 (억원)	13	39	23	-77

2017년 4분기 영업이익은 작년분기 대비 흑자전환에 성공했습니다. 103억 적자에서 23억 흑자로 전환했습니다. 그런데 1분기에는 오히려 작년분기 대비 적자로 전환했습니다. 29억 흑자

에서 77억 적자로 돌아섰습니다.

 차트를 보니 2018년 1분기 실적 발표 후 주가가 내리 세를 타는 것 보니 납득이 갑니다. 예외적으로 어닝서프라이즈를 계속 달성한 경우를 제외하고선 대체로 주가는 실적발표 이후 상승하는 것이 아니라 실적 기대감에 의해서 상승하는 것이 중론이라고 할 수 있겠습니다.

[그림396] 웅진 뉴스①

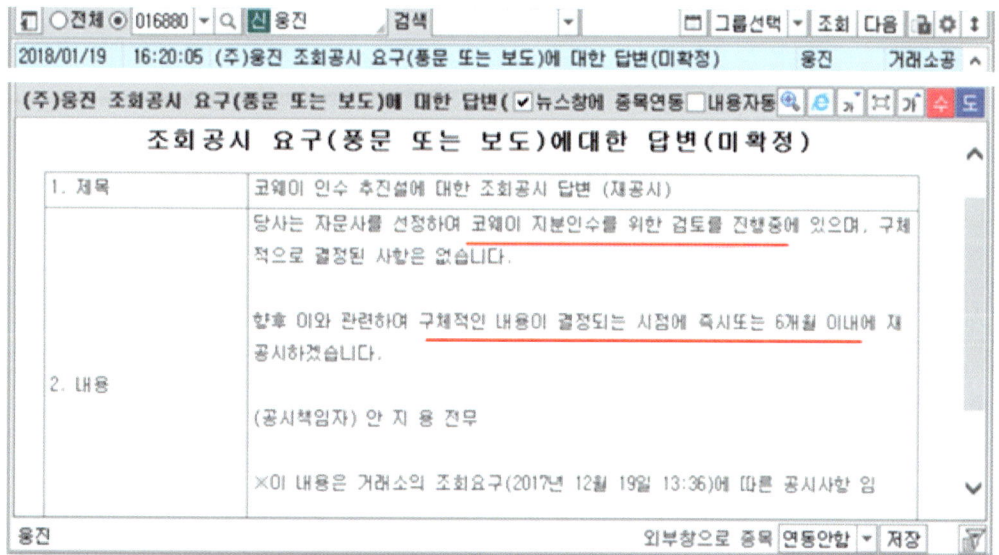

1월 당시 지분인수에 관한 풍문이 돌았습니다. 구체적 내용이 결정되는 시점 또는 즉시, 6개월 이내에 재공시할 예정이라고 하니 기대감이 아직 살아있습니다.

[그림397] 웅진 뉴스②

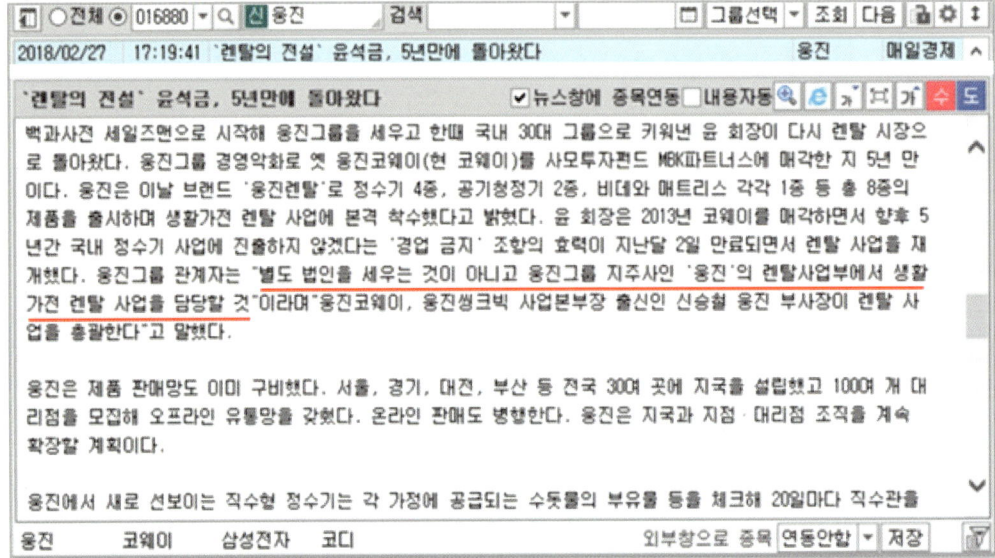

렌탈 사업에 본격 착수했다고 하는 기사가 나왔습니다. 먼저 별도의 법인을 세우는 것이 아니고 웅진의 렌탈사업부에서 생활가전 렌탈 사업을 담당할 것이라 합니다. 주가가 보통 신사업을 하게 되면 신사업의 첫 매출이 나오는 분기 실적 발표 전까지 기대감으로 오르는 경향이 많습니다.

[그림398] 웅진 뉴스③

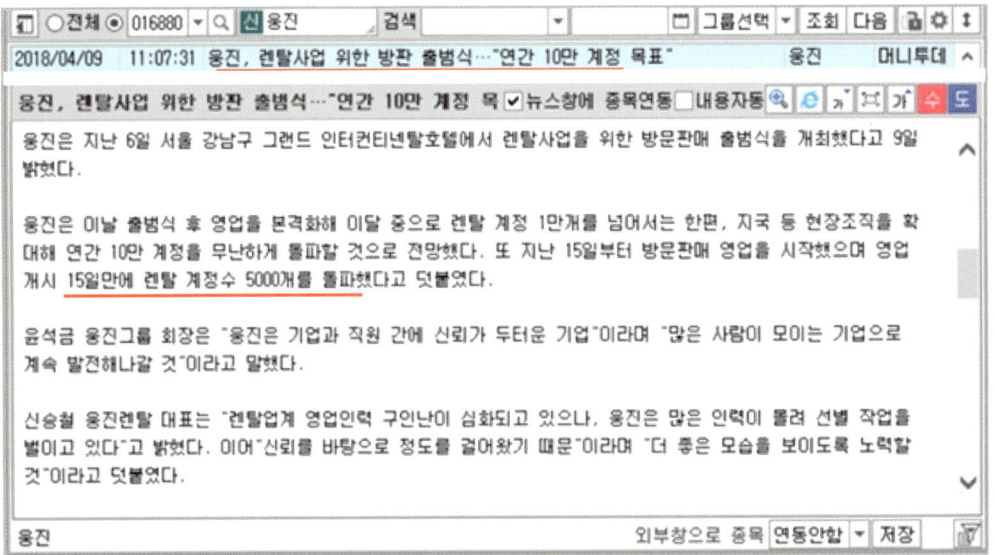

위 뉴스에서 영업을 본격화하기로 했습니다. 연간 10만 계정을 목표로 하는데 현재 15일 만에 렌탈 계정수가 5000개를 돌파했다고 하니 렌탈 계정 속도가 상당히 빠릅니다. 이 뉴스 이후로 주가는 급등을 합니다.

[그림399] 웅진 뉴스④

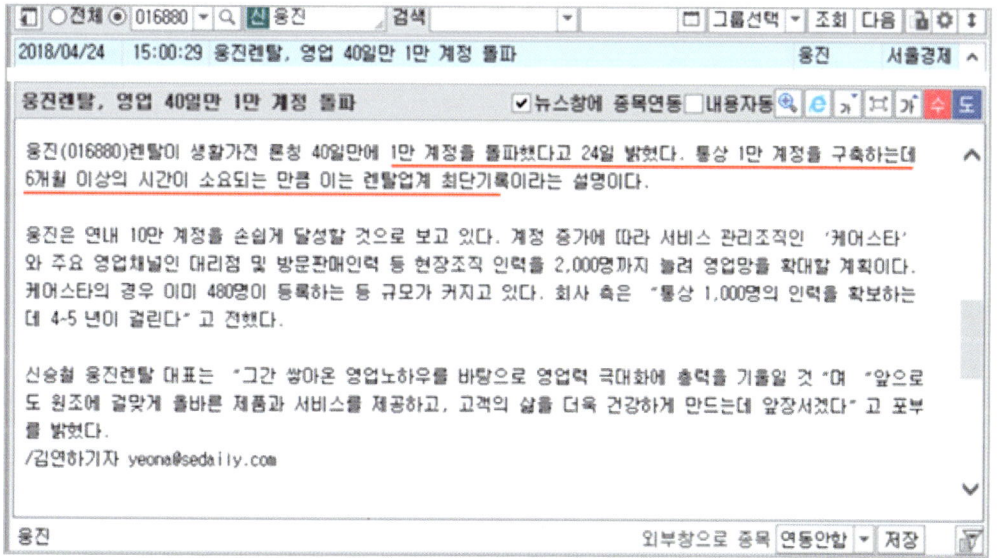

얼마안가 1만 계정을 돌파했다는 뉴스가 나왔습니다. 아주 좋은 기사처럼 보이지만 사실 이 뉴스기사 나온 당시 주가는 100% 이상 급등을 한 상태였습니다. 즉 주가를 바닥에서 끌어올린 주도세력들이 개인투자자들한테 물량을 떠넘길 수 있는 절호의 기회가 될 수 있습니다. 그래서 주가가 매물영역을 돌파 한 후 40%~100% 정도 오른 시점에서 호재나 좋은 뉴스거리가 나오면 항상 조심해야 하겠습니다.

게다가 뉴스내용이 '연내 10만 계정을 목표로 할 것'이라고 하지만 완료형 시제로 '1만 계정을 돌파했다'라고 합니다. 어떻게 보면 앞으로도 연내 1만 계정돌파, 2만 계정 돌파, 3만 계정 돌파를 했다는 소식으로 주가 상승의 모멘텀이 되기엔 다소 약합니다.

어디까지나 주가 상승의 가장 큰 원동력은 실적 기대감입니다. 신사업의 첫 매출이 나오는 분기 실적이 넘어가면 신사업 기대감은 사라지고 맙니다. 결국 주가는 1분기 실적 발표 이후 내리막길을 걷습니다.

[그림400] 웅진 주봉차트

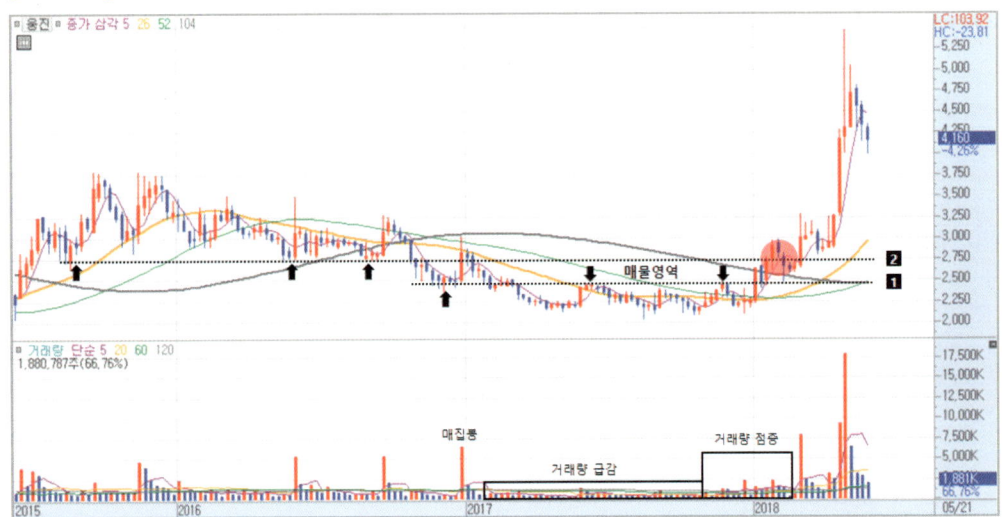

　스윙, 중기 투자를 하는 이상, 해당 종목의 시세차익만 취하면 됩니다. 그렇기 때문에 해당 회사의 뉴스나 재료를 우선순위로 두어 매수나 매도를 하기 보다는 차트에 집중하는 편이 더 좋습니다.

　위 웅진의 주봉차트에서 주가가 104주선 위에 올라타고 1번~2번의 매물영역을 돌파하자, 3개월 이내에 급등시세가 발생했지요. 재료에 크게 중점을 두지 않아도 주가의 흐름을 잘 체크해도 스윙이나 중기투자를 하는데 크게 문제가 되지 않습니다. 비유를 하자면 주가가 자동차라면 재료는 엔진오일이라고 보면 되겠습니다.

　자동차를 가만히 내버려둬도 굴러가는 길이 만들어지면 자동차가 스스로 굴러갑니다. 주가도 마찬가지로 올라가기 쉬운 여건이 만들어지면 알아서 올라갑니다. 단, 여기서 엔진오일을 넣으면 자동차는 빠른 속도로 굴러가게 되겠죠.

[그림401] 이지웰페어 주봉차트

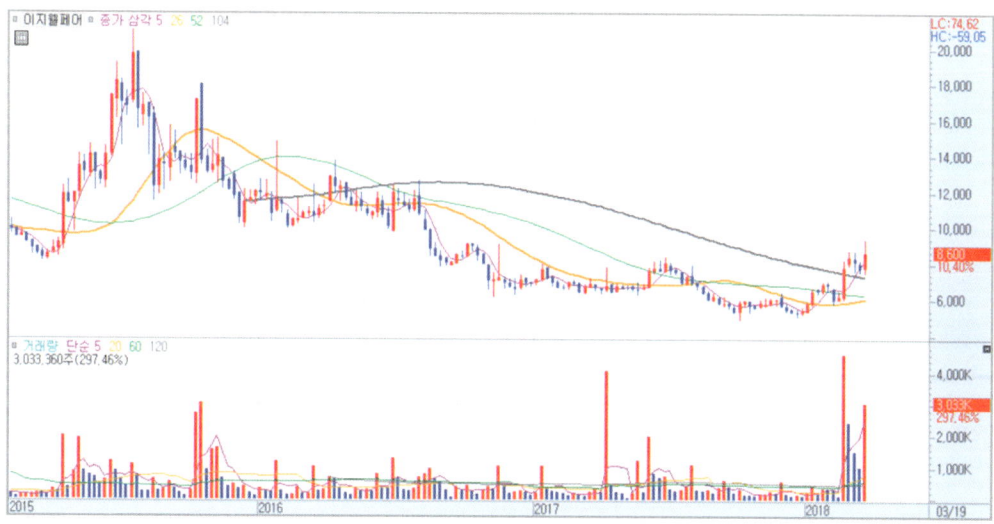

 주가가 올라가기 쉬운 여건이란 위 차트처럼 주가가 52주선과 104주선을 장악한 상태여야 하고 최종적으로는 장기간의 매물영역을 돌파해야합니다. 위 차트에선 대략 8,000원대의 매물영역을 장대양봉으로 돌파를 했습니다.

[그림402] 이지웰페어 일봉차트

 매물영역을 돌파한 당시의 일봉차트입니다. 만약 매수를 한다고 하면 이미 주가가 바닥에서 많이 상승해 부담스러울 수 있습니다. 그러나 장기간의 매물영역을 돌파한 상태이기 때문에 상승의 가능성에 무게를 두어야 합니다. 일봉차트에서 고점처럼 보여도 더 올라간다는 뜻으로 해석하고 매수를 해야 합니다. 손절을 해도 매물영역을 이탈 할 때 손절을 하면 됩니다.

 주가가 올라갈 여건이 만들어졌으면 문제는 언제, 어떤 속도로 가느냐가 문제겠지요? 엔진오일에 해당하는 재료의 질이 어떤지를 파악해야 하겠습니다.

[그림403] 이지웰페어 분기실적 추이

재무차트 - 상세데이터				
구분	2015/6	2015/9	2015/12	2016/3
매출액 (억원)	91	88	126	135
영업이익 (억원)	14	4	-0.48	22
구분	2016/6	2016/9	2016/12	2017/3
매출액 (억원)	109	119	160	151
영업이익 (억원)	4	-3	-16	20
구분	2017/6	2017/9	2017/12	2018/3
매출액 (억원)	121	130	182	
영업이익 (억원)	7	5	11	

2016년 하반기에 영업이익이 적자를 기록했고 2017년 하반기에는 영업이익이 적자에서 흑자로 턴어라운드 했습니다. 특히 2017년부터 매출과 영업이익이 회복되고 있는 추세로 이 분위기를 이어받아 1분기에 호실적을 달성할 수도 있겠습니다.

 만약 주가가 장기 매물영역을 돌파하기 전에 다가오는 1분기 실적이 작년분기 실적을 상회한다는 증권사 리포트나 또는 여러 호재(인수합병, 신제품 개발, 업황개선, MOU체결, 최대주주 변경 등)가 나오면 주가는 '기대감'으로 상승할 가능성이 매우 높아지겠지요? 어떤 호재거리가 있는지 뉴스를 체크해보겠습니다.

[그림404] 이지웰페어 뉴스①

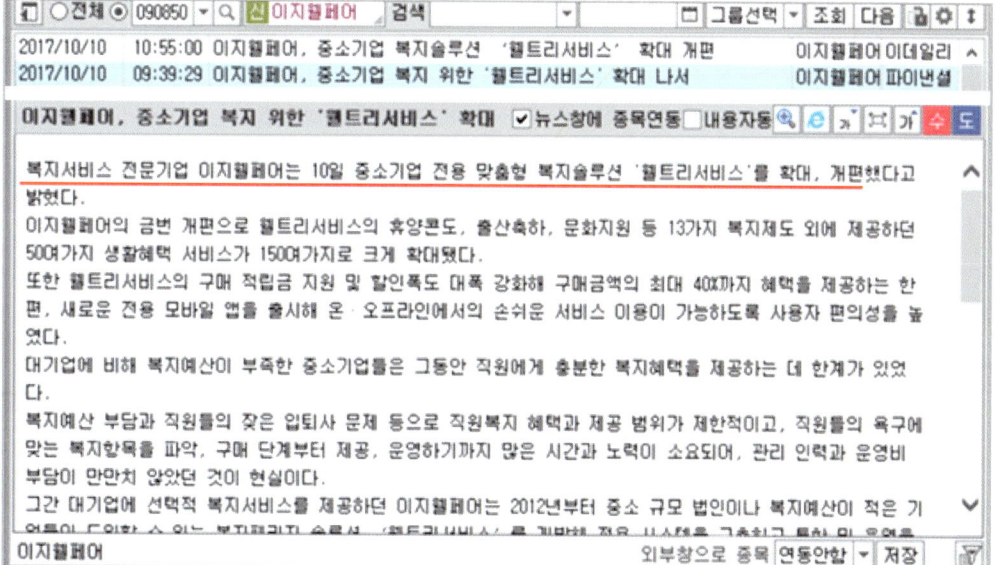

기사내용을 읽어보면 복지서비스 전문기업인 이지웰페어가 그간 대기업에 선택적 복지 서비스를 제공했었는데 최근 중소기업에게도 전용 맞춤형 복지솔루션을 확대, 개편했다고 합니다. 이 기사로 인해 해당 회사의 수익성이 조금이라도 개선되면 Okey입니다.

[그림405] 이지웰페어 뉴스②

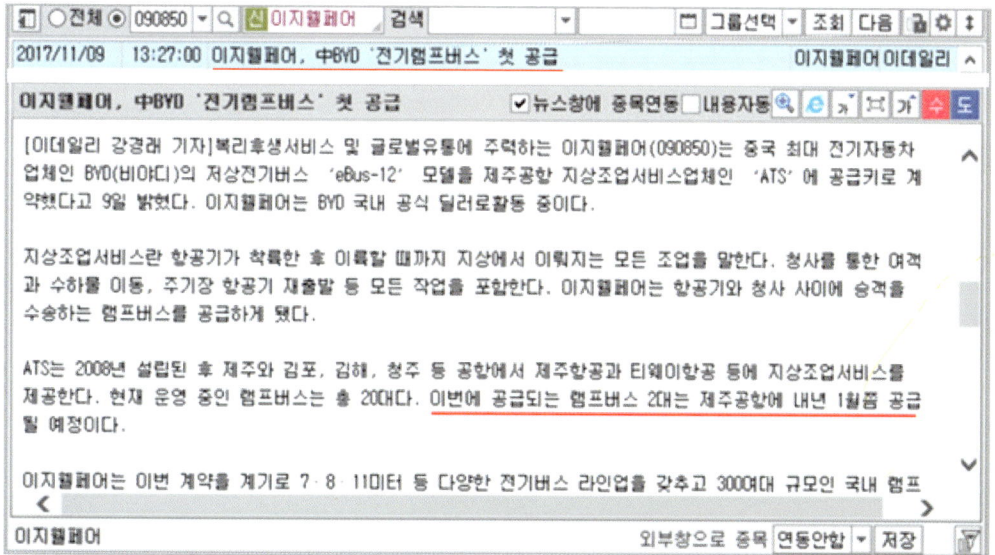

뜬금없이 이지웰페어가 중국 최대 전기자동차 업체의 저상전기버스를 제주공항 지상조업서비

스 업체에 공급키로 계약을 했다는 뉴스기사가 나왔습니다. 오래전에 뉴스를 찾아보니 이지웰페어가 신사업으로 가전, 전기차 부문 신사업을 확대할 것이라 했습니다. 위 뉴스기사 내용 중간에 램프버스 2대는 제주공항에 내년 1월쯤 공급될 예정이라 하니 1월까지 또는 1분 실적까지(전기버스의 첫 매출이 잡히는 시점) 주가가 움직일 가능성이 있습니다. 실제로도 주가는 1월까지 움직였습니다.

[그림406] 이지웰페어 뉴스③

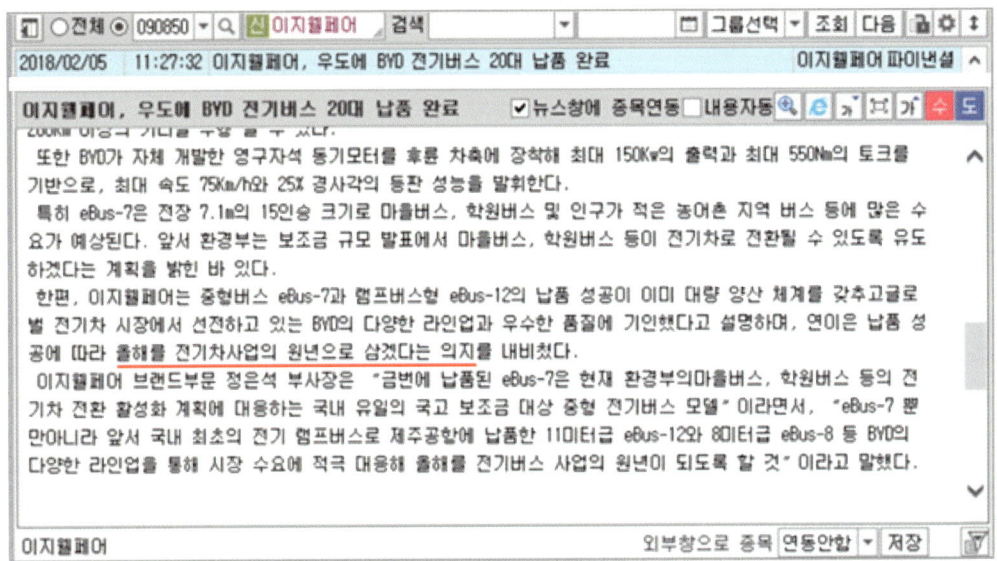

 우도에 전기버스 20대 납품을 완료했다는 뉴스 기사나 왔습니다. 전기버스 납품을 완료했다 하니 당장 주가에는 기대감 소멸로 약세로 흐를 수 있습니다. 그런데 주가는 당장에 약세로 움직일지라도 "올해를 전기차사업의 원년으로 삼겠다."라고 했습니다. 즉, 이 사업을 중점을 두겠다는 뜻이 되겠는데 조만간 전기차 사업에 대한 구체적인 로드맵이나 계획 등을 발표할 수 있음을 암시하기도 합니다.

[그림407] 이지웰페어 뉴스④

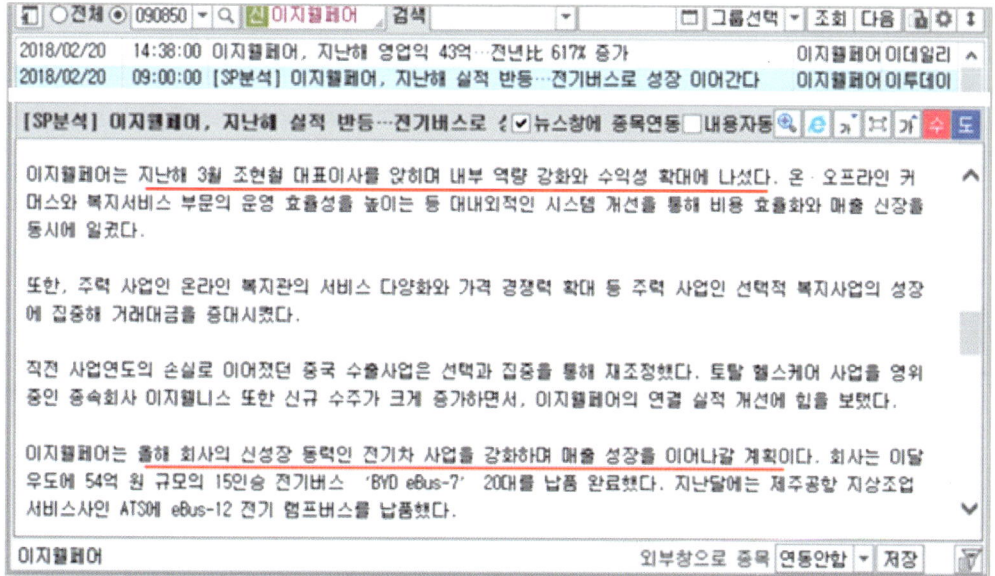

 연간실적이 발표되고 실적을 리뷰하는 뉴스기사가 나왔습니다. 지난해 영업이익이 43억으로 전년대비 617% 증가를 했는데 그야말로 호실적을 기록했습니다. 그리고 앞으로는 올해 회사의 신성장 동력인 전기차 사업을 강화해 매출 성장을 이어갈 계획이라고 합니다. 이 뉴스기사 이후 며칠 후 주가는 장기 매물영역을 돌파하게 됩니다.

 여기까지의 정보만 가지고 매수를 하기엔 다소 정보가 빈약하긴 합니다. 전기차 사업을 원년으로 삼고 매출 성장을 이어나가겠다고 한 것밖에 없죠. 다만, 1분기 실적발표 때까지는 기대감이 남아있습니다. 회사가 신사업을 하면 신사업 계획부터 신사업의 결과물인 첫 매출이 나오는 분기실적 발표 때 까지 상승 기대감이 남아있길 마련입니다.

 예를 들어 어떤 유명한 쉐프가 맛있는 파스타 가게를 신장개업 할 거라고 동네방네 사람들한테 공표를 해놓으면 벌써부터 관심이 가겠죠. "TV에 나오는 유명한 사람이 우리 골목에서 파스타 가게를 신장개업 할 거라네? 꼭 한번 가봐야지" 이러쿵저러쿵 말이 많을 것입니다.

 주식에서도 마찬가지입니다. 도자기를 판매하는 회사가 "우리 회사는 도자기를 판매하지만 내년부터 바이오 사업을 할 것이다!" 라고 하면 주식시장의 투자자들이 관심을 가지겠죠?

 며칠 후, 유명한 쉐프가 신장개업을 했습니다. 유명한 사람이 만드는 파스타를 먹어 볼 수 있다는 생각에 여러 손님들이 몰립니다. 그런데 파스타를 먹어본 손님들이 맛이 형편없다고 느껴진다면? 아마 다음부턴 찾아오지 않을 것입니다. "그냥 그럭저럭 시중에 파는 파스타 맛이네" 이런 반응이 나오면 다음번 이 식당을 방문할 때의 기대감은 신장개업을 기다릴 때의 기대감보다 현저히 낮거나 없습니다.

반면 "와 먹어본 음식 중에 최고다" 등 호평을 하면 다음번에 이 식당을 방문할 때의 기내감은 신장개업을 기다릴 때의 기대감보다 낮지만, 기대감은 여전히 존재합니다. 새로운 메뉴를 먹어보거나 또 한 번 맛있는 맛을 느끼려고 할 것입니다.

주식시장에서도 마찬가지입니다. 도자기를 판매하던 회사가 바이오 사업을 할 것이라고 공표를 했다면 첫 임상결과가 나오기 전까지 주가는 기대감으로 움직이나 결과가 나오면 그 즉시 기대감이 소멸돼 주가가 조정을 받게 됩니다. 하지만 결과가 향후에도 좋을 것이라고 하면 주가는 조정을 완료하고 재차 상승을 하게 됩니다.

그러한 논리를 적용한다면 위 뉴스 말미에서 회사가 이달 우도에 54억 원 규모의 15인 전기버스 20대를 납품 완료, 지난달에는 제주공항 지상조업 서비스에 전기 램프버스를 납품했다고 합니다. 공급계약을 한 결과가 1분기 실적에 나오게 되니 그때까지 주가가 움직일 가능성이 있습니다.

[그림408] 이지웰페어 일봉차트

매물영역인 8,000원을 돌파한 이래로 주가는 약 50% 가량 상승을 했습니다. 과연 주가는 1분기 실적 발표 이전까지 움직이고 발표 이후 주가는 본격적으로 조정을 받습니다.

[그림409] 이지웰페어 분기실적 추이

구분	2015/6	2015/9	2015/12	2016/3
매출액 (억원)	91	88	126	135
영업이익 (억원)	14	4	-0.48	22
구분	2016/6	2016/9	2016/12	2017/3
매출액 (억원)	109	119	160	151
영업이익 (억원)	4	-3	-16	20
구분	2017/6	2017/9	2017/12	2018/3
매출액 (억원)	121	130	182	221
영업이익 (억원)	7	5	11	42

2018년 1분기에 호실적을 기록했습니다. 작년분기 대비 매출액이 151억에서 221억으로 70억 증가, 영업이익은 20억에서 42억으로 22억 증가를 했습니다.

[그림410] 이지웰페어 뉴스①

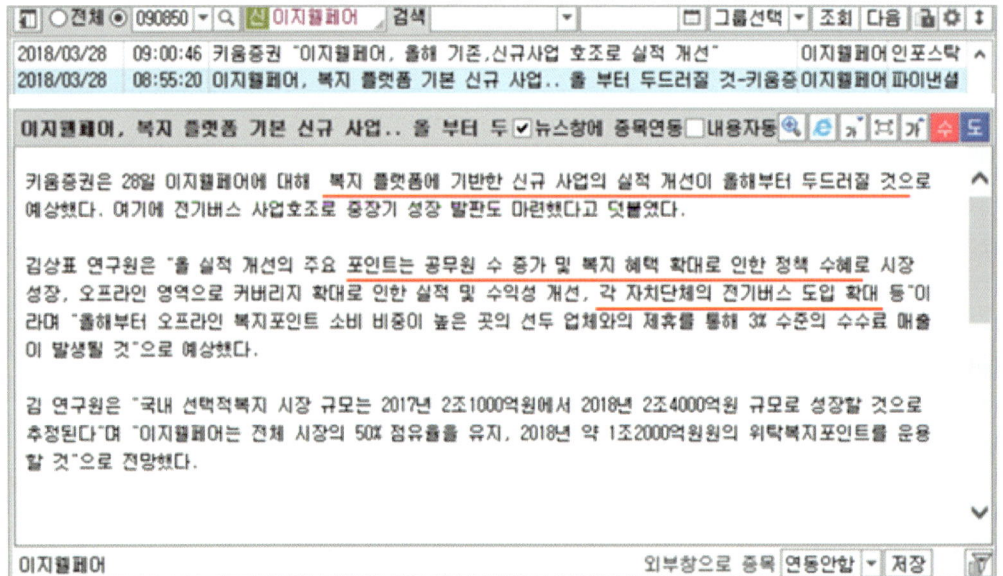

매물영역을 돌파했을 당시, 3월 28일 증권사 리포트가 나왔습니다. 내용인 즉 1)복지 플랫폼에 기반을 둔 신규 사업의 실적 개선 2)각 자치단체의 전기버스 도입확대입니다. 기존, 신규 사업 호조로 실적 개선이 될 것이라는 전망인데 투자자들한테 실적 기대감을 심어주는 내용입니다. 이 뉴스 이후로 주가는 본격적인 상승을 합니다.

[그림411] 이지웰페어 뉴스②

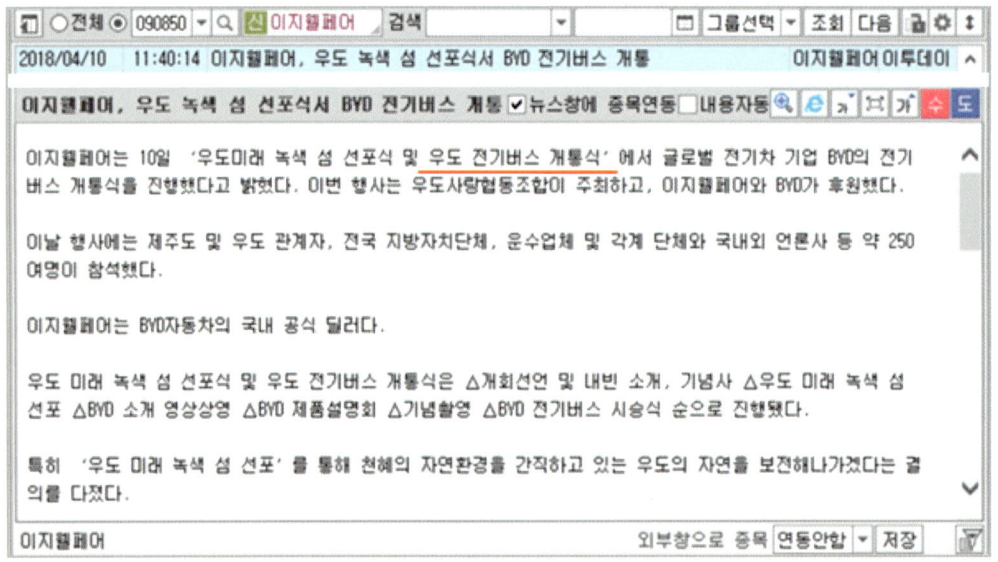

주가가 급등을 하고 있는 중에 우도 전기버스 개통식을 한다고 뉴스가 나왔습니다. 매물영역에서 주가가 꽤 오른 상태에서 완료형 시제를 나타내는 뉴스기사 나오면 조심해야 한다고 했습니다. 주가의 고점이 다가왔음을 알립니다.

[그림412] 이지웰페어 뉴스④

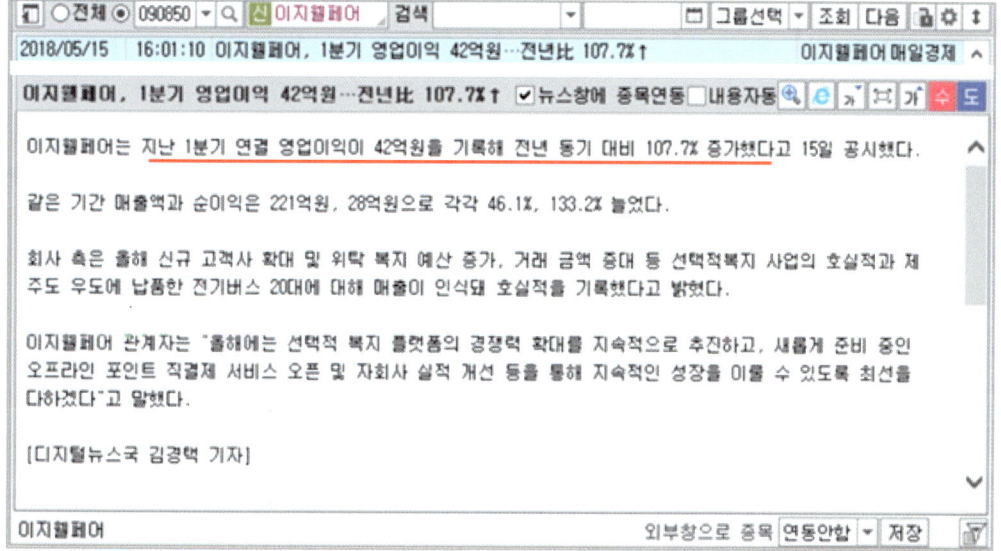

1분기 실적을 발표했습니다. 예상대로 기존 사업의 고객사 확대(2017.10.10.일 뉴스 참조)와 전기차 납품으로 호실적을 기록했습니다. 이 뉴스 이후에 주가는 조정을 받게 됩니다.

[그림413] 이지웰페어 주봉차트

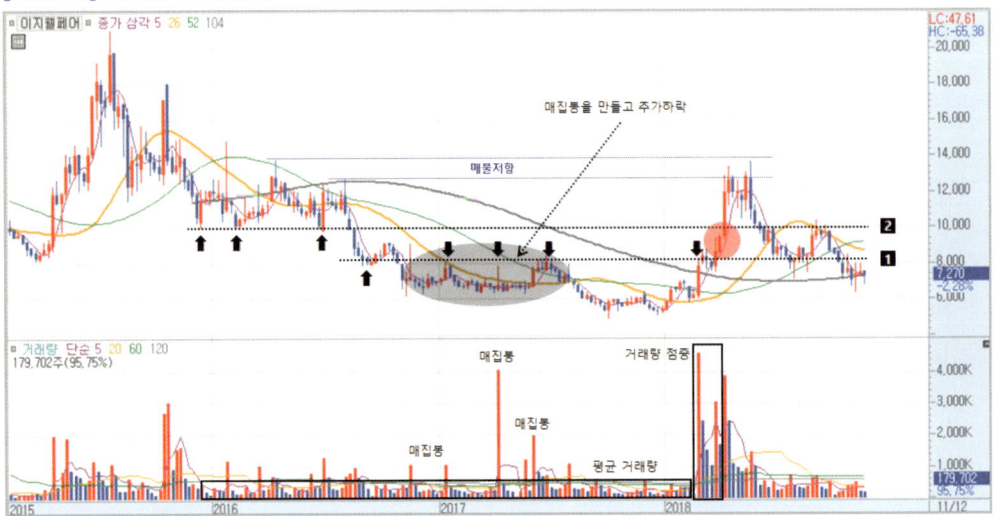

　1번 8,000원과 2번의 10,000원 매물영역을 돌파하자 주가는 단숨에 14,000원의 매물저항까지 상승했습니다. 비록 추가적인 상승을 이어나가지는 못했지만 1번의 매물영역을 장대양봉으로 돌파한 직후, (빨간색 원)매수를 하였더라면 50% 정도의 높은 수익률을 노려 볼 수 있었습니다.

　대체로 주가가 직전의 전고점까지 도달하기 어려운 경우 주가는 위 차트처럼 매물저항을 넘지 못하고 조정을 받게 되니 매도를 할 땐 매물저항을 참고해야 하겠습니다.

[그림414] 씨티씨바이오 주봉차트

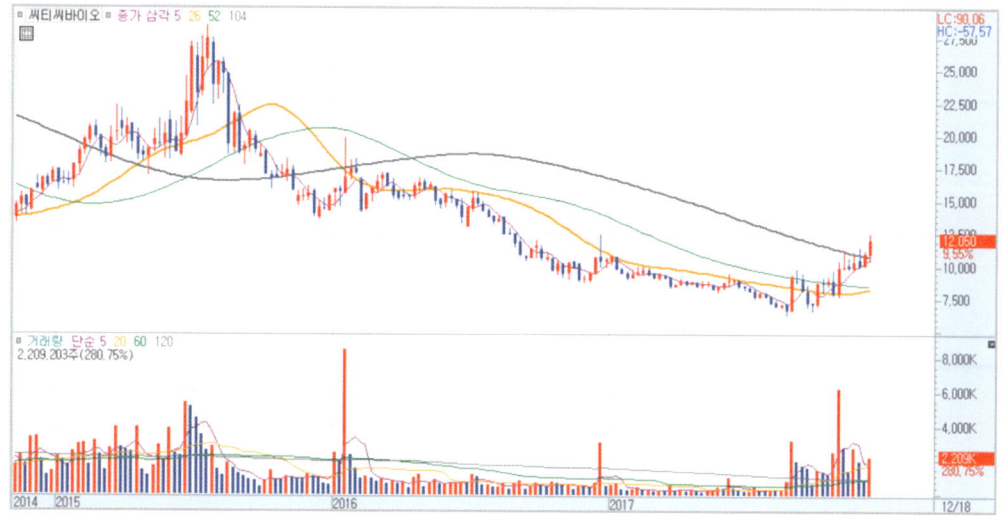

　주가는 2017년 하반기에 하락을 멈추고 상승을 시도하고 있는 모습입니다. 횡보기간이 짧은 것처럼 보이긴 하지만 52,104주선과 매물영역을 돌파를 한 상태입니다. 거래량도 점증되고 있어 급등의 전초단계일 가능성이 매우 높습니다.

[그림415] 씨티씨바이오 일봉차트

　당시의 일봉차트입니다. 8월말부터 거래량이 평소보다 점증하고 있습니다. 거래량은 시장의 관심 척도입니다. 위 차트처럼 주가 바닥에서 거래량이 점증하고 있다면 이 회사에 대한 좋은 호재거리가 있다거나 실적이 개선될 수 있을만한 기대감이 있다는 것으로 해석됩니다. 그렇지 않고서야 절대로 거래량이 점증하기 어렵습니다.

[그림416] 씨티씨바이오 분기실적 추이

재무차트 - 상세데이터				
구분	2015/6	2015/9	2015/12	2016/3
매출액 (억원)	282	264	327	281
영업이익 (억원)	9	-29	26	5
구분	2016/6	2016/9	2016/12	2017/3
매출액 (억원)	297	340	314	316
영업이익 (억원)	-6	5	-31	-24
구분	2017/6	2017/9	2017/12	2018/3
매출액 (억원)	321	319		
영업이익 (억원)	-6	-56		

분기별 매출액 추이는 300억 원 수준으로 유지되고 있으며 영업이익은 2017년부터 적자가 나고 있습니다.

영업이익이 적자인데 주가는 바닥에서 거래량이 터지면서 104주선과 매물영역을 장악했죠. 회사에 어떤 호재나 실적이 회복될 수 있음을 알리는 것 같습니다.

[그림417] 씨티씨바이오 뉴스①

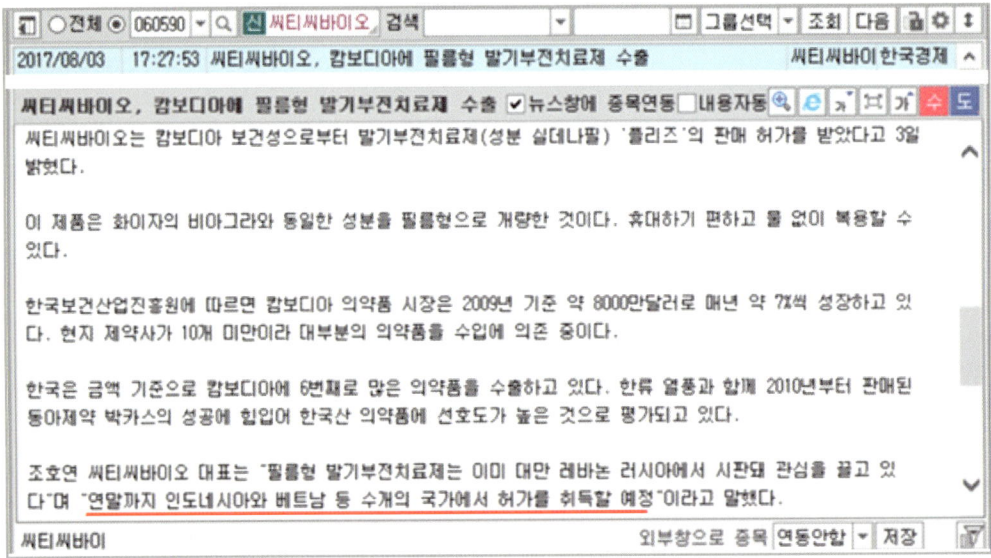

캄보디아에서 필름형 발기부전치료제를 수출했다는 뉴스가 나왔습니다. 완료형 시제의 뉴스 기사지만 좀 더 내용을 살펴보면 CEO가 "연말까지 인도네시아와 베트남 등 수개의 국가에서 허가를 취득할 예정"이라고 말 했습니다. 기대감이 연말까지 살아 있다는 것을 암시합니다.

[그림418] 씨티씨바이오 뉴스②

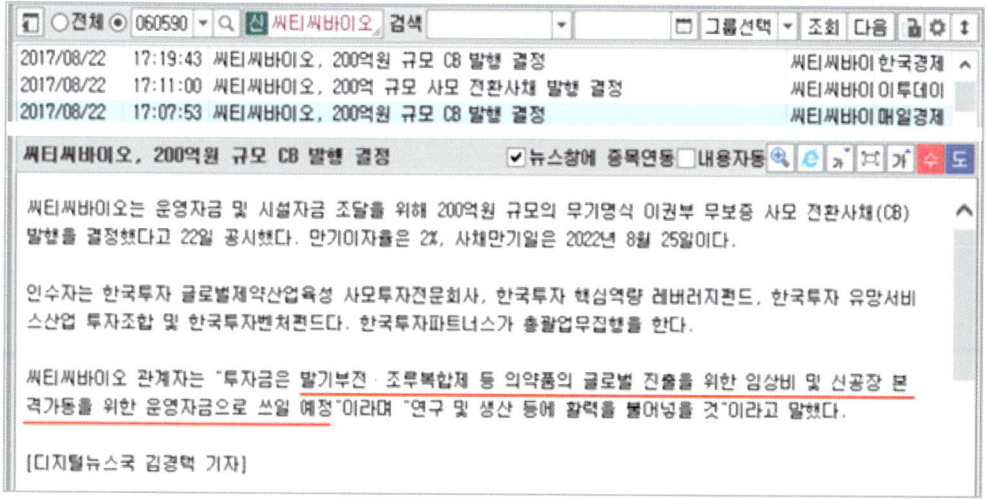

회사가 200억 원 규모의 전환사채 발행을 결정했습니다. "투자금은 발기부전, 조루복합제 등 의약품 글로벌 진출을 위한 임상비 및 신공장 본격가동을 위한 운영자금"이라고 합니다. 대체로 회사가 자금조달을 받을 때 주로 전환사채를 발행하곤 합니다. 자금조달을 받기 위한 아주 손쉬운 수단입니다. 위 기사의 내용을 보면 자금조달의 목적이 임상비, 신공장 가동이니 주가에는 호재로 작용할 수 있습니다. 단, 자금 조달을 빈번히 하는 기업은 기초체력이 약해 실적이 대부분 부진할 수 있으니 이점 유의하시길 바랍니다.

[그림419] 씨티씨바이오 뉴스③

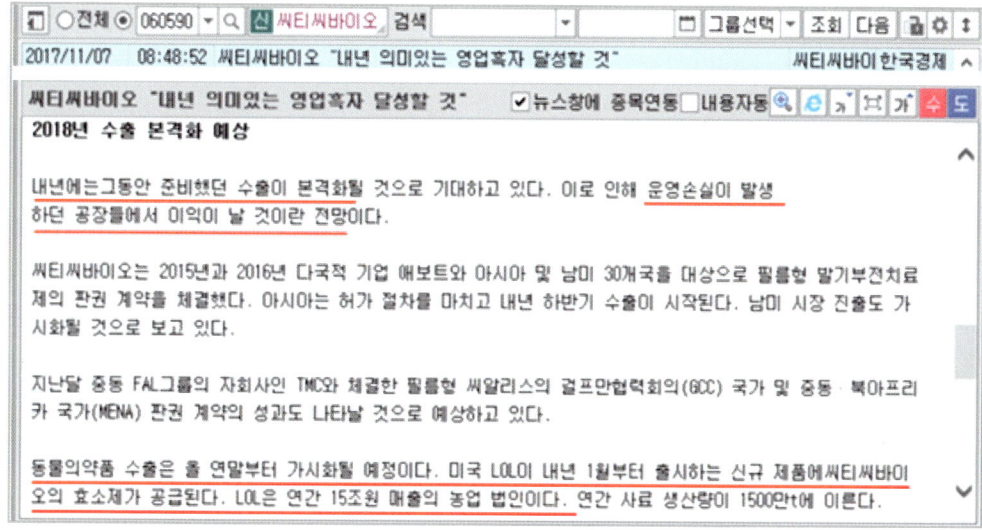

이 뉴스로 인해 주가는 급등을 합니다. 2018년 수출 본격화 예상이라며 운영손실이 발생하던 공장들에서 이익이 날 것이라고 합니다. 이뿐만 아니라 동물의약품 수출이 올 연말부터 가시화 될 예정이라고 하죠.

내용인즉, "미국 LOL이 내년 1월부터 출시하는 신규 세품에 씨티씨바이오의 효소제가 공급된다." 그렇다면 주가는 신규 제품이 출시되는 1월까지 주가가 움직일 가능성이 있겠고 좀 더 본다면 공장의 이익이 확인되는 분기실적까지 움직일 가능성이 있습니다.

[그림420] 씨티씨바이오 일봉차트

주가가 104주선과 매물영역을 돌파한 이래로 약 50% 상승했습니다. 주가는 1월말까지 상승을 했지만 시세를 더 이어나가지 못했습니다.

[그림421] 씨티씨바이오 분기실적

구분	2015/6	2015/9	2015/12	2016/3
매출액 (억원)	282	264	327	281
영업이익 (억원)	9	-29	26	5
구분	2016/6	2016/9	2016/12	2017/3
매출액 (억원)	297	340	314	316
영업이익 (억원)	-6	5	-31	-24
구분	2017/6	2017/9	2017/12	2018/3
매출액 (억원)	321	319	349	364
영업이익 (억원)	-6	-56	-54	17

2017년 4분기 영업이익은 54억 적자가 발생했고 2018년 1분기 영업이익은 작년분기 대비 17억으로 흑자전환에 성공했습니다.

[그림422] 씨티씨바이오 뉴스①

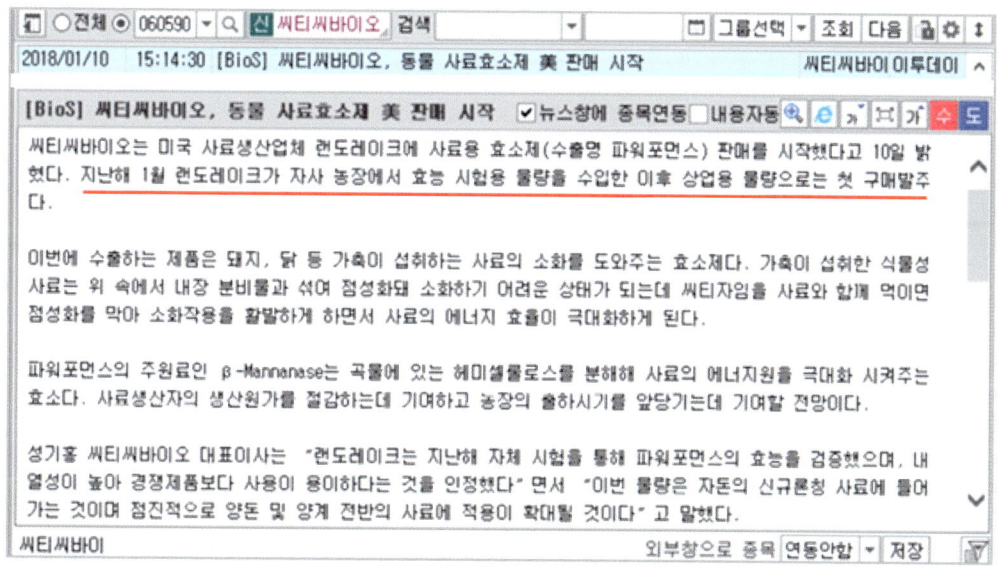

1월 미국 사료생산업체인 LOL이 첫 판매를 시작했다고 뉴스가 나왔습니다. 완료형 시제로 기대감이 소멸되었다고 할 수 있습니다. 이 뉴스 발생 이후 주가는 얼마안가 상승을 했으나 결국 조정을 받게 됩니다.

[그림423] 씨티씨바이오 뉴스②

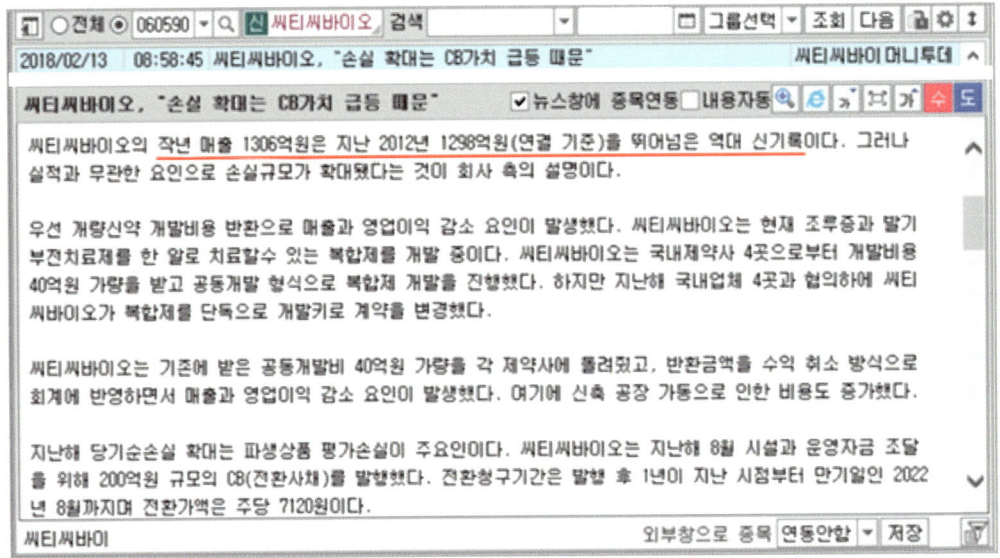

연간 실적이 발표된 직후 실적을 리뷰 하는 기사가 나왔습니다. 매출액으로는 역대 신기록을 달성했으나 실적과 무관한 요인으로 손실규모가 확대되었다고 합니다. 딱히 이 기사에서는 미래형 시제로 기대감을 내포하는 내용을 찾아볼 수 없습니다.

[그림424] 씨티씨바이오 뉴스③

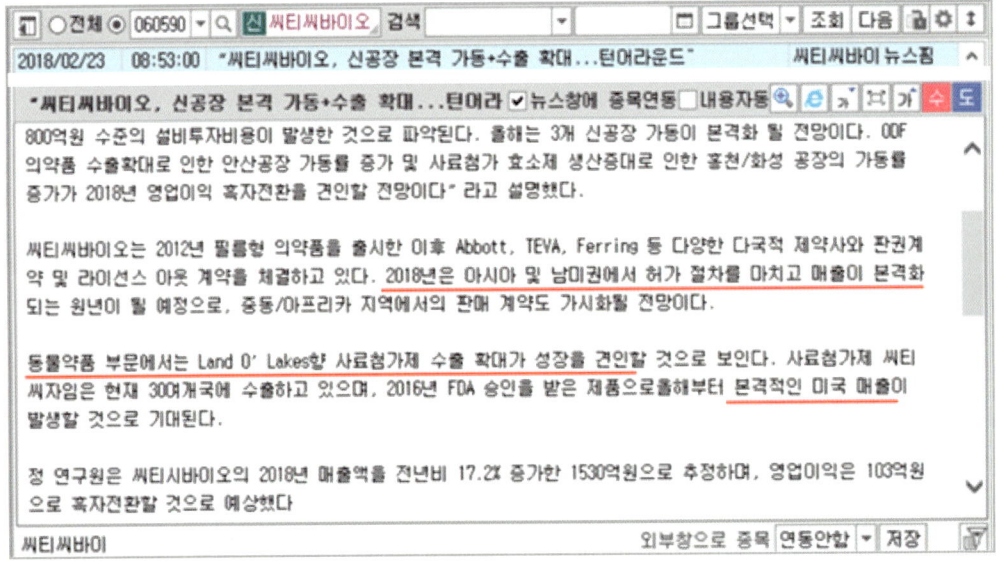

2월 말, 신공장 본격화, 필름형 의약품의 허가절차 마무리, 동물의약품 LOL의 수출 확대로 턴

어라운드가 전망된다는 리포트가 나왔습니다. 내용자체로 보면 턴어라운드가 가능해 보입니다.

[그림425] 씨티씨바이오 주봉차트

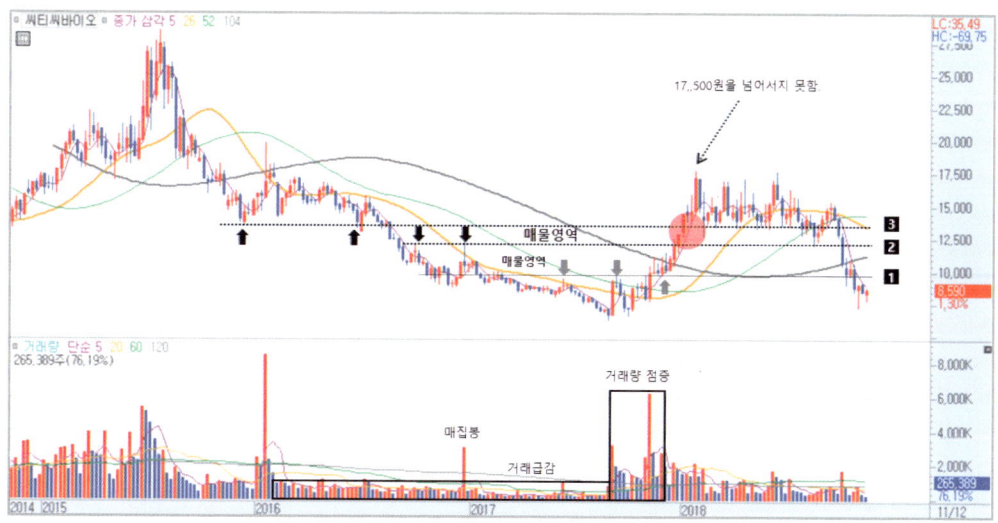

 주가는 1번의 매물영역인 10,000원을 장대양봉으로 돌파한 직후 쉽게 상승을 이어나갔습니다. 그러나 17,500원을 여러 차례 넘어서지 못했습니다. page219의 [그림341]에서 3번의 방향으로 흘렀습니다. 즉, 주가는 기대감으로 상승을 했지만 결과는 딱 그 수준에 맞는 기대치거나 그 이하인 수준이라는 뜻이 됩니다. 실제로 2018년의 3분기까지의 영업이익이 증권사 리포트와 다르게 적자를 지속하고 맙니다.

[그림426] 씨티씨바이오 주봉차트

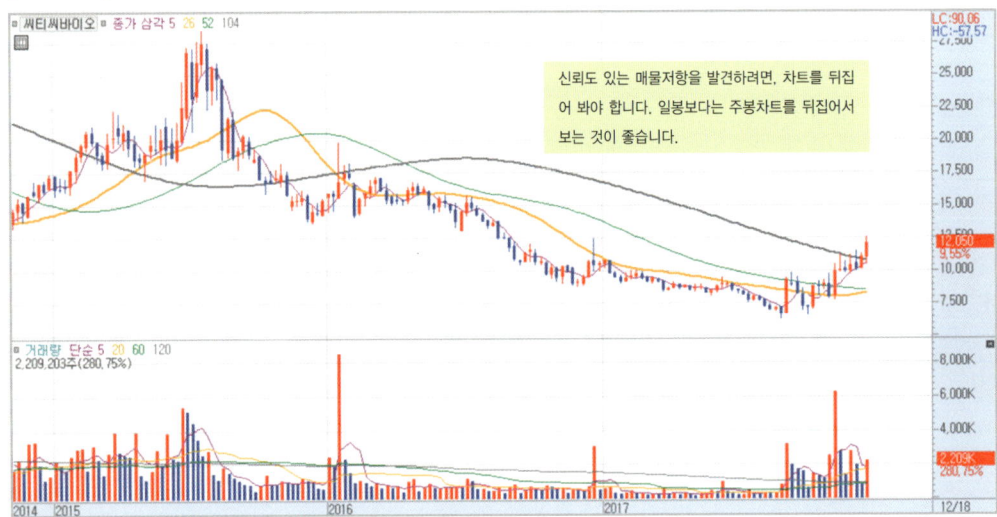

 물론 주가가 17,500원을 넘기지 못하던 주요한 이유는 '매물저항'에 걸리는 자리였기 때문입니다. 대체로 주가가 직전의 전고점까지 도달하기 어려운 경우 주가는 매물저항을 넘지 못하고 조정을 받게 되니 매도를 할 땐 매물저항을 참고해야합니다.

[그림427] 씨티씨바이오 주봉차트

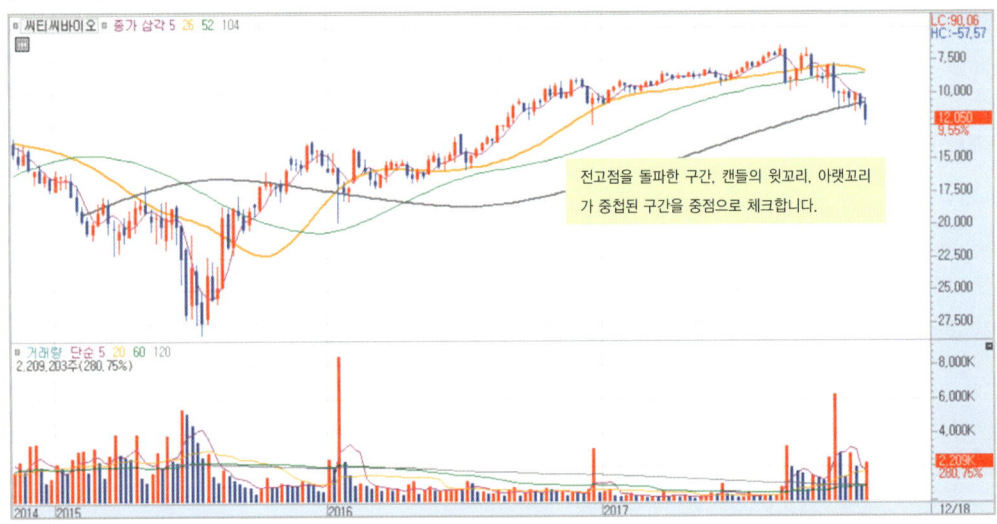

 매물저항 구간을 쉽게 찾을 수 있는 방법은 차트를 뒤집어서 보는 것입니다. 그리고 위 차트의 설명처럼 전고점을 돌파한 구간, 캔들의 윗꼬리와 아래꼬리가 중첩된 구간을 체크합니다. 쉽게 말해 지지와 저항이 자주 공방이 일어났던 구간을 찾는 것입니다.

[그림428] 씨티씨바이오 주봉차트

차트를 뒤집어서 보면 최근에 대량 거래량을 동반한 음봉이 발생했습니다. 조만간 주가가 하락할 것을 암시 합니다.

그렇다면 주가는 어느 구간에서 지지가 나올까요? 우선 1번의 2014년의 전고점과 2번의 2015년 말의 전고점이 되겠고 이 지지선이 붕괴되면 3번 구간에서 지지가 나올 가능성이 큽니다.

왜냐하면 이 3번구간은 2013년 하반기, 2015년 상반기, 2016년 상반기에 여러 차례 지지와 저항의 공방이 일어났었던 구간이었기 때문입니다. 역사적으로 가격의 공방이 자주 일어났던 구간은 강력한 저항선, 지지선으로 작용합니다.

[그림429] 씨티씨바이오 주봉차트

고점에서 하락하던 주가가 지지와 저항의 공방이 일어났던 3번 구간에서 지지를 받고 반등에 성공한 모습입니다.

[그림430] 씨티씨바이오 주봉차트

다시 원상태로 차트를 보면 3번의 지지선이 저항이 되는 구간이었습니다. 이처럼 매물저항을 찾기 어려운 경우 차트를 뒤집어서 봐야하겠습니다.

2. 매물영역과 매물저항

이 책에서 강조하고 싶은 것은 결국 올라가기 쉬운 여건이 만들어지면 주가는 올라가길 마련이고 반대로 내려가기 쉬운 여건이 만들어지면 주가는 내려가길 마련이라는 것입니다.

이러한 여건이 만들어 지려면 주가는 장기간의 '매물영역' 돌파하거나 이탈해야 합니다. 그런데 이 매물영역이란 것이 '여러 개의 매물영역'으로 존재합니다.

즉, 장기간의 매물영역을 돌파 했다고 하더라도 그 위에 여러 개의 매물영역이 있기 때문에 향후 이 매물영역이 저항선으로 작용할 수 있다는 얘기입니다. 주가가 올라가기 쉬운 여건까지만 상승한다는 것이죠.

결론은 주가는 매물영역과 매물영역 사이에서 상승과 하락을 한다는 것입니다.

※ 예시 차트 사례 - 서울옥션/루트로닉/호텔신라/케이엠더블유/KG케미칼/에이씨티/
화이브라더스코리아/CJ프리시웨이/KCC/갑을메탈/코리아나/위닉스/청담러닝

[그림431] 서울옥션 주봉차트

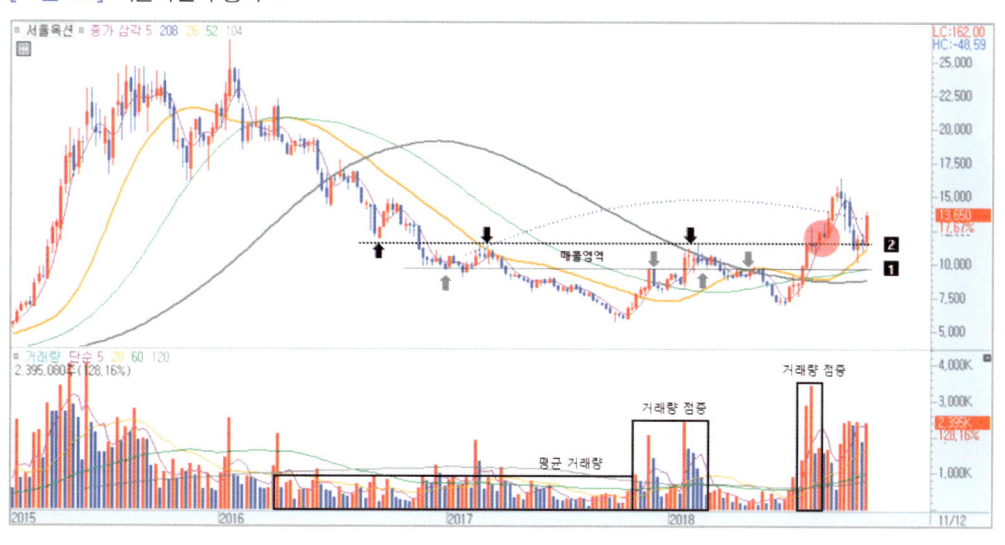

위 차트에서 주가가 104주선을 안착한 이래로 1번과 2번의 매물영역을 돌파하자 단숨에 상승을 했습니다.
그런데 상승폭이 작습니다. 17,500원을 넘어서지도 못합니다.

[그림432] 서울옥션 주봉차트

차트를 뒤집어 보면 주가는 2018년 초에 1번의 매물영역(지지선)에서 반등이 나왔지만 하반기에 이탈하고 맙니다. 결국 주가는 그 밑의 지지선인 2번의 매물영역에서 반등이 나왔습니다. 2번의 매물영역이 2015년부터 형성되었기 때문에 그 어느 지지선보다 강력합니다. 다시 차트를 원상태로 뒤집어 보면 왜 주가의 상승폭이 작은지 알 수 있겠죠.

[그림433] 루트로닉 주봉차트

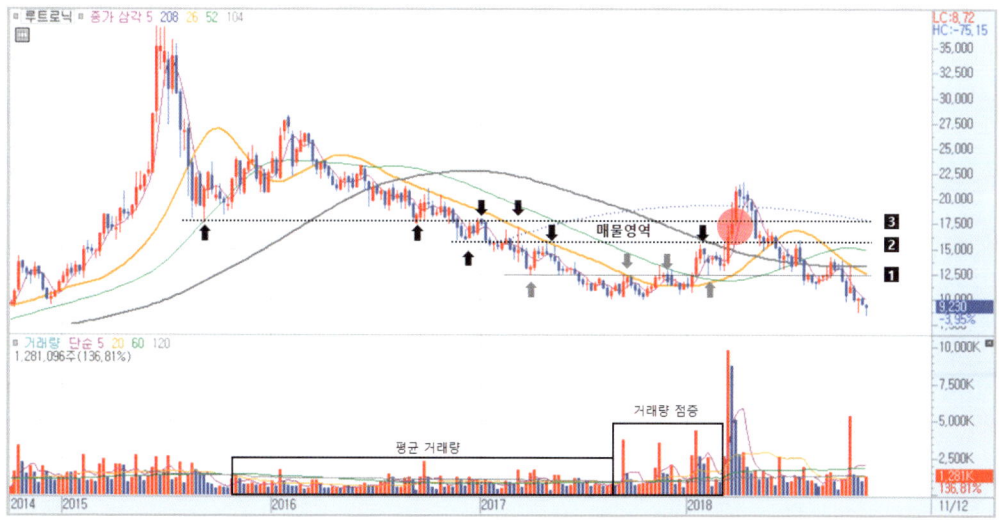

위 차트에서도 수가가 장기간의 매물영역인 2번과 3번을 돌파했지만 상승폭이 작았습니다.

[그림434] 루트로닉 주봉차트

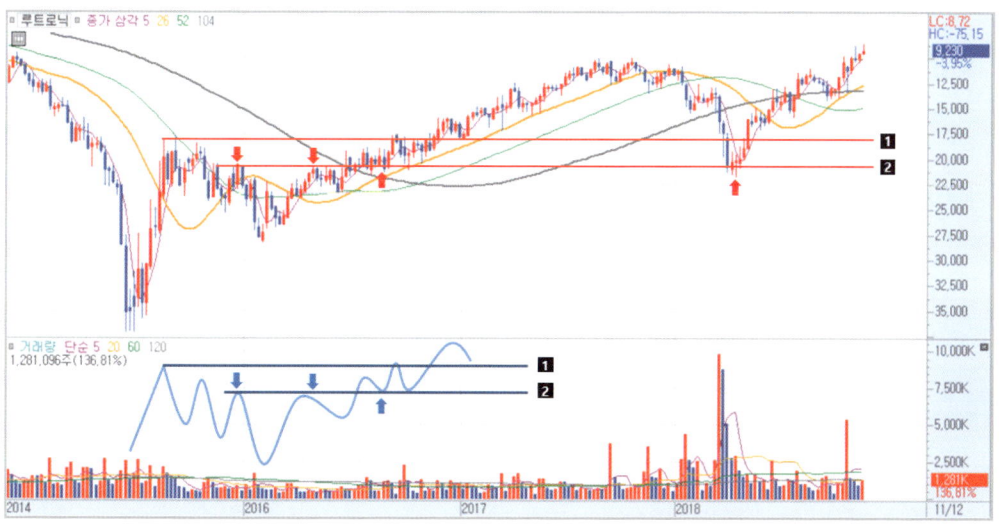

차트를 뒤집어 보니 오래전인 2014년부터 형성된 매물영역이 저항선으로 작용하고 있다는 것을 확인할 수 있습니다.

[그림435] 호텔신라 주봉차트

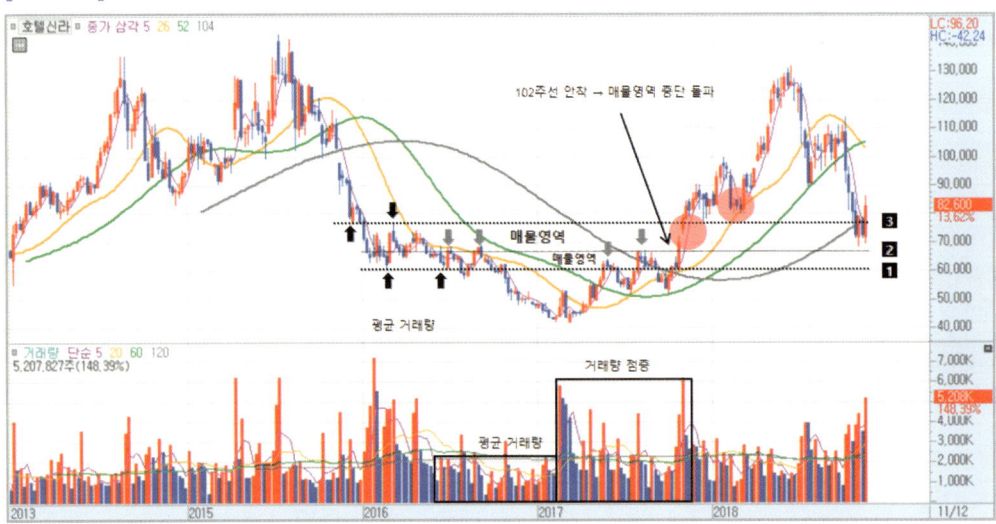

 반면 오래전부터 형성된 매물영역을 강하게 돌파한다면 향후 주가 조정 시, 이 매물영역이 지지선으로 작용하게 됩니다. 위 차트에서 3번의 매물영역이 지지선으로 작용하죠.

[그림436] 케이엠더블유 주봉차트

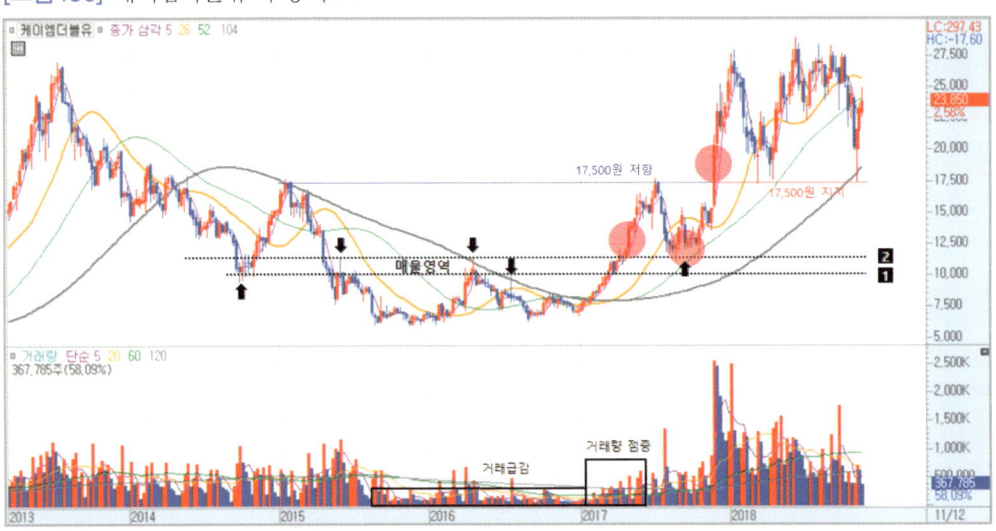

 위 차트는 그야말로 주가는 매물영역과 매물영역 사이에서 상승과 하락을 한다는 것을 그대로 보여주고 있습니다. 주가가 1~2번의 매물영역과 17,500원 사이에서 지지와 저항을 받으면서 움직입니다.

[그림437] KG케미칼 주봉차트

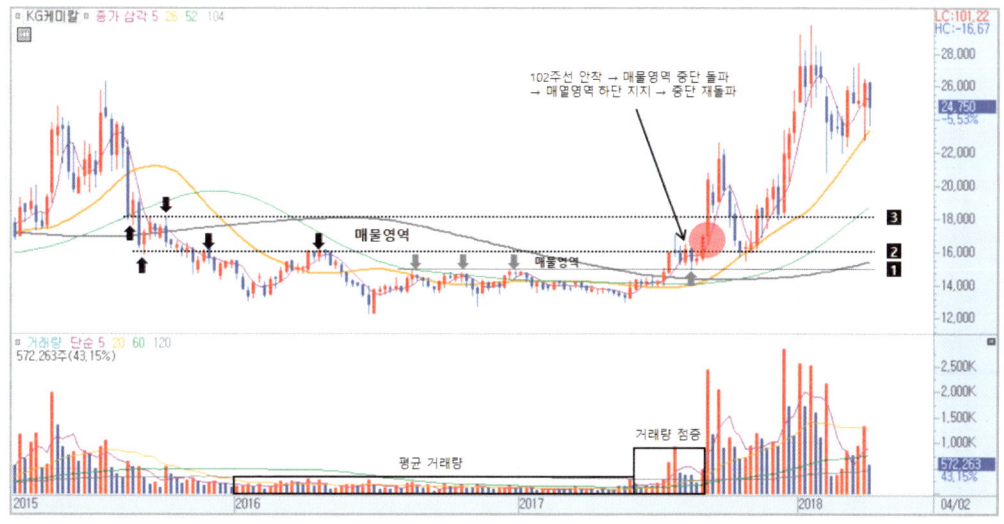

　KG케미칼은 2번의 매물영역을 장대양봉으로 장악하자 주가가 단숨에 상승을 했습니다. 조정 받을 때도 2번의 매물영역까지 내려온 후에야 반등에 성공했습니다. 특히, 주가가 오래전부터 형성된 매물영역을 딛고 반등에 성공하면 대시세가 발생되기도 합니다.

[그림438] 에이씨티 주봉차트

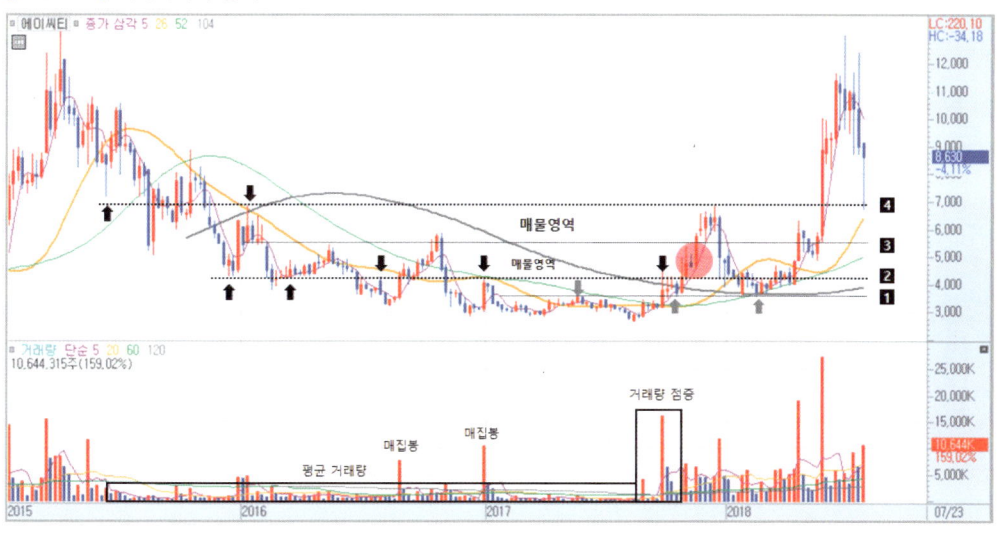

　이러한 현상은 대부분의 종목들에게서 나타납니다. 위 주가도 104주선을 돌파한 이래로 오래 전부터 형성된 2번과 4번의 매물영역을 뚫었을 때 주가는 단숨에 상승했고 조정을 받을 때도 2번과 4번의 매물영역에서 반등을 하였습니다.

[그림439] 화이브라더스코리아 주봉차트

위의 차트는 어떻습니까? 만약 매수를 한다고 하면 주가가 104주선을 장악하기 전에 매수를 할 수 있겠습니다.

[그림440] 화이브라더스코리아 주봉차트

그러나 예상과 다르게 104주선을 안착하지 못한 채 주가는 하락을 하게 됩니다. 따라서 매물영역을 장악하기 전에 매수를 하게 된다면 반드시 대응을 해야 하겠습니다. 차라리 매물영역을 장대양봉으로 장악한 장대양봉이 나올 때 진입하는 것이 더 유리하겠지요.

[그림441] CJ프리시웨이 주봉차트

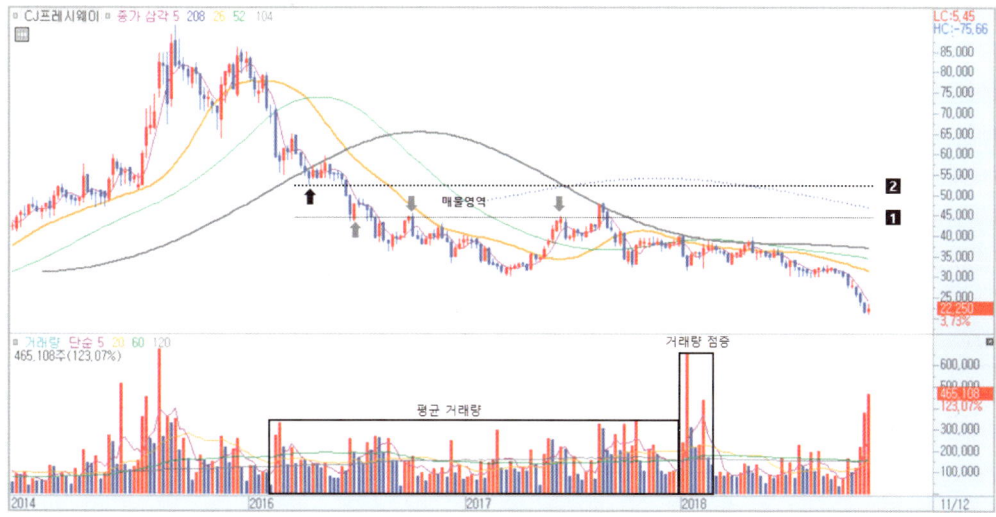

 주가가 104주선을 안착하지도 못하고 매물영역을 장대양봉으로 장악하지도 못한 상태라면 그 주식은 상당히 지루한 흐름을 보이게 됩니다.

[그림442] KCC 주봉차트

 위 KCC는 2017년 중순에 104주선을 장악했으나 2번의 매물영역을 장대양봉으로 장악하지 못했습니다. 차라리 최소한 3번의 매물영역을 장악하고 나서 접근하는 것이 안전해 보입니다.

[그림443] 갑을메탈 주봉차트

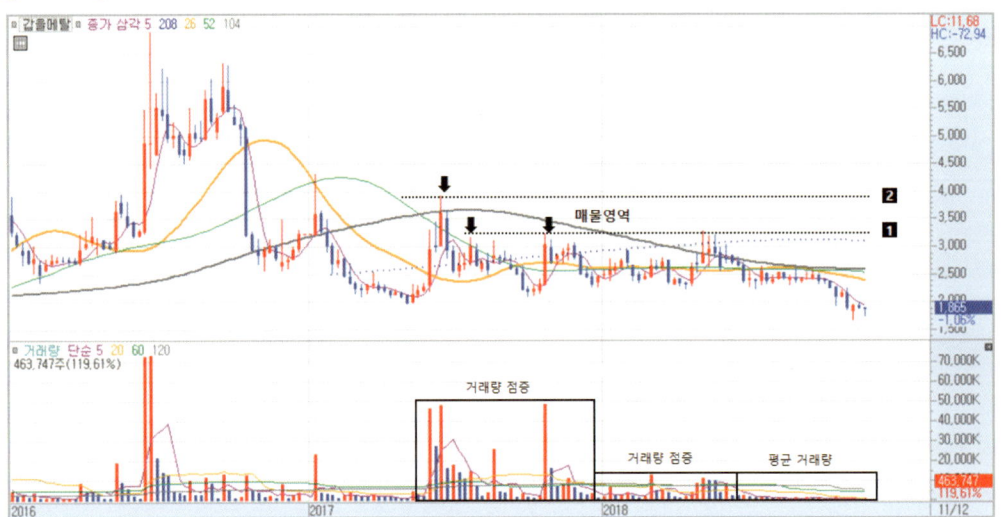

주봉차트에서 주가가 104주선을 안착했다고 주가가 무조건 상승하지는 않습니다. 중요한 것은 매물영역을 장악하느냐 못하느냐 입니다. 도로 공사가 완료됐다고 하더라도 도로 개통을 하지 않으면 자동차는 굴러갈 수 없게 됩니다.

[그림444] 코리아나 주봉차트

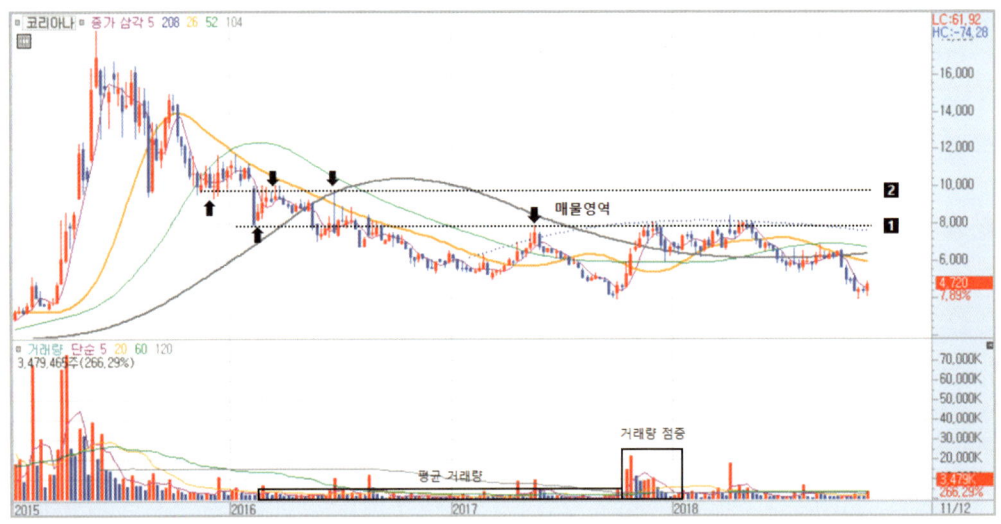

즉, 주가가 52주선이나 104주선을 안착하더라도 올라가기 위한 여건이 만들어지지 못한다면 주가는 상승을 하기 어렵습니다.

[그림445] 위닉스 주봉차트

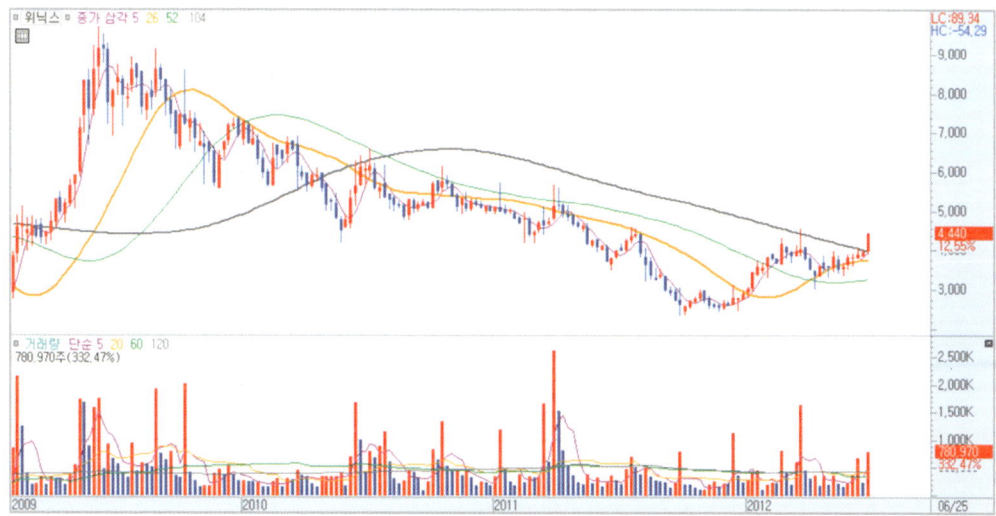

 그렇다면 위 차트는 어떻습니까? 주가가 매물영역을 뚫었을까요? 다음 차트를 보기전에 직접 매물영역을 그어 보시길 바랍니다.

[그림446] 위닉스 주봉차트

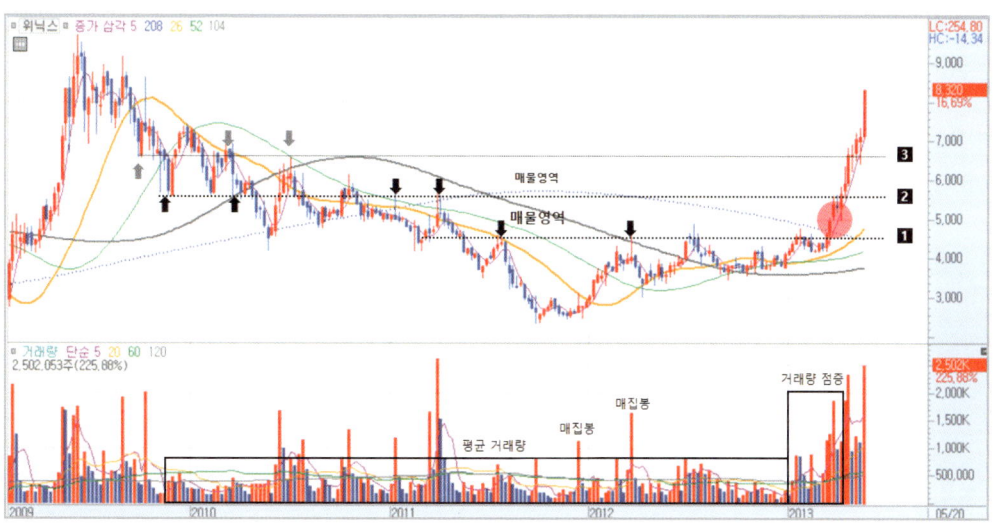

 1번과 2번의 매물영역을 대량 거래량을 동반하여 뚫었습니다. 만약 매수를 한다고 하면 1번 또는 2번의 매물영역을 뚫은 이후 매수를 하는 것이 훨씬 더 합리적일 것입니다.

[그림447] 청담러닝 주봉차트

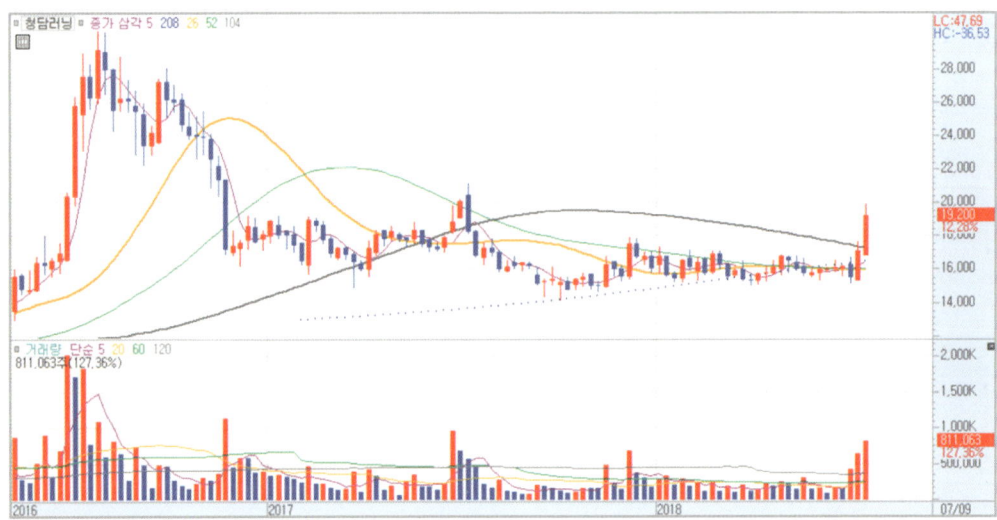

주가가 상승을 하기 위한 움직임은 제각기 다르더라도 형태는 거의 대동소이합니다. 104주선과 매물영역을 장대양봉으로 장악하게 되면 대체로 주가는 올라가기 쉬운 여건이 됩니다.

[그림448] 청담러닝 주봉차트

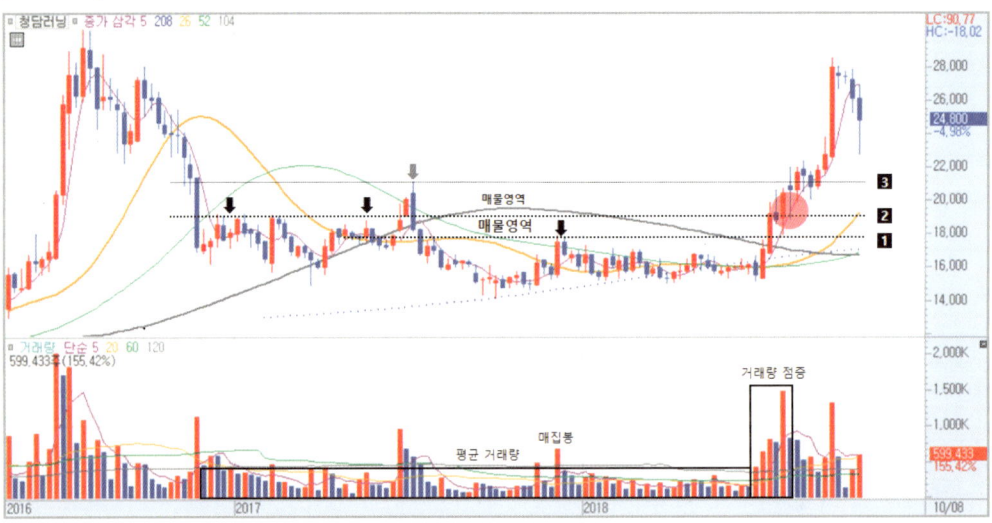

1번과 2번의 매물영역을 장악하자 주가는 단숨에 2016년의 고점부근까지 상승했습니다. 물론, 104주선과 매물영역을 장악하기 이전부터 어닝서프라이즈 수준의 호실적이 기대된다는 전망이 나오거나 여러 호재거리가 나오게 되면 올라갈 가능성이 더 높아질 수 있겠습니다.

정리를 하자면 스윙, 중장기 매매를 할 때 중요한 점은 주봉차트 상에서 주가가 52주선과 104주선을 안착을 하고 장기간의 매물영역을 장대양봉(양봉)으로 돌파했을 때 주가는 올라가기 쉬운 여건이 된다는 것입니다. 부가적으로 실적의 기대, 호재 발생에 따라 주가가 올라갈 가능성은 더 높아집니다.

매수: 주가가 104주선을 안착한 상태에서 매물영역 돌파할 때와 돌파 후 매물영역에서 지지를 받을 때
    ex) 위 차트에서 빨간색 동그라미 영역
손절: 매물영역 이탈 시 ex) 위 차트에서 1번의 매물영역을 이탈할 때 즉각 매도로 대응
매도: 매물저항 부근에서 매도 또는 매수가 대비 30% 이상서부터 분할매도로 차익실현

이 책의 내용은 여기까지입니다. 읽으시느라 고생 많으셨습니다.
머리말에서도 언급했지만 자기 자신만의 매매원칙을 정립하거나 한 줄의 글, 단어라도 얻어가셨으면 좋겠습니다.

꼭 성공투자 하시길 바랍니다. 아니, 이 책을 지니고 계신다면 꼭 성공투자 하실 것입니다. 필자가 운영하고 있는 블로그 http://blog.naver.com/3110 으로 방문하면 다양한 주식칼럼 등세력주 분석 영상을 볼 수 있습니다.

[시황] 고위급 미중 무역협상 경과, 국내 증시 영향은?

태소 2019.3.31. 10:17

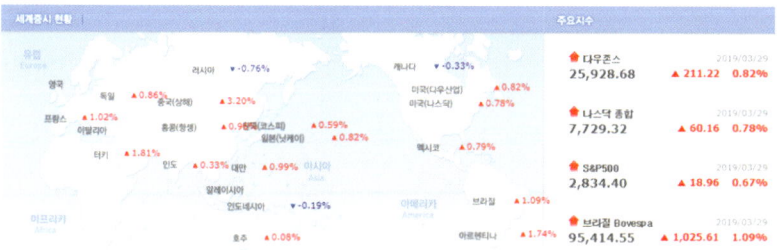

저번주 증시는 미국의 장단기 금리 역전에 의해 R(Recession) 경기침체 공포에 큰 변동폭이 발생했습니다. 이 금리역전 현상은 통상 경기의 침체를 예고하는 좋지않은 신호죠. 이에따라 주요국인 독일, 일본 등 장단기 금리가 일제히 역전되며 경기 둔화 우려도 빠르게 확산돼 약세를 보였습니다. 일각에서는 이번 금리 역전 현상은 과거 금리 역전과 사례와는 상황이 다르다는 시각(물가상승 압력이 강하지 않고, 과잉투자에 따른 기품징후 없음)이 있기는 하지만, 조심해서 나쁠것은 없었지요.

이번주는, 2분기의 첫 시작입니다. 4월증시에서 미중 무역협상 진행 상황, 삼성전자의 실적 발표가 주요 이벤트이니, 관련 일정을 잘 참고하시길 바랍니다.

〈저번주 증시요약〉

뉴욕증시 : 무역협상 진전 기대.. 다우 0.82% 상승 마감, 로버트 라이트하이저 미 무역대표부(USTR) 대표와 스티브 므누신 미 재무장관 등 미국측 장관급 협상단은 중국 베이징에서 28～29일 이틀간의 고위급 무역협상을 마치고 귀국길에 오름. 므누신 장관은 이날 트위터를 통해 "베이징에서 건설적인 무역협상을 마무리했다"며 "다음주 워싱턴DC에서 이 중요한 협상을 이어가기 위해류허 중국 부총리를 맞이하기를 기대한다"고 밝힘

유럽증시 : 브렉시트(영국의 유럽연합 탈퇴) 합의안이 영국 의회에서 또 다시 거부되며 영국이 아무런 합의없이 EU(유럽연합)를 떠나는 '노딜 브렉시트'의 위험이 커졌지만, 미중 무역협상에 대한 낙관론이 증시를 밀어올렸다. 독일의 고용호조 소식도 지수 상승에 한몫함.

중국증시 : 무역협상 기대에 3%대 급등 마감, 중국증시는 이날 이틀째 중국 베이징에서 열리고 있는 무역협상을 주시하며 상승함. 한 주요 외신은 미국과 중국이 양국 정상이 서명하고 무역 전쟁을 종식할 수 있는 합의안을 세밀히 검토하고 있다고 보도함.

〈이번주 증시일정〉